U0854869

投资者情绪对我国新股发行市场异象影响的研究

田　岚　著

中国农业出版社
北　京

图书在版编目（CIP）数据

投资者情绪对我国新股发行市场异象影响的研究 / 田岚著 . —北京 ：中国农业出版社，2022.2
ISBN 978-7-109-29149-2

Ⅰ. ①投… Ⅱ. ①田… Ⅲ. ①投资者－情绪－影响－股票市场－研究－中国 Ⅳ. ①F832.51

中国版本图书馆 CIP 数据核字（2022）第 032560 号

中国农业出版社出版
地址：北京市朝阳区麦子店街 18 号楼
邮编：100125
责任编辑：姚 红 文字编辑：王佳欣
版式设计：杨 婧 责任校对：沙凯霖
印刷：北京中兴印刷有限公司
版次：2022 年 2 月第 1 版
印次：2022 年 2 月北京第 1 次印刷
发行：新华书店北京发行所
开本：787mm×1092mm 1/16
印张：12.75
字数：225 千字
定价：68.00 元

版权所有 · 侵权必究
凡购买本社图书，如有印装质量问题，我社负责调换。
服务电话：010-59195115 010-59194918

出 版 资 助

河北经贸大学学术著作出版基金资助
河北经贸大学科学研究与发展计划青年项目（编号：2019QN06）
河北经贸大学金融与企业创新研究中心项目
河北经贸大学金融学省级重点学科项目

序

首次公开募股（initial public offering，简称 IPO，即新股）是指一家企业或公司第一次向社会公众公开招股的发行方式。IPO 的定价效率是否合理是资本市场发展的基石。在我国资本市场制度背景下，对新股定价效率的研究可以从短期和长期两个角度进行考察。短期研究着重于新股上市的首日收益和发行量，长期研究则包含新股上市若干年内的收益状况和发行企业经营绩效情况。通过对样本数据的搜集和统计分析，本书证实我国新股市场在询价制改革后仍存在以下异象：首日超高收益、显著的热销市场、新股长期收益弱势、IPO 企业经营业绩下滑。因此，我国新股定价效率不理想，需探究其原因。

已有的研究将以上市场异象的产生归结于理性人和信息不对称假说。但前提是市场有效且新股上市交易价格等于内在实际价值，对于我国市场是不适用的。我国新股市场具有鲜明的自身特点：一是处于起步阶段，保留明显的计划经济制度痕迹；二是聚集大量噪声投资者，非理性情绪极易影响股票价格；三是存在卖空限制。因此，我国市场异象的产生区别于国外市场的内在机理，且异象之间存在一定的联系。行为金融学中投资者情绪理论的出现，能够更好地将市场上的异象统一起来进行解释。

本书以行为金融理论、委托代理理论、盈余管理动因理论和信息不对称理论等为理论基础，以建立数学模型和多种计量方法为研究工具，以我国新股发行市场上的几种异象为研究对象，基于投资者情绪视角，结合我国的股票发行和分配制度，探究这些异象产生的根源。本书在研究内容和研究方法两方面有以下创新点。

1. 研究内容的创新

（1）目前，关于我国新股市场异象产生问题缺乏系统的研究。

本书系统剖析了投资者情绪对新股价格的显著影响作用，在分析我国股票市场发行制度的基础上，将政府窗口指导作为一个外生变量，从新股首日超高收益、热销市场、新股长期表现不佳和IPO企业"业绩变脸"等方面全面构建了我国市场上投资者情绪对IPO后市场异象影响的理论分析框架，通过投资者情绪对市场异象的作用机理和影响路径的研究，深入揭示了市场异象产生的根源。本书的研究结论有助于理清对目前我国股市中多种异象的理解，对于行为资产定价理论有发展和补充，更有助于全面认识我国新股发行体制。

(2) 企业上市后"业绩变脸"是我国新股发行中的最新研究领域，目前学界对于此现象的探讨较少，缺乏对该市场异象产生原因的分析。本书从交易行为出发在该方面进行了有益的探索，提出了新的研究思路，即"投资者情绪→盈余管理→经营'业绩变脸'"的分析路径，认为投资者情绪会对盈余公告的市场反应造成系统性的影响，管理者可以利用时机选择盈余管理行为以达到增强股价效应的目的。因此，企业在发行新股的过程中所进行的调增利润提高盈余的行为会在发行后出现反转，进而造成企业短期内经营业绩下滑。该角度的观点具有独创性。

(3) 目前，针对新股长期表现弱势的研究较集中于我国长期收益状况的测度上，且样本期间多在2000年前后。本书对我国在询价制度建立后新股长期收益情况进行了验证，提出投资者情绪是影响二级市场表现的主要因素。考虑到我国经济制度、市场环境、股票分配制度与西方成熟市场的差异，将投资者情绪分为个人投资者情绪和机构投资者情绪，并将两种情绪中的理性和非理性成分加以区分，而后进一步研究在二级市场上两种投资者的各部分情绪对新股在短、中、长期表现的影响。研究深化了对我国新股长期表现的理解，解决了该异象产生的根源问题。

2. 研究方法的创新

(1) 目前，关于投资者情绪指标还缺少非常权威和确定的度量方法。因此，本书尝试多种方法选取适合的投资者情绪代理变量进行实证研究。本书第四章投资者情绪对新股首日收益和热销市场影响研究中，使用了扩展卡尔曼滤波法构建情绪综合代理指标；第五章将个人和机构投资者情绪分别进行研究的情况下，选用了色诺芬投资者信心指数作为情绪直接代理指标。以上方法皆具有一定的创新性和探索性。

（2）目前，对于新股定价的相关研究多采用传统的回归分析法，如多元回归法、横截面回归模型、多变量分析法等，而采用机器学习法进行定价研究在学界则相对空白。本书将支持向量机和决策树算法结合，使用SVM决策树、CART和C5.0等数据挖掘算法作为衡量变量价值大小的工具，针对影响新股首日收益的众多自变量选择对因变量来说价值（影响力）最大的那一个变量，得出推高IPO首日收益的主要因素是投资者情绪的结论。

（3）针对本书第六章中提出的投资者情绪影响企业经营业绩模型所具有的多元性、多关系性、潜伏性、路径依赖性及复杂性等特点，引入了一种社会学研究方法——结构方程模型。同时，对于本书中的投资者情绪这种较难度量的变量，结构方程模型解决了研究该变量的特性及其与其他变量的关系的障碍。

目　录

第一章　引　　言

第一节　研究背景

首次公开募股（initial public offering，简称 IPO，即新股）是指一家企业或公司第一次向社会公众公开招股的发行方式。近年，学者们发现在 IPO 市场上出现了几个挑战有效市场假说的异象。

（1）新股首日超高收益。1969 年，学者 Reilly 和 Hatfield 第一次使用美国资本市场 1963—1965 年间的 53 家上市公司为样本进行该方面的分析，发现这些新股上市第一天的初始收益率达到 9.6%，远远高于同时期的市场基准收益率。McDonald 和 Fisher（1972）以美国 142 家上市公司的新股为样本进行研究，结果发现，这些新股的平均首日超额收益率高达 28.5%。很多学者以不同国家、不同样本量、不同时期的 IPO 为样本进行研究，大部分的研究结果都表明新股发行市场确实存在首日初始收益超高现象，该异象被称之为“新股之谜”（new issue puzzles）。我国对这一问题的关注始于 20 世纪 90 年代中期，研究普遍认为，这种市场异象在我国尤为严重，新股首日收益率一直居高不下，平均为 117%，远高于美国市场的 18.8%（Ritter and Welch，2002），市场上存在着“新股不败”的神话。

（2）热销市场（hot issue market）是指在新股发行某一些特定时期产生的高发行量和高平均初始收益现象。相对的，在另外一段时期出现的低新股发行数量和低初始收益被称为冷销市场（Ibboston and Jaffe，1984）。学者研究发现，西方的 IPO 市场通常会在“冷”“热”之间形成周期性循环反复的现象（Jenkinson and Ljungqvist，2001），称为市场周期（IPO cycles）。但是根据有效市场（efficient market hypothesis，简称 EMH）理论，新股的发行属于随机事件，即在一个时间段内，发行新股的数目应为均匀分布。但是新股的市场周期现象却显示“聚集”（clustering）的存在，因而被认为是 IPO 市场中的一个异常现象。

（3）新股长期收益不佳，又被称为“新股长期表现弱势”，即以上市的首日交易股价为初始点，新股上市后 1～3 年内的收益率低于市场平均收益率的现象。1991 年，Ritter 对该现象进行了关注和检验，他以美国资本市场上的

1 526只股票为样本进行研究，发现新股虽短期表现良好，但长期表现弱势。近年，国外学者对全球各主要市场新股长期走势的研究结果表示，这些市场相对收益率均为负，它们普遍存在长期业绩低迷的局面（Levis，1993；Ljungqvist，1996；Aggarwal et al.，1993）。

（4）IPO企业“业绩变脸”。这是新股发行后长期表现的另一个异象。所谓“业绩变脸”，描述的是大量首次公开发行的企业股票在上市后经营业绩大幅下滑，净利润出现负增长的现象。相对于国外，这是近年我国市场上出现的较为独特的现象（张征，2014；杨敏，2016；逯东等，2015；尹自永等，2014）。表1-1总结了询价制改革后我国上市企业经营业绩的变化。由表1-1可见，上市后的第二年，上市公司的营业利润指标同比下降率为15%～65%，而利润总额指标的变脸率为16%～76%，根据公司上市后首个年度的经营情况，我国“业绩变脸”现象较为普遍。

表1-1　上市公司“业绩变脸”统计

年份	新上市公司数（家）	营业利润同比下降的公司数（家）	占比（%）	利润总额同比下降的公司数（家）	占比（%）
2007	140	28	20.00	27	19.29
2008	94	42	44.68	36	38.30
2009	119	18	15.13	17	14.29
2010	365	97	26.58	106	29.04
2011	307	100	32.57	134	43.65
2012	260	169	65.00	198	76.15
2013	158	61	38.61	59	37.34
2014	1 358	849	62.52	852	62.74
2015	3 791	1 618	42.68	1 720	45.37
2016	5 317	2 003	37.67	2 114	39.76
2017	1 091	265	24.29	258	32.81

新股市场异象是世界各国金融市场普遍存在的现象，在我国显得尤为突出。其将会造成一系列不良的影响：市场投资者尤其是中小投资者热衷“打新股”，导致大量资金滞留在一级市场，减弱了市场资源配置的效率；一旦确定新股发行不会有风险，只要上市后企业就能够成功筹集到大量“热钱”，企业就会纷纷争取早日上市，甚至为了上市而上市，这样不仅导致企业不会把主要精力放在提高自身经营上，而且有的企业还会为了上市不惜进行虚假信息披露，从而严重削弱了市场配置的资源功能，严重危害我国金融市场健康发展；

同时，新上市企业由于长期经营业绩的下降会打击投资者的信心，也使得宝贵的金融资源不能得到有效配置，稀缺资金的价值不能得到充分发挥。

已有的研究结果将市场异象的产生归结于理性人和信息不对称假说，主要包括赢者诅咒假说（Rock，1986；Koh and Walter，1989）、信号发送假说（Welch，1989；Allen and Faulhaber，1989）、IPO 事前不确定性假说（Beatty and Ritter，1986）、承销商声誉假说（Booth and Smith，1986）和减少控制权假说（Brennan and Franks，1997）等。

以上研究的前提是市场有效且新股上市交易价格等于内在实际价值，对于我国这样一个刚刚起步的弱有效的新兴证券市场是不适用的。针对我国的特殊国情，对于金融市场异象的研究，首先应考虑我国股票制度的影响。

我国建立证券市场 20 多年以来，股票发行定价制度几经变迁，表 1-2 罗列了制度发展的过程，阶段划分如下：第一阶段，1993 年至 1999 年 7 月的审批制阶段；第二阶段，1999 年 8 月至 2001 年 10 月的核准制阶段；第三阶段，2001 年 11 月至 2004 年 9 月的市盈率管制阶段；第四阶段，2004 年 10 月至 2006 年 6 月的股权分置改革阶段；第五阶段，2006 年 7 月股改完成，证监会发布《证券发行与承销管理办法》重申了以询价制为主的市场化定价制度阶段。

表 1-2 我国股票发行定价制度的变迁过程

阶段	法规	内容
1993 年至 1999 年 7 月 审批制阶段	《关于股票发行工作若干规定的通知》	规定新股发行价格根据发行企业的每股收益和一个相对固定的市盈率水平确定。
1999 年 8 月至 2001 年 10 月 核准制阶段	《中华人民共和国证券法》 《关于进一步完善股票发行方式的通知》	规定我国新股发行采取核准制，并且采取溢价发行，其发行价格由发行人与承销商协商确定，报国务院证券监督管理机构核准。
2001 年 11 月至 2004 年 9 月 市盈率管制阶段	《关于向二级市场投资者配售新股有关问题的通知》	恢复以市值配售分配 IPO 新股的同时，规定发行公司及其主承销商在招股意向书刊登后，根据市场情况或累计投标结果确定股票价格。
2004 年 10 月至 2006 年 6 月 股权分置改革阶段	《关于首次公开发行股票试行询价制度若干问题的通知》	规定以询价制度来确定新股的发行价格，实施股权分置改革，新股发行暂停。
2006 年 7 月至今 询价制阶段	《证券发行与承销管理办法》 《关于进一步改革和完善新股发行体制的指导意见》	完善询价和申购的报价约束机制，减弱行政指导，逐步形成市场化的价格形成机制。

根据图 1-1 我国 1993—2006 年新股初始收益图可以看到，虽然这期间股票发行定价制度已经由完全的行政审批制度过渡到市场化的询价制，初始收益率也有了明显的下降，但是其仍然维持在一个较高的水平，特别是在 2005 年后又出现了上涨的趋势。由此可见，政府制定制度虽起到了一定的控制作用，但是不能认为是影响 IPO 首日收益的主要因素，可以认为政府的窗口指导只是一个外生变量，并不是这些异象产生的根源。

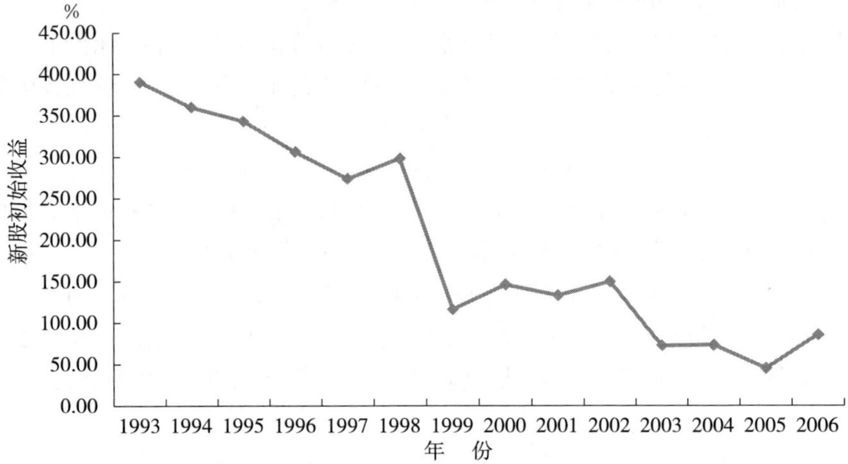

图 1-1　1993—2006 年我国新股初始收益

行为金融学中投资者情绪理论的出现，似乎能够更好地将市场上的异象统一起来进行解释（Gornelli，Goldreich and Ljungqvist，2006；Ljungqivst et al.，2006）。所谓“投资者情绪”（investor sentiment）是指整体基于自身对各种信息的感知形成一种情绪，这种情绪包含了对市场及上市公司未来发展的预期和判断。国内外的行为金融学研究证明，投资者情绪与人类的思维判断和投资行为存在必然联系，投资者情绪影响投资者的具体投资决策，更为重要的是当这些投资决策与风险和不确定性相关时，投资者情绪是决定证券市场价格和市场趋势变动的重要因素之一。

我国目前的市场现状是：存在卖空缺失等套利限制；大量噪声交易者聚集；在市场经济体制下，政府仍保留对股票发行价格和发行时间的管制。在这样的前提下，本书初步认为，在我国投资者情绪对股票价格等方面存在重要影响。从该角度入手，或许可以找到我国市场种种异象产生的原因。

对新股定价是否合理的研究可以从短期和长期两个角度进行考察（刘力，2001）。短期角度主要包括新股上市的首日收益和发行量，长期角度则研究新股上市若干年内的收益状况和发行企业经营绩效情况。本书后续将围绕投资者情绪对我国短期和长期的市场异象的影响这个核心问题进行研究。

第二节　研究意义

从投资者情绪角度研究我国新股发行市场异象，不仅具有重要的理论意义，也具有现实意义。

一、理论意义

第一，从投资者情绪角度研究金融市场异象问题，能够弥补基于噪音和基于认知偏差研究的不足。同时，由于我国存在严格的卖空限制，为进行行为金融研究提供了合适的“实验场”，可以得到同西方成熟市场迥异的结论和规律，能够进一步丰富行为资产定价理论。

第二，以往学者对我国新股发行市场异象的研究多集中于首日抑价或长期走势等某一个或两个方面的具体问题的描述和分析，本书将行为金融理论、信息不对称理论、盈余管理动因理论和委托代理理论等系统集成，结合对政府发行分配制度的考虑，构建了一个完整的投资者情绪对新股价格及新股市场异象影响的分析框架，系统阐述了投资者情绪对新股发行后各种异象的影响机理和作用路径。本书的研究在理论方面对投资者非理性行为和新股发行绩效等研究有一定的补充作用，有助于全面了解市场异象产生的根源与后果，有助于深入理解我国金融市场上投资者扮演的重要角色，具有重要的理论和参考价值。

第三，在改革开放后，我国进行经济体制改革，走上了社会主义市场经济的道路。但是从对我国新股发行制度的回顾可以发现，在证券市场上仍然有对股票价格进行人为干预的计划经济行为存在，这显然是一种矛盾。本书研究结论认为，投资者情绪是政府发行所面临的约束变量，其对二级市场股票尤其是新上市时期股价有重要驱动影响。这有助于我们理解我国新股定价机制的变迁过程，以及新股发行制度多次改革后仍不能完全实现市场化的深层次原因。

二、现实意义

新股首日抑价、热销市场、长期表现不佳以及发行企业“业绩变脸”等现象会危害我国金融市场的稳定发展，并且对于市场参与者，如投资者和政府监管者等都会有不良影响。本书可以帮助各市场主体了解在我国的股市制度下新股价格的运行特点和规律，这对我国资本市场发展至关重要。

第一，我国股票发行制度改革在逐渐推进，未来发展方向将是建立更加市场化的注册制。这需要一个更加有效的市场环境，意味着投资者情绪应更加理性和市场信息效率的不断提高，否则监管层仍然不能放松对市场的管制，以免造成市场中各参与者的损失。因此，未来政府应加大对中小投资者的理性教育，培育其正确的投资理念，并在制度改革中注重对机构投资者的发展，营造更加良好的市场氛围，更有利于改革的进行。

第二，对于投资者，特别是个人投资者，容易被一些上市企业表面上的高增长性所蒙蔽，对企业真实价值的判断被误导，被“打新股”冲昏头脑哄抬新股价格。随着企业上市后信息的逐步披露，情绪的逐渐回落又会造成股票长期走势不佳或者企业绩效下滑。因此，广大投资者不应该成为股市暴涨暴跌的助推器，而应该充分认识市场风险，不断成熟，成为理性的市场参与者，避免给自己、给市场带来负面的经济后果。

第三节　研究内容及论文框架

本书在参考相关文献、理论的基础上，以行为金融理论、委托代理理论、盈余管理动因理论和信息不对称理论等为基础，以建立数学模型和多种计量方法为研究工具，以我国新股发行市场上的几种异象——首日超额收益、热销市场、长期表现弱势和企业“业绩变脸”等为研究对象，基于投资者情绪视角，结合我国的股票发行和分配制度，探究这些异象产生的根源。本书包括七章，主要研究内容介绍如下。

第一章为引言。主要阐述了本书的研究背景以及研究意义，然后介绍全书的研究内容和结构安排，并提出了可能的创新之处。

第二章为文献综述。首先，对投资者情绪相关文献进行总结，包括投资者情绪定义和相关理论，并着重总结了行为资产定价方面文献。其次，对新股市场异象相关国内外文献分别进行梳理和回顾。最后，给出总体评价。

第三章为投资者情绪对新股价格影响分析及投资者情绪指数构建。主要包括两个方面：一方面，在分析我国股票市场发行制度的基础上，将政府窗口指导作为一个外生变量，挖掘市场异象产生的根源，即投资者情绪对二级市场股票尤其是对新上市股票有重要影响作用。另一方面，为了便于后续实证工作的开展，对于投资者情绪三种度量方法：直接指标、间接指标和综合指标进行介绍和总结，提出本书选取投资者情绪指标的标准，并选取适当的情绪代理变量以及方法进行综合情绪指数的构建。

第四章为投资者情绪对新股首日超额收益及热销市场影响研究。首先，针对我国股市 IPO 的超高首日收益率，采用第三章由 EKF 法得到的时间序列数值作为投资者情绪的代理变量，在比较几种机器学习法后，选用精确度较高的算法对影响新股首日收益率的几种因素进行排序，实证验证在卖空限制和政府管控的前提下，新股初始收益率是否包含投资者情绪因素，并且是否主要由过度乐观的投资者情绪推高了我国 IPO 的首日收益率。其次，对我国股市另一个异象——热销市场进行实证研究，首先采用统计方法验证我国新股市场周期的存在性，即新股发行量与新股首日收益率是否分别存在集聚性并且两者是否存在“领先—滞后”关系。再次，由于热销市场包含两个要素——发行数量和初始收益率，因此本书采用时间序列法检验投资者情绪是否同样对新股发行数量的波动有正向影响作用。最后，结合前面的研究，提出新股初始收益率对新股发行数量有正向预测能力的假说，并采用向量自回归模型以及脉冲函数实证验证。

第五章为投资者情绪对新股长期收益影响研究。本书主要探讨了在 IPO 后首日收益较高的情况下，为什么会出现长期收益率低于市场平均收益率的反转现象。这也是对长期市场异象研究的第一部分。首先，以我国 A 股市场为样本在上市后的几个关键时间点采用实证方法检验其长期收益情况，检验我国是否存在至少三年期的新股弱势。其次，从理论角度分析投资者情绪因素对新股长期收益弱势的影响。同时，考虑到我国经济制度、市场环境、股票分配制度与西方成熟市场的差异，将投资者情绪分为个人投资者情绪和机构投资者情绪，并将两种情绪中的理性和非理性成分加以区分，而后进一步研究在二级市场上投资者各部分情绪对新股在短期、中期、长期表现的影响。

第六章为投资者情绪对 IPO 企业经营业绩的影响研究。即探讨为什么企业上市后出现经营绩效下滑，净利润出现负增长的“业绩变脸”现象。这是对长期市场异象研究的第二部分。首先放宽了管理者理性和投资者理性假设，不同于以往从承销商和投资者角度解释企业上市后“业绩变脸”的理论，而从行为金融视角出发，提出投资者情绪通过盈余管理行为影响企业经营绩效的分析路径，然后采用结构方程模型进行假设检验，验证投资者情绪是否能够通过盈余管理行为影响企业的经营业绩。

第七章为结论。总结了全书的主要研究结果，并据此对我国新股发行中各主体提出相应建议，并提出本书的研究不足，并对下一步研究内容进行展望。

基于上述的研究内容，全书整体结构安排如图 1-2 所示。

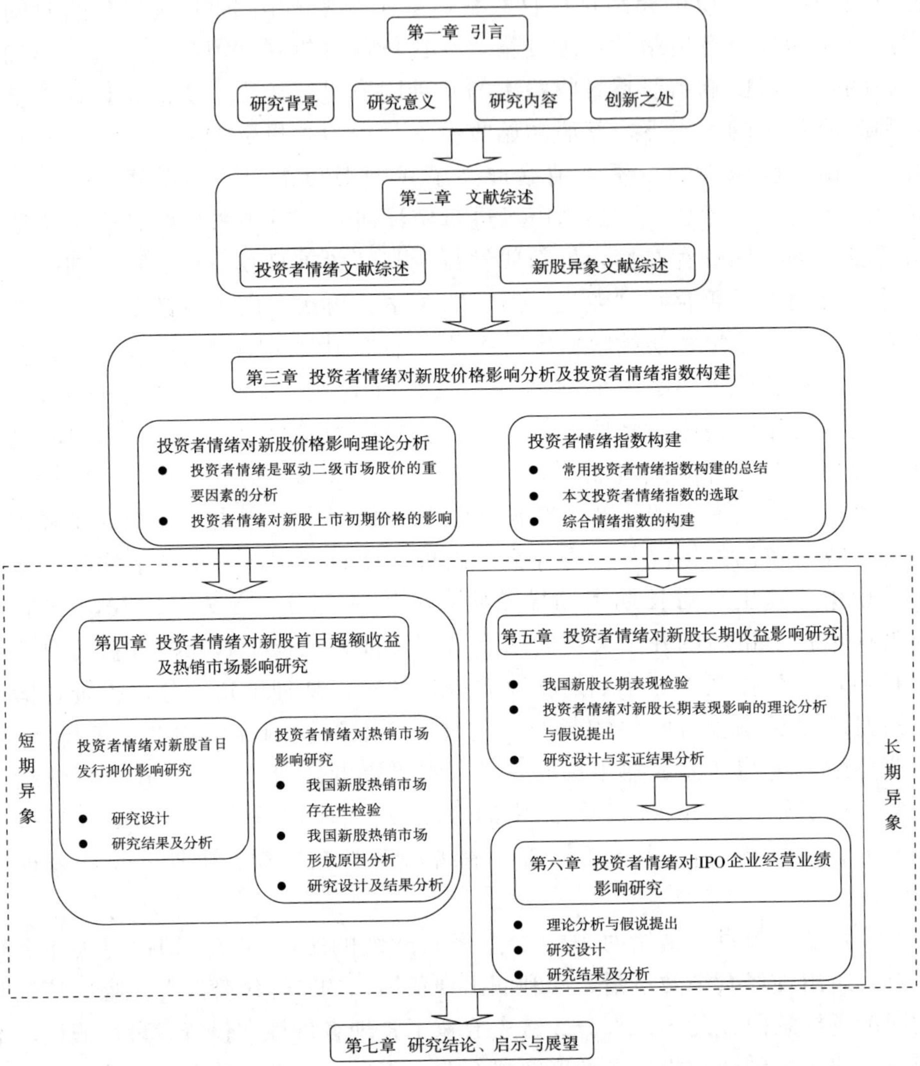

图 1-2 全书框架图

第四节 主要创新点

本书在研究内容和研究方法两方面有以下创新点。

一、研究内容的创新

(1) 目前，关于我国新股市场异象产生问题缺乏系统的研究。本书系统剖析了投资者情绪对新股价格的显著影响作用，在分析我国股票市场发行制度的基础上，将政府窗口指导作为一个外生变量，从新股首日超高收益、热销市场、新股长期表现不佳和 IPO 企业“业绩变脸”等方面全面构建了我国市场上投资者情绪对 IPO 后市场异象影响的理论分析框架，通过投资者情绪对市场异象的作用机理和影响路径的研究，深入揭示了市场异象产生的根源。本书的研究结论有助于人们理清对目前我国股市上多种异象的理解，对于行为资产定价理论有发展和补充作用，更有助于公众全面认识我国新股发行体制。

（2）企业上市后“业绩变脸”是我国新股发行中的最新研究领域，目前对于此现象的探讨较少，缺乏对该市场异象产生原因的分析。本书从交易行为出发在该方面进行了有益的探索，提出了新的研究思路，即“投资者情绪 → 盈余管理 → 经营‘业绩变脸’”的分析路径，认为投资者情绪会对盈余公告的市场反应造成系统性的影响，管理者可以利用时机选择盈余管理行为以达到增强股价效应的目的。因此，企业在发行新股的过程中所发生的调增利润提高盈余的行为会在发行后出现反转，进而造成企业短期内经营业绩下滑。该角度的观点具有独创性。

（3）目前，针对新股长期表现弱势的研究较集中于我国长期收益状况的测度上，且样本期间多在 2000 年前后。本书对我国在询价制度建立后新股长期收益情况进行了验证，提出投资者情绪是影响二级市场表现的主要因素。考虑到我国经济制度、市场环境、股票分配制度与西方成熟市场的差异，将投资者情绪分为个人投资者情绪和机构投资者情绪，并将两种情绪中的理性和非理性成分加以区分，然后进一步研究在二级市场上两种投资者的各种情绪对新股在短期、中期、长期表现的影响。该研究思路具有创新性。本书深化了公众对我国新股长期表现的理解，解决了异象产生的根源问题。

二、研究方法的创新

（1）目前，关于投资者情绪指标并不存在非常权威和确定的度量方法。因此，本书尝试多种新的方法、选取适合的投资者情绪代理变量进行实证研究。在第四章投资者情绪对新股首日超额收益和热销市场影响研究中，使用了扩展卡尔曼滤波法构建情绪综合代理指标。在第五章需要将个人投资者情绪和机构投资者情绪分别进行研究的情况下，选用了色诺芬投资者信心指数作为情绪直接代理指标。以上方法皆具有一定的创新性和探索性。

（2）目前，对于新股定价的相关研究多采用传统的回归分析法，如多元回归法、横截面回归模型、多变量分析法等，而采用机器学习法进行定价研究处于学界研究的相对空白。本书将支持向量机和决策树算法结合，使用 SVM 决策树、CART 和 C5.0 等数据挖掘算法作为衡量变量价值大小的工具，针对影响新股首日收益的众多自变量来选择对因变量来说价值（影响力）最大的那个变量，得出推高 IPO 首日收益的主要因素是投资者情绪的结论。

（3）针对本书第六章中提出的投资者情绪影响企业经营业绩模型所具有的多元性、多关系性、潜伏性、路径依赖性及复杂性等特点，引入了一种社会学研究方法——结构方程模型。结构方程模型能够构建由多个观测指标所衍生出来的潜变量以研究经济变量之间的潜在关系。同时，其也是表示观测变量与潜变量、潜变量之间关系的一种统计方法。潜变量则是指那些心理学、社会学等研究中不能准确和直接测量的变量，对于本书中的投资者情绪这种较难度量的变量，结构方程模型解决了研究该变量的特性及其与其他变量的关系的障碍。

第二章　文献综述

第一节　投资者情绪研究综述

情绪对于人们如何看待这个世界有着广泛的影响。当证券市场上股评人在解释股价暴涨暴跌时，他们的回答中总是会出现所谓的心理因素，而这些所谓的心理因素往往指的就是难以解释、难以完整理解的情绪。人类对理性与情绪关系的研究兴趣可以上推到几千年，自古希腊时代起，哲学家们对这种关系就有独到的见解，柏拉图曾有一个非常生动的比喻：理性与情绪的关系就好比驾车比赛中人与马的关系，情绪是充满野性的马，它需要驾驭者理性的控制。如果驾驭者不能很好地控制马，理性就会偏离轨道。需要强调的是，柏拉图的观点并不是要把情绪和理性对立起来。情绪具有理性，不仅来自实验方面的证据，从理论上来讲，情绪也能很好地吻合于三种理性：有限理性、生态理性和社会理性（庄锦英，2003）。目前，有一些错误的认识，即人们往往把非理性和情绪化等同起来，将任何非理性的经济行为都被归咎于情绪。这样一来实际上就忽略了情绪也可能带来理性的行为，否定了情绪的积极作用，特别是乐观情绪在证券市场中的积极作用。本章将对投资者情绪的界定、产生以及情绪与资产定价的相关理论进行系统的介绍。

一、投资者情绪的理论渊源

（一）行为金融学的产生

在现实金融市场中存在着很多传统金融理论所不能解释的市场“异象”，这激起了不少学者对交易者的风险偏好、信念的反思和修正。以心理学对投资人决策过程的研究成果为基础的行为金融学逐渐获得重视。

行为金融学的产生离不开经济心理学的发展，可以追溯到100多年以前。Mackay于1841年出版的《极端流行的幻想与大众的疯狂》（*Extraordinary Popular Delusions and Madness of Crowds*）中讨论了金融市场中各种金融泡沫的产生、发展、破灭以及由此给人们带来的恐慌和无奈。Lebon的《大众：对流行心态的研究》（*The Crowd：A Study of the Popular Mind*），讨论了群体行为在心理学、社会学、金融学方面的应用。

法国心理学家盖布里埃尔·塔尔德（Gabriel Trarde）首次将心理学运用到经济学中（1902）。1912年谢尔顿（Selden）出版的《股市心理学》首次将心理学应用到股市研究中，探讨了情绪、心理方面的各种因素对股市参与者包括投资者和交易人的影响。1918年，约翰·莫里斯·克拉克（John Maurice Clark）在《政治经济学学报》上发表了《经济学与现代心理学》一文，文中他指出，经济学家也许会忽略心理学的作用，但是经济学绝对不能忽略人性的本质。

凯恩斯在1936年出版的《就业、利息与货币通论》（*The General Theory of Employment*，*Interest and Money*）中指出，心理因素影响着投资者的信息处理和投资管理过程，并提出了股市“选美比赛”（betauty contest）和“空中阁楼”理论。他认为，股票价值在理论上取决于长期未来收益，但因为在不确定条件下进行长期预期很困难且不准确，所以投资者应进行短期预期。同时，他指出，投资者是非理性的，其股票交易过程中充满了“动物本能”（animal spirit），投资者的心理预期决定了股市交易的最终价格。

20世纪三四十年代，乔治·卡托纳（George Katona）是较早关注宏观经济层面的心理问题的心理学家，他把“态度”“情感”“期望”等最先引入宏观经济学中，1975年其出版的《心理经济学》标志着经济心理学成为一门科学。行为金融学的产生以1951年Burrel教授发表的《投资战略的实验方法的可能性研究》一文为标志，该文首次用实验的方法将量化的投资模型与人的行为特征结合起来。此后，沃德·爱德华兹（Ward Edwards）于1954年提出，心理学家应当把决策研究作为他们的研究对象，并为此建立了一个研究框架。法国经济学家莫里斯·埃莱斯（Maurice Allice，1953）于1953年提出在不确定条件下基于心理学的选择理论，并由此获得1988年的诺贝尔经济学奖。同时，他还提出了著名的“埃莱斯悖论”（Allais Paradox），推翻了不确定条件下理性人决策中相互不影响的“独立性定理”（independence axiom）。随后，Bauman（1967）发表了《科学投资分析：是科学还是幻想?》，文中他指出，金融学与行为学的结合更加符合实际，是未来金融学的发展方向。1972年，心理学家Paul Slovic发表了《人类判断行为的心理学研究》，发现医生的自信心随诊断正确性的增加而增加，股票市场中的投资者也有这种“过度自信”心理倾向，人们在研究投资者行为时应关注投资者非理性的心理。

Kahneman和Tversky对于行为金融学的发展影响意义深远。1979年，他们在论文《前景理论：风险条件下的决策分析》中，提出了完整的前景理论，奠定了行为金融学的理论基础，并为行为金融学的发展开创了一个新的里程碑。随后，1982年，Kahneman、Tversky和Slovic在《不确定状态下的判断：启发式经验法则和偏差》中指出，个人在不确定情况下进行决策时，会违背贝叶斯法则或其他有关概率的理论，而表现出系统性的认知偏差或经验性偏差。

20 世纪 80 年代中期以后，行为金融学的研究主要集中在把行为金融理论与股票市场实践相结合验证金融市场中的"异象"。1985 年，Debondt 和 Thaler 发表了《股票市场过度反应了吗?》，研究了亏损股票被低估、盈利股票被高估的原因，认为是由于投资者对利好或利空信息的过度反应所致。Shefrin 和 Statman（1985）、Odean（1998）对"处置效应"进行了研究，即投资者倾向于保持损失股票的时间长度，认为其抛售盈利股票时间太早。Thaler（1987，1999）从人类心理的角度，研究了投资者的"心理账户"以及股票回报率的时间模式关系问题。Shiller（1989）主要从股票市场价格波动性的角度，研究了"羊群效应"、投机价格与人们的流行心态的关系。Kahneman 和 Tversky（1992）研究表明，投资者对待风险的态度并不是一成不变的，而是有一个参考点作为基准，在基准点之下有损失时偏好风险，在基准点之上有收益时厌恶损失，因此在决策时会受到框定依赖的影响。

20 世纪 90 年代以来，投资者心理因素对资产定价和资产组合投资决策的影响，成为行为金融学研究的重点。Shefrin 和 Statman 先后在 1994 年、2000 年提出了著名的行为资产定价理论（behavioral asset pricing model，简称 BAPM）和行为组合理论（Behavioral Portfolio Theory，简称 BPT）。2002 年，美国普林斯顿大学的丹尼尔·卡尼曼和乔治·梅森大学的弗农·史密斯获得了诺贝尔经济学奖，诺贝尔奖委员会认为他们开创了行为经济学和实验经济学的研究新领域，充分反映了主流经济学家对行为金融学的认可。

美国次债危机暴发后，行为金融理论在解释宏观金融危机方面作出了开创性研究，这里面包括 Shefrin（2009）、Paul R. Krugman（2009）、Fratianni（2008）。Hirshleifer 和 Hong（2009）基于行为偏差理论制订了桑斯坦"助推"计划，以及心理导向的金融监管理论。

20 世纪 50 年代，"行为公司金融"作为行为金融学的一个重要分支日益发展起来。1956 年林特纳（Lintner）提出公司红利行为模型，发现上市公司财务主管发放红利时会受到投资者欢迎态度的影响，因而不会轻易变更红利政策。Roll 在 1986 年提出"狂妄自大假说"（hubris hypothesis），认为上市公司管理者在并购过程中会过分夸大并购后的协同作用，大部分的并购活动对收购者没有好处。斯坦（Stein）在 1996 年提出"市场时机"（market timing）理论，认为股票市场中的投资者非理性的行为会使股票价格波动幅度较大，偏离其内在价值，上市公司管理者可以利用市场的错误定价回购或发行股票。赫什·舍夫林（Hersh Shefrin）对行为公司金融的发展起着重要作用，2005 年其在分析投资者存在过度自信、损失厌恶等非理性行为的基础上，提出来自公司内部管理者与外部个人投资者和机构投资者的行为会影响公司价值最大化的实现。他在2006年出版的《行为公司金融》中，研究了资本预算、资本结构等公司金融活动中的各种参与者的非理性的行为，以及对公司价值实现的影响，成为传统金融理论的有益补充。

近些年，学术界对于行为金融的研究已经到了深化阶段，主流经济学家纷纷开始关注并逐渐接受行为金融理论。2002年度和2013年度的诺贝尔经济学奖分别颁给了行为金融学家丹尼尔·卡尼曼、弗农·史密斯教授以及罗伯特·J·席勒教授，2017年诺贝尔经济学奖又颁给了行为金融学家理查德·H·塞勒，这体现了主流经济学开始认可行为金融学，同时也反映了行为金融在未来金融学发展中有着十分重要的地位。

中国的行为金融学研究始于20世纪90年代末期，主要通过借鉴国外的行为金融理论对我国股票市场交易行为做实证研究，检验市场的有效性，或是对过度自信、“羊群行为”、动量投资策略与逆向投资策略、处置效应等投资者心理、认知和行为偏差进行实证研究。比较重要的学者有饶育蕾、李心丹、刘力、管虎、李国平、宋军、吴冲锋等。他们的研究表明，我国股票市场投资者存在各种心理和行为的偏差，上市公司管理者存在各种非理性行为，影响着公司的投资、融资、财务决策等方面。

（二）行为金融学基本理论

行为金融学，是从心理学角度研究人们在金融活动中如何决策的金融学分支。心理学观点认为，人类的心智、生理能力均受到各方面的约束，并非像传统经济学和金融学认为的，具有无限的认知和计算能力。因此，人类的理性是有限的。由于人类的理性有限，导致其在经济决策中会出现偏差，行为也难以符合传统金融学的预测。行为金融学的基本理论主要指相比于传统金融学，理性人假设放松后，原有基本理论的变化以及与之适应的新理论，这一部分的大多内容均与狭义的“行为经济学”重合。

1. 人的理性是有限的

Herbert Simon（1955，1956）提出了有界理性，认为人们在决策中并不严格追求最优化的结果，而是使用快速、节省的方法，近似优化地做出决策，并且当找到可以使自己满意的方案后，就会停止搜索其他的方案。人类的生理、心理能力都是有限的，环境却是复杂多变的，而人的注意力不足常常约束着决策行为，因此人的理性是有界的。有界理性理论是行为金融学乃至行为经济学的最基本理论。

心理学家的研究也在不断确认有界理性理论的科学性。George Miller

(1956) 认为，人加工信息的能力存在限制，如短时记忆的容量为 5～9 个组块，这个看法也被大量实验所证实。Gillian Cohen (1983) 则在生物结构方面确认了这一点，指出人脑操作慢，易受情绪影响，容易分心，可能错误地提取信息甚至丢失信息，知识也常常是模糊的，这都说明人脑和计算机是不同的，在理性计算方面具有一定的局限性。

2. 启发法

Daniel Kahneman 和 Amos Tversky 提出了"启发法"(heuristics)，认为人们常常并不依据概率或统计规律判断行动的方法，而是经常依靠经验启发自己做出判断。启发法的策略主要有"代表性启发"和"易得性启发"两种。其中，"代表性启发"(heuristics of representativeness) 指出，人们经常认为，如果事件或样本同全域之间的相似程度越高，即越具有代表性，那么出现的可能性就越大。代表性启发还会导致人对随机性的认识产生偏差，Daniel Kahneman 和 Amos Tversky (1973) 指出，人们在直觉上对于随机性的认识存在偏差，忽略均值复归现象，认为事物目前的发展趋势并非偶然，该趋势会一直延续下去。"易得性启发"(heuristics of availability) 则指出，人们经常使用另一个类似、已发生事件来评估新的事件概率，而在判断概率时，人们通常会估计一个主观的起始值，而后根据新的信息进行调整。

启发法作为一种问题解决策略，体现了人的有限理性；与启发法相对的解决策略是算法 (algorithm)，即逐一进行尝试、评估和搜索的解决策略。如果人是完全理性的，那么理应使用算法解决问题，因为算法总能保证问题一定得到解决。但算法要求人有无限的计算能力和精力，在实际思考过程中经常并不经济，导致人时常依赖启发法。启发法在很多认知心理学研究中得到证实：Lance Rips、Edward Shoben 和 Edward Simth (1973) 在对长时记忆的研究时发现，人对熟悉的语句判断较快，称之为"熟悉效应"，并对一个范畴或概念的典型成员的判断要快于对非典型成员的判断，称之为"典型性效应"，这两个发现分别与"易得性启发"和"代表性启发"吻合。Eleanor Rosch (1975) 认为，概念是以原型表征的，原型就是一个具有代表性的实例，人是通过原型来理解概念的，这与"代表性启发"的思想是类似的。David Navon (1977) 将人的知觉对象分为总体特征和局部特征，实验证明，总体加工是局部分析的前提，这一理论间接支持了"代表性启发"。启发法具体包括如下内容。

(1) 代表性经验法则。代表性是指大脑会事先根据经验和已有的知识，假定具备某些相似特点的事物或同样的事物，快速处理大量的资讯的功能，这是一种导致投资者对过去信息反应过度的依赖途径。代表性经验法则，又被称为相似性法则，指可供选择的各种结果同既有证据之间或者样本与总体之间的相似程度，这种相似程度越高则样本出现的概率越大。在多数情况下，代表性经验法则是一种有益的启发法，但由于这种判断方式通常会使个人忽视客观概率事件判断所需要的独立性、先验概率以及样本规模大小等前提条件而出现决策失误，它对人们的决策影响有以下几方面。

①对先验概率不敏感。在不确定条件进行决策时，人们在估计事件的发生概率时经常忽视事件的基率比率，过度重视某一个或者某些具体信息，而不是将基率比率与具体的信息结合，从而产生“基率忽略”偏差。这种代表性偏差预示着人们在决策判断时可能会过度自信（overconfidence），这种判断上的偏差反应在股票价格上可能会出现反应过度或反应不足。按照贝叶斯法则，设有 x 个独立事件 Ai，事件 Ai 发生都会有 B 现象伴随出现，出现的概率为 $P(B/Ai)$，则 Ai 发生的概率依据理性原则应当符合：

$$P(B/Ai) = P(Ai) \times P(B/Ai) / \sum P(Ai) \times P(B/Ai)$$

事实上，在实际投资操作中人们并不按照此法则行事，而会忽视基率的存在。米尔与罗森（P. Meehl，A. Rosen，1955）于 1954 年最早注意到人们容易忽视基率这一现象。丹尼尔·卡尼曼和阿莫斯·特维斯基（Daniel Kahneman，Amos Tversky，1972a）曾举例说明，某城市有 A、B 两个出租车公司，其中 A 公司的出租车的颜色主要是蓝色的，并且其数量较多，占到该城市出租车总数的 85%。B 公司出租车颜色主要是绿色的，其数量只占该城市总量的 15%，问题是当有辆出租车在晚上撞人逃逸后会是 A 或 B 哪个公司的出租车呢？据目击者证实出租车颜色是绿色的，但法庭对证人进行辨认出租车颜色进行能力测试时，会有 80%的概率能正确辨认出车辆颜色，但 20%的概率会把蓝色和绿色混淆。实验发现，大部分人有 80%把握相信证人指证是可信的。事实上，肇事车是绿色的概率只有 41%。在实验中很多人忽视了 85%出租车是蓝色的基率事实。马亚·巴-希勒尔（Maya Ba-Hillel，1980）就这一问题对 52 人进行实验，结果 36%的人完全把自己对该概率的估计建立在证人的指证的可信度上，只有约 10%的实验对象对该概率的估计大体接近依据贝叶斯定理而得出的概率。

②样本规模忽略（sample size neglect）。人们会夸大一个小样本与总体密切相关的可能性，或者夸大样本的概率，产生“小数定律”，即人们错误地认为小样本与大样本有相同类型的概率分布。例如，人们会认为能够连续挑出 4 只好股票的金融分析师是优秀的分析师的代表。当人们事先知道事物的概率（如抛硬币出现正面或反面的概率各占 50%）时，小数定律还会产生“赌徒谬误”，即已知某一事件的客观概率，如抛硬币出现正面或反面的概率各为 50%，人们会从主观上高估小样本事件中未出现的概率。例如，某人已经抛硬

币 8 次出现的都是正面，他总认为第 9、10 次投掷硬币出现反面的概率比正面概率要高，使人们的赌博心理增大。事实上，连续抛硬币 8 次出现正面的概率是 1/256。

小数定律偏差还会导致人们“趋势追逐”，人们仅仅通过少量的数据便会轻易判断为一个系统性的趋势形成。统计学上称为“堆积幻觉”（clustering illusion），人们将对一系列随机事件中的长期倾向（lengthy streaks）预期太少。由于均值回归，人们对长期倾向做出不正确的解释，却认为它们只是偶然出现的。例如，在篮球运动中人们普遍相信“热手”（hot hand）现象，即有些运动员是状态型选手，他们有时“神勇”，有时“低迷”，似乎无法用随机性来解释。

对偶然性的误解、对预测性不敏感及对偶然性的误解，是指人们会把随机发生的事件看成是有规律的事件，或是把导致事件发生的一个条件看成是导致事件发生的充分必要条件，从而导致局部代表性（local representativeness）。例如，在抛硬币实验中，“正—反—正—反—正—反”出现的概率大于“正—正—正—反—反—反”。对预测性不敏感，指人们经常依据自己掌握和理解的信息（依据主观信息做出判断，而忽略掉不熟悉或看不懂的、但可能是关键的信息）。在股票市场中，当面对一组上市公司未来利润描述的信息时，投资者经常会因为某公司对未来发展规划和利润预测方面有较好的描述，而容易得出该公司未来高利润并值得投资的推断；反之，则得出不投资的结论。显然，他们的预测对证据的真实性和准确性不敏感。

（2）易得性经验法则（availability heuristic）。卡尼曼和特维斯基认为，当人们需要做出决策时，倾向于凭借这一事件在直觉或记忆中的可得性程度作为判断的依据，容易回想起的事件便认为经常出现。同时，心理学家研究发现，不管记忆中某事件发生的客观概率多大，新颖性（recency）、显著性（conspicuousness）、生动性（vividness）等因素均影响人们的认知可得性。例如，在美国被飞机掉下来的零件砸死，或被鲨鱼咬死，哪个造成死亡人数更多？绝大多数人认为被鲨鱼咬死人数更多。因为被鲨鱼咬死的案例比飞机零件砸死的案例会引起更多人的关注与共鸣，在记忆中鲨鱼吞人血淋淋的场面人们更容易想到。但事实上，在美国，被掉下来的零件砸死的人数是被鲨鱼咬死人数的 30 倍。Nisbett 和 Ross（1980）研究表明，决策者更容易被生动的信息，而不是枯燥、抽象的统计数据所影响。卡尼曼和特维斯基（1971）总结了四类能够影响人们对事件的判断的规律，包括：过去事件发生的频率，其频率越高，人们越容易记起；对事件的熟悉程度，越熟悉，人们越倾向于做出判断；事件的不同寻常性，越特殊的事件，越容易让人记住；事件发生的先后，时间越靠近，越容易记忆。

因此，在股票市场上，当颇受关注的热点股票有利好消息时，股价上升；反之，有利空消息出现时，股价大跌。在形成热点的过程中，例如上市公司参股高科技股，消息经过大范围传播引起投资者广泛注意，这些特点符合能够影响“可获得性”的条件，投资者按此信息进行交易，大量资金流入该股，从而引起该股票大幅波动。股票市场每次大行情出现，或大跌或大涨，都离不开投资者注意力的过分关注，如 1999 年“5·19”网络股行情就是一个很好的例子。

（3）锚定与调整经验法则。锚定与调整经验法则指人们对某一特定对象进行评估或预测，根据初始资料选定一个参考点或起始点，然后再通过反馈信息不断地调整自己的初始值，以获得事件的最终解决办法。

人们依据最初得到的信息形成锚定效应（anchoring effect），从而制约对事件的估算。Slovic 和 Lichtenstein（1971）研究表明，人们在对不确定量进行估计时，对偏离初始值的调整（adjustment）通常是不充分的。同时，不同的参考点会得出不同的结论，这容易引起决策的系统性偏差。1974 年，Kahneman 和 Tversky 通过使用幸运轮估计非洲国家席位在联合国总席位的占比的实验证明了此现象。当第一组被测试时，幸运轮指针随机转动停留指示的数字为 65，结果该组的平均估计值为 45%。当第二组被测试时，幸运轮指针随机转动停留指示的数字为 10，结果该组的平均估计值为 25%。虽然所有的被测试者知道非洲国家的数量在联合国国家总数中所占的比例与幸运轮指针转动停留指示的数字无关，但被测试者的选择明显受到了数字的影响。

锚定效应是普遍存在的，在股票市场中表现在对股票价格的锚定。在评价股票价格高低时，投资者会把价格锚定在记忆中离现在最近的价格，过去的股价会成为未来股价走势的原因之一。因此，当股票市场出现基本面、政策面等变化，投资者在对后市进行预测时，由于受制于锚定影响而不能做出充分调整，最终导致预期值与信息所带来的结果有较大的偏差。希勒（Shiller，1990）研究指出，专业机构通过把握市场的变化来抓住获利机会，通过探究价格序列获利，其定价的潜在假设就与股价的锚定心理效应相符。20 世纪 80 年代后期，日本股票的市盈率非常高，就是因为投资者将其与当时较低的美国股票市场的市盈率锚定产生的结果。

3. 传统预期效用理论的发展、展望理论和风险偏好测量

Amos Tversky 和 Daniel Kahneman（1979，1992）提出了“展望理论”（prospect theory）以发展预期效用理论。展望理论认为，人们会在对需要决策的问题进行编辑后，选择展望值最高的选项。当决策结果带来的是收益时，决策者的价值函数曲线呈凹字形，即倾向于风险厌恶；当决策结果带来的是损失时，价值函数曲线呈凸字形，即倾向于风险偏好。这种心理现象被称之为“损失规避”（loss aversion）。

展望理论的这一结论，实际上与传统经济学假设理性人大多应为风险厌恶的假设（同时是预期效用理论的假设）是有区别的，这便进一步凸显了实验经济学对于风险偏好测量的重要性。在测量风险偏好程度方面，较为知名的文献包括：Hans Binswanger（1980）提供8种不同的彩票，每种彩票都有概率各为50%的、高低不同的两个收益，根据样本的选择结果测量风险偏好区间。Charles Holt和Susan Laury（2002）的设计则更加精巧，提供了两个风险程度不同的、都含有高收益和低收益的彩票，并根据高收益、低收益发生概率不同排列出10种选择，最终根据样本的选择结果测量风险偏好区间。Daniel Ellsberg（1961）在分析预期效用理论的悖论后，提出了“模糊规避”（ambiguity aversion），认为人在面临针对不确定性事件的决策时，往往会倾向于选择能够清晰掌握不确定性程度的方案，而不是选择最终预期效用最高的方案，即人们相比于确定的概率，更厌恶事件发生概率不确定的情形。

4. 从众行为

“从众行为”（herd behavior conformity）是行为金融学、心理学中居于重要地位的概念，指根据他人而做出的行为和信念的改变。从众行为主要由“顺从”（compliance）和“接纳”（acceptance）两类行为构成：顺从指在不认同所做的事情上仍表现出顺应期望和要求的行为，如果这一行为是由命令所强迫进行的，那么又会称之为“服从”（obedience）。接纳指在认同和相信所做事情基础上进而表现出的顺应期望和要求的行为，是一种内在的从众行为。

研究从众行为并尝试解释其产生原因的文献在20世纪30年代就已经存在，最早的经典实验为Muzafer Sherif（1935，1937）使实验对象受到暗示，从而使个体产生接纳行为，进而形成社会规范。Solomon Asch（1952）通过在实验中受到社会压力的影响来研究从众行为，他研究的从众行为更偏向于顺从行为。Morton Deutsch和Harold Gerard（1955）将从众行为的原因解释为规范性影响（normative influence，即希望被群体接纳或赞赏）和信息影响（informational influence，即希望获得信息，从而保证自己做出正确判断）。Stanley Milgram（1974）则通过实验室的虚拟电击实验，研究服从行为，实验证实了权威的要求会影响个人的理性判断，该实验在当时学术界乃至全社会引起巨大反响。此外，Banerjee（1992）和Sushil Bikhchandani（1992）解释为个体依据对别人观察进行决策，多个个体行为的叠加，最终导致信息形成阶梯式传播。影响从众行为程度的因素主要包括：群体规模、一致性、凝聚力、权威的地位、公开的反应、文化差异、是否有过度压力和个体独立性等。Solomon Asch（1952）通过实验发现，当影响实验对象的群体内人数越多时，从众行为越容易发生。单一个体的从众性受到其他个体观点的一致性影响，但如果另一个体表达反对意见，破坏了一致性，那么会降低从众影响力，Vernon Allen 和 John Levine（1969）、Morris 和 Miller（1975）的研究均验证了这一观点。对凝聚力的研究文献很多，如 Russell Clark 和 Anne Maass（1988）指出，某个群体内部人的影响力要高于群体外的影响力，这个群体的标准可以是非常宽泛的，大至宗教相同，小至生日或名字相同。研究权威地位的影响文献也有相当数量，如 James Driskell 和 Brian Mullen（1990）通过研究发现，地位高的人往往比地位低的人对个体产生更大的从众影响。又如 Stanley Milgram（1974）发现，地位低的人往往比地位高的人更愿意服从。公开反应也是重要的影响因素，如 Solomon Asch（1952）的实验发现，人在公开场合比私下场合更易表现出从众行为。从众程度也会受到文化差异的影响，如 Rod Bond 和 Peter Smith（1996）通过对 17 个国家的 133 项研究发现，文化、价值观都对从众行为有影响。社会压力确实会导致从众行为，但如果社会压力过大，以至于威胁到个体的自由感时，从众行为反而会减弱，这与逆反心理（reactance）是有一定联系的，Sharon Brehm 和 Jack Brehm（1981）、Paul Nail、Geoff Mc Donald 和 David Levy（2000）的研究均验证了这一观点。最后，Charles Snyder 和 Howard Fromkin（1980）的实验表明，当个体认为自己是独特的，将以维护自己个性的方式来行动，会对从众行为产生抵触。

5. 控制力幻觉

Ellen Langer（1975）、Ellen Langer 和 Jane Roth（1975）对“控制力幻觉”（control illusion）进行了研究，发现人们常将自己的成功归因于技巧和能力，很少考虑运气成分，同时误以为自己能够控制偶然性事件的走向和结果。

6. 禀赋效应

Richard Thaler（1980）提出“禀赋效应”（endowment effect），认为人们卖出物品时，会要求比作为买主愿意支付的更高的价格，因为人们总是不愿意放弃拥有的物品。Daniel Kahneman、Jack Knetsch 和 Richard Thaler（1990）用一系列实验证明了禀赋效应的存在。

7. 过度自信和信息幻觉

“过度自信”（overconfidence）指人在决策时往往会夸大自己对事物发生概率的判断能力。Stuart Oskamp（1965）研究表明，人们获得的信息越多，对自己的判断越有自信，但判断的准确性却没有显著增加。这种现象也被称之为“信息幻觉”（informational illusion）。

大量的心理学研究成果显示出人类倾向于过分相信自己的主观判断，低估客观因素包括外部环境、偶然性的影响，高估自己成功的概率，这种心理偏差被称为过度自信（overconfidence）。心理实验（calibration）发现，人们尤其是专业人士（包括医生、专家）通常会夸大自己的知识和技能，其表现在：一是人们会将事件发生的可能性凭着自我意愿发展的方向夸大，不能对事物进行客观评价。当希望某个结果出现时，他们主观上将这个结果出现的概率夸大为必然事件；否则会忽视这个结果，主观认为不可能发生。二是人们对不确定事件发生的概率设置的置信区间过于狭窄，如98%的置信区间可能只包含了60%的真实数量，这会使投资者有选择性地接受那些能够增强他们自信心的信息，忽视上市公司基本面信息，特别是那些有损自信心的信息。T. Odean（1998）通过对美国个人投资者投资行为进行研究发现，股票市场中过高的交易量与投资者的过度自信有着密切联系，他们买卖股票调整投资组合并不是因为流动性的需求、税负上的考虑，而是因为他们认为未来股价可能下跌，应尽早获利。股票市场的繁荣导致人们更加过度自信，产生盛极一时的网络股、生态股等流行股，导致赌场资金效应（house money effect）。Thaler 和 Johnson（1990）发现投资者在投资盈利之后，更倾向于接受他们以前拒绝接受的风险，而在遭受损失后，他们会变得愈加保守，甚至拒绝接受以前能接受的风险。过度自信是导致事后聪明偏差（hindsight bias）的重要心理因素，投资者通常把发生的事件认为是必然的，而没有意识到对已有结果的分析会影响之后人们的判断，认为此种事件是容易预测的，却无法说明结果产生的原因。例如，希勒（Shiller）对1987年股市大跌的调查问卷中有如下问题："现在你认为市场会在什么时候发生反弹"，在未参与交易的人中，有29.2%的个人投资者和28%的机构投资者回答"知道"；在参与交易的人中有接近50%人回答"知道"。接下来的问题是"如果回答知道，你是如何估计会反弹的"，绝大多数人回答"内心想法""直觉""历史证据或常识""股市心理学"，同时很少有人提到具体的事实或明确的理论依据。这种现象增加了投资者投资决策行为的不确定性，可以说直觉中的过度自信导致了股市崩溃日的过大交易量。Kahneman 和 Riepe（1998）通过调查发现，过度自信会使投资者在预期股票市场指数波动内设置较窄的范围，而实际指数不是远高于就是远低于其预测值。

8. 框架效应

Amos Tversky 和 Daniel Kahneman（1981）提出了"框架效应"（framing），认为问题以不同的方式（即"框架"）表达出来时，有时人们的决策会根据问题表达方式而有所不同。Daniel Kahneman 等（1986）通过调查进一步证实了框架效应的存在。这一观点实际上源于 Allen Newell、J. Shaw

和 Herbert Simon（1958）的问题解决过程理论。该理论认为，人要解决问题必须要先构成问题空间，即理解这个问题，对其进行表征，不同问题的表征形式依赖于人的知识经验和心理过程的制约，而表征的适宜程度对问题解决有明显的影响。

心理学家研究发现，人们的投资决策不是按照传统经济学家提出的一系列规则来进行的，而是根据过去的经验以及事件发生的环境背景进行，因为情境和问题的陈述与表达方式以及个体的价值观、习惯及人格特质等不同而有所不同，这就是“框定依赖”（framing dependence）。错觉效应可以让我们看到框定依赖的作用。其中，著名的有 Muler-lyer 错觉和戴勃福错觉。框定依赖在人们判断和决策中会导致对比效应、首因效应和近因效应、晕轮效应以及稀释效应。

（1）对比效应。“对比效应”是指根据前后不同的情景，让事物或方案有一个不同的场景的比较，以便人们做出更好的选择。最初的心理学研究，大部分关于重量的辨别、温度的识别和颜色的辨别等知觉判断均通过对比效应的研究，发现对比的选择会产生截然不同的结果，根据前后背景的不同，可能会让事物或方案看起来更好或更坏。因此，前后关系的设计者，如政客、广告商、券商等的观点就会影响投资者的决策。

（2）首因效应和近因效应。在不确定性条件下，人们会受到信息环境背景的影响。曾有这样的心理学实验，实验者按照一定的顺序学习一系列单词，然后让他们自由回忆，写下能回忆起来的任何单词。结果发现，实验者最开始学习的几个或最后学习的几个单词更容易被记住，而对于中间部分的单词记忆最差。开始部分较好的记忆称为首因效应，结尾部分较优的记忆称为近因效应。Aronson（2001）研究发现，注意力递减理论影响人们印象的形成，即随着投资者注意力的转移，列表上排位靠前的项目受到更多的关注，对判断的影响力较大，反之排位靠后的受到的关注较少，对判断的影响力较小。

（3）晕轮效应。“晕轮效应”是指人们对事物的认知过程中，事物本来互不相关的特性并不保持其原来的独立性。Thorndike（1920）研究得出的结论是，“无论一个领导、雇主或经理是多么的有才能，也不能把他当成是各种独立品质的混合物，更不能不受其他品质的影响而独立分配给每个品质一定程度的大小特性”。Kahneman 和 Tversky 研究发现，框架效应反映人类不是完全理性的，同一选择的不同表述方式导致人们对其的关注点不同，造成人们在寻找真实的、潜在的偏好时出现偏差，使“选择与判断不能与经济学的理想模型相吻合”（Kahneman，1986）。Thaler（1980）研究发现，在价格制定过程中，是使用折扣还是附加费给消费者让利中，另外收取附加费要比让客户放弃折扣更难以接受。在股票市场中也同样如此，基金销售通常采用管理费放在售价中，并不另行收费。

9. 心理账户

Thaler（1980，1985）引入了心理账户（mental accounting）的概念，即人们通常根据金钱的来源、保存方法和资金的用途进行分类。Shefrin 和 Thaler 在 1998 年研究发现，人们通常根据收入来源分为工薪收入、资产收入和未来收入，然后把这些收入放入不同的心理账户。心理学研究发现，人们倾向于比工资等常规收入更随意地使用赌场赢来的资金、股票市场获得的资本利得、始料不及的遗产和所得税的返还等意外收入。在实际决策中，人们自发地运用心理账户分三个层次对选择的得失进行评价：首先是“最小账目”（minimal account），即投资者在进行决策时仅仅考虑每个单项方案决策本身。其次是“局部账目”（topical account），即投资者进行决策不仅考虑单项决策方案本身，而且还要考虑某个特定的参照水平，参照水平由决策背景决定。再次是“综合账目”（comprehensive account），即投资者需要综合考虑各种因素对各种可选方案的得失进行评价。在金融市场上，心理账户的影响可以解释当一只股票入选指数时其价格突然上涨的现象。Shleifer（1986）和 Marston（1996）的实验研究表明，在问到“期货市场套期保值操作中最重要的对象是什么”时，只有 8%的被试者回答是企业的市场价值，大约 50%的测试者采用套期合同承诺。因此，很多投资公司通常会忽视未来交易或者给企业长期运营带来风险的潜在因素，而只是对临近的交易进行保值操作。心理账户的原则在销售领域得到了很好的运用，销售者可以充分了解投资者对于价格区间、捆绑销售等销售策略的反应。

10. 非现实乐观

“非现实乐观”（unrealistic optimism）指决策人拥有不现实的乐观情绪，如成功概率大于其他人，坏事发生在别人身上的概率要高于在自己身上等。Neil Weinstein（1980）的实验研究验证了这一点，即如果人们认为事件发展过程可以进行控制或者对某些事件抱有期待，则会表现出非现实的乐观态度。

11. 证实偏差

证实偏差指一旦形成一个信念较强的设想，人们会寻找支持这个假设的证据，不关注否定该设想的信息。锚定效应和框定依赖偏差会使投资者在决策过程中忽略掉一些新信息的影响，但大量的实验证据表明，当人们一旦形成了某种观念，就会坚持相信他们的信念，即使新数据与该信念相矛盾，他们也会坚持固有的信念，这就是“信念坚持”（belief perseverance），是导致证实偏差的心理基础。这会产生两种效应：一是人们不愿意去寻找与其信念相矛盾的证据。二是即使他们找到了反驳的新证据，他们也会视而不见或过于挑剔，产生“证实偏差效应”（confirmation bias）。证据的模糊性，对证据有选择地收集或详查以及人们经常性的假想不同对象间的相互联系等因素导致了证实偏差的产生。如果投资者相信股票市场是一个“牛市”，股价会持续上涨，因为他们只专注那些对“牛市”有利的消息，忽视掉那些影响股市上涨的信息，从而进一步推动股市上扬；反之，当股市大幅下挫时，投资者出现恐慌性抛售，此时其看到的都是负面消息，进而使股市坠入“熊市”的深渊。由此可见，证实偏差是股票市场正反馈机制形成的推动力之一。

12. 后悔厌恶理论

“后悔厌恶理论”（regret aversion）早在20世纪50年代研究者就进行了实证研究，他们认为投资者进行决策之前首先衡量各个备选方案可能产生的最大后悔程度，然后选择一个后悔程度最小的方案作为最后的决策方案，即是以“最大后悔最小化的原则”为依据的。心理学家Janis和Mann（1977）研究认为，人们对后悔的预期可以使人们在决策之前进行全面、深入、谨慎的思考，这会使人们变得更加理性。1980年，Thaler最初提出后悔厌恶理论，即当人们做出错误决策时，对自己的行为感到后悔。随后，经过Loomes和Sugden（1982）、Kahneman和Tversky（1982）等学者的研究，该理论逐渐走向成熟。Bell（1982a）、Loomes and Sugden（1982）在决策理论中引入后悔变量，在计算备选方案时还需要考虑已选方案与放弃方案是否会产生一定的后悔因素，因此对传统的预期效用理论进行修订，即

$$\text{一般预期效用}=\text{预期效用}\pm\text{后悔变量}$$

$$\text{后悔变量}=\omega\left(\sum RI\times RP\ [A-B]\right)$$

其中，RI 表示后悔强度，指决策方案与备选方案对比后的强度。RP 表示后悔发生的可能性。ω 取决于决策者的个性偏好和情境因素。研究表明，后悔产生的 ω 值大于喜悦的 ω 值。

Kahneman和Tversky（1982）研究发现，一是人们在非胁迫情形下行动（action）引起的后悔比胁迫情形下的后悔要严重得多，二是人们因为做了错误的行动引起的后悔比没有做引起的后悔要强烈得多，三是人们需要对行动的结果负担责任引起的后悔比无须承担责任的后悔要严重。有利的结果会使决策者喜悦，不利的结果会使决策者后悔沮丧。马可维茨曾使用后悔厌恶理论解释资产组合理论，他说：“为了减少我未来的后悔程度，我把投资额等平分在股票和债券上，期望能尽量减少我的投资损失。”这样比较保守的投资方式减少了投资者包括投资大师马可维茨在日后股票行情变差所产生的后悔反应。与后

悔理论相似的概念是认知失调，认知失调是指当人们假设的观点或提出的理论被证明是错误时内心的矛盾，可以理解为一种后悔之痛。认知失调可以更好地解释资金加速流入业绩好的基金速度快于业绩差的基金速度，也可更好地理解亏损的投资者愿意卖出股票的行为。

（三）行为金融学基本理论的主要应用

行为金融学在提出诸多对传统金融学进行批判和发展的基本理论之后，逐步应用到金融学所研究的各个领域。这一部分的内容仅包含在广义的“行为经济学”之中，但与狭义的“行为经济学”并无重合。

1. 放宽金融市场的无风险套利假设

传统金融学认为，相同资产在市场上价格必须相同，否则就会出现套利机会。套利是一种没有风险、不需要成本，却能获得正回报的经济活动。套利活动则迫使相同资产最终趋于相同价格，即存在所谓的“一价法则”，进而使市场存在有效性。但行为金融学认为，该假设并不成立。一方面，“噪声交易”（noise trade）的存在说明投资者对于资产的需求变化未必是理性的，这导致套利者未必能够按照预想的策略进行套利。噪声交易，即不包含任何资产内在价值信息的虚假信息进行的交易。Andrei Shleifer 和 Lawrence Summers（1990）指出，依据传统金融学理论推理，噪声交易者将因亏损而退出市场，但因为非理性乐观与自信、学习与模仿等原因，噪声交易会长期影响资产的需求。Andrei Shleifer 和 Robert Vishny（1997）的进一步研究发现，由于大多数套利者都在管理投资者的资金，为表现出较好的历史收益，会在应对噪声交易者时倾向于保守策略。另一方面，套利是需要成本的。除了佣金、保证金等交易费用外，套利还存在寻找与发现交易对手和错误定价资产的成本。Robert Shiller（1984）与 Lawrence Summers（1986）的研究表明，即使噪声交易产生了大幅且持久的错误定价，资产回报的可预测性仍然低于套利者能够察觉的程度，这显然与传统金融学的理论是相悖的。

2. 解释股票市场异常现象

股票市场上的一些现象，因传统金融学理论（特别是有效市场理论）难以对其作出合理解释，因此被视为金融市场的异常现象，而解释这些异常现象的原因，是行为金融学最为常见的理论应用。

根据传统金融学理论，股票价格在没有新的信息到来时，不会产生大幅度的波动，而波动幅度应当由其现金流（股息）的波动来决定，但现实情况并非如此。Terrance Odean（1998）认为，交易者的过度自信促使他们过度高估自己拥有信息的准确性——高估预测准确性，因此会继续做大量的投机交易，导致股票价格波动。Jay Ritter 和 Richard Warr（2002）发现，在通货膨胀率较高时，投资者往往将名义利率误作为实际利率，并且忽视通货膨胀对债务的影响，从而低估股票价值，导致股票价格下降。Nicholas Barberis 等（2001）发现，股票价格上涨越多，给投资者带来的既有收益提高，投资者会更加偏好风险，从而进一步推动股价上涨，导致更大的波动；反之亦然。

行为金融学也被用来解释股市的横向回报问题，即某一类型的股票平均回报大幅高于另一类股票的平均回报。资产的收益能够通过公开的信息进行预测，原因在于资产的价格在长期存在反应过度（即投资者对信息产生过激的反应），而在短期内存在着反应不足（即投资者对信息的反应不够敏感）的现象。Barberis、Shleifer 和 Vishny（1998）提出 BSV 模型，认为投资者在决策时存在代表性偏差，也就是根据近期的数据进行预测，导致投资者认为资产收益变化是有趋势性的，这会导致投资者对信息的反应过度。同时，也存在着保守性偏差，认为价格变化只是暂时现象，因此造成反应不足。Daniel、Hirshleifer 和 Subramanyam（1998）提出 DHS 模型，指出过度自信会使有信息的投资者高估自己的能力，低估关于股票价值的市场信息，因此导致短期的反应不足，而长期市场信息逐渐在决策中占主导，又导致反应过度。Hong 和 Stein（1999）提出了 HS 模型，认为理性有限的信息挖掘者和惯性交易者的相互作用导致市场产生反应过度和反应不足的现象。这三种理论还能够用于解释股价的动量效应，即高收益率的股票在未来获得的收益率仍然会高于过去收益率较低的股票。

根据传统金融学的“一价法则”，资产的价格不应受到不同交易地点的影响，相同公司在不同交易所交易的股票，即孪生股票的交易价格应当是一致的。但 Kenneth Froot 和 Emil Dabora（1999）研究三对孪生股票的价格关系后，发现价格关系是不一致的，他们认为，噪声交易的存在限制了套利行为是其内在原因之一。Andrei Shleifer（1986）研究发现，新增入标准普尔（Standard & Poor's，简称 S&P）500 指数公司的股票，在宣布消息后，这些公司的股票价格都有显著的上涨。Jeffrey Wurgler 和 Ekaterina Zhuravskaya（2002）认为，导致这一现象的原因是，此类股票缺乏替代股票，因此套利受到了限制。Owen Larmount 和 Richard Thaler（2002）在研究股权分割后的股票违反“一价法则”的现象后，认为卖空成本太高，约束了套利的行为，因此没能消除价格的差异。

3. 投资者行为研究

以行为金融学理论研究和解释投资者的决策和交易行为，是行为金融学的另一个主要应用。

众多学者均观察到，大多投资者均没有有效的分散资产组合的风险。Werner Debondt（1998）的调查发现，投资者相信自己的资产选择能力，对自己的资产组合回报非理性乐观，但对市场回报并不抱有非理性乐观的态度，因此只投资了极少数的资产，未能充分分散风险。Kenneth Fisher 和 Meir Statman（1999）认为，投资者误以为投资于股市的期限比较长（跨期分散风险），就不可能遭受损失，实际上他们误将小概率事件当作零概率事件。此外，投资者还倾向于投资本地市场、自己熟悉的公司或者自己就职的公司。朱宁（2002）研究此类问题时发现，个人投资者在股市表现出很强的本地倾向，虽然本地投资者表面上具有信息优势，但并不能比外地投资者更准确地预测本地公司的收益，因此这是一种信息幻觉。

如果投资者是理性的，那么他们应当只有在能够增加预期效用的情况下才会交易资产，因此市场上并不会出现大量、频繁的交易，但这与现实是不符的。Brad Barber 和 Terrance Odean（2002）研究发现，过度自信导致市场参与者进行过度的交易，如网上交易强化了人们的信息幻觉和控制力幻觉，使得人们更加自信，这使得网上交易者进行了更多的交易，但他们的回报没有变高，反而有所下降。

投资者行为研究中，对于从众行为的研究是其中文献数量和成果均较多的一类。由于证券市场上能够取得很多公开数据，因此目前已经可以数量化地测量、评判投资者的从众行为程度。由于直接逐一测量市场参与者个体的行为并不现实，这些指标通过分析与从众行为有间接关系的市场表现来评判是否具有从众行为：一类指标通过证券被基金买入或卖出的数量分布来测量，认为参与者数量超过平均水平时即存在从众行为，如 Josef Lakonishok、Andrei Shleifer 和 Robert Vishny（1992）提出的 LSV 模型，Stefan Frey、Patrick Herbst 和 Andreas Walter（2014）提出的 FHW 模型，Russ Wermers（1999）提出的买方或卖方从众效应值（BHM 或 SHM）。另一类指标通过单个证券收益率与市场收益率的比值来测量，认为单个证券收益率近似于市场收益率即存在从众行为，如 William Christie 和 Roger Huang（2005）提出的股票收益率分散度，Dwight Sanders、Scott Irwin 和 Raymond Leuthold 提出的 CSAD 方法。

4. 企业管理者行为研究

企业是由人来管理的，那么管理者的非理性行为，也有可能导致企业管理的偏差。研究企业管理者的行为，也是行为金融学的一个应用方向。Richard Roll（1986）认为，过度自信的企业管理者乐于推动企业并购，而对于并购的实证研究表明，总体而言，并购并没有创造财富。J. B. Heaton（2002）指出，企业管理者的非理性乐观可能导致他们认为自己企业的股票被低估，从而在项目需要投资时，遵循优序融资理论，即倾向于内源融资，不倾向于外源融资特别是股权融资，进而导致投资不足，甚至放弃值得投资的项目。

5. 行为资产定价和组合理论

部分文献在传统资产定价、资产组合理论的基础上，融入行为金融学的因素，发展出了新的定价和组合理论。如 Shefrin 和 Statman（1994）认为，非理性的噪声交易者导致证券价格偏离其真正价值，而套利的有限性导致这种偏离会持续存在，因此实际的 β 值与 CAPM 模型的 β 值有所不同，两者的差异就是噪声交易风险。他们还认为，投资者如果选择多个心理账户，就会关心每个心理账户的投资收益，而不关注不同账户资产之间的协方差，这是对资产组合理论的一种发展。

（四）行为金融理论对传统金融理论的挑战

1952 年，马可维茨（H. M. Markowize）在投资者理性预期的基础上，在《金融月刊》发表了一篇题为《投资组合选择》（*portfolio selection*）的论文，提出了“均值—方差”组合理论，被视为传统或现代金融理论的开端。1964 年，在“均值—方差”模型的基础上，约翰·林特纳（John Lintner）、威廉·夏普（William Sharp）和简·莫辛（Jan Mossin）提出了资本资产定价模型（CAPM），揭示了当投资者严格按照“均值—方差”模型持有证券组合进行投资管理时，资本市场价格是如何形成的。CAPM 被看作是现代金融理论基石，广泛使用在股票估价、投资绩效分析和资本预算分析等领域中。与此同时，F-Fama 在 1965 年提出了有效市场假说（EMH），假定投资者能够对可获得信息迅速做出无偏估计，并且资产价格能够反映所有的公开信息。根据市场价格反映信息程度，有效市场分为弱式有效市场、半强式有效市场和强式有效市场三种类型。1976 年，投资组合理论又有了新发展，斯蒂芬·罗斯（Stephen Ross）在因素模型基础上，提出了套利定价理论（arbitrage pricing theory，简称 APT）。此后，布莱克、舒尔斯和默顿提出了期权定价理论（option pricing theory，简称 OPT）。与此同时，Modigliani 和 Miller 还研究了公司融资、投资、并购和股利分配等对公司价值的影响，提出著名的 MM 定理。由此，传统金融学以理性人和有效市场假说作为理论基础，和以预期效用理论作为投资决策基础的理论框架，而随着金融市场与金融理论的相继发展，又面临着新的挑战。

1. 有效市场假说面临的挑战

研究有效性问题最初从研究随机游走行为开始，最早可以追溯到 George Gibson（1889）出版的《伦敦、巴黎和纽约的股票市场》以及 Louis Bachelier（1900）的论文《投机理论》里都有所涉及。特别是 Louis Bachelier 经过对法国商品价格的实证研究发现，价格呈随机波动，第二天商品价格的期望值与当天实际价格的差额为0。1953年，英国的统计学家Kendall通过研究19种英国工业股票价格指数和芝加哥、纽约商品交易所的小麦和棉花随机价格变化的时间序列，发现其序列就像随机漫步一样，价格不存在某种确定性规律。1959年，Roberts研究证实，股价变动呈现“随机游走”规律。随后，Samuelson和Mandelbrot在1965—1966年通过大量的实证研究，系统性地提出了有效市场期望收益模型中的“平等游戏”准则。1970年，法马（Fama）在系统性地总结了有关有效市场研究的基础上，提出了研究有效市场较为完整的理论框架。随着有效市场假说不断完善与发展，最终成为传统金融经济学的理论支柱之一。

许多学者都定义过有效市场的概念，法马（1970）定义了资本市场的有效性，即如果股票市场利用了所有可获得的信息，并且 $y-1$ 期的股票价格取决于 y 时期所有股票价格的概率分布，则股票市场是有效的。法马根据罗伯茨（1967）对资产定价有关的信息分类，将市场效率划分为三种水平：一是强式有效市场（strong-form efficiency），即市场有效性的最高层次。现时市场价格反映所有公开或未公开的信息，任何投资者不可能利用内幕消息获得超额收益。二是半强式有效市场（semi-strong-form efficiency），在该市场中，现时市场价格反映了所有有关的公开信息，包括所有的历史信息以及上市公司生产经营管理方面的基本情况、技术情况、产品情况、各种财务报告、宏观经济情况报告等，没有人能够通过对这些公开信息的分析获得超额收益。三是弱式有效市场（weak-form efficiency），即最低层次的有效市场。在弱式有效市场中，资产价格只反映了与资产价格变动相关的历史信息，包括短期利率、价格波动性等。投资者不能借助任何分析工具从历史信息中赚取超额收益。信息与市场有效性分类的关系如图2-1所示。

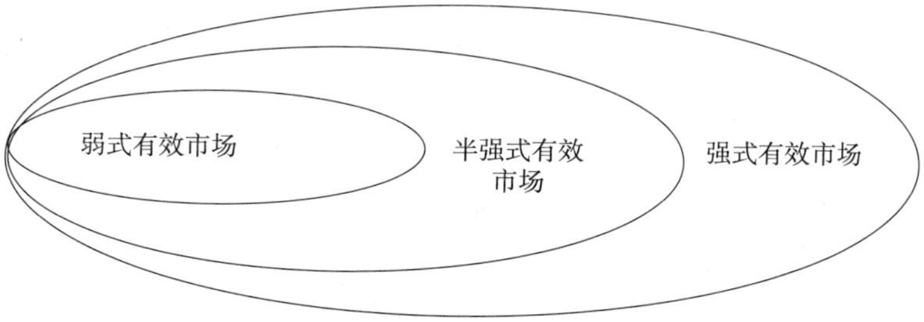

图2-1 信息与市场有效性分类

有效市场假说（efficient market hypothesis，简称EMH）的理论自1960年创立以来，无论在理论还是在实证检验方面，都取得了巨大成功。直至20世纪70年代末，股票市场的大量数据依然能证实该理论的正确性。但是，到了20世纪80年代，有效市场假说在解释金融现象方面遭遇了许多尴尬，比较著名的有三大特性。

（1）股票收益的可预测性。根据弱式EMH观点，投资者不能利用过去的价格信息获得超额收益，但是De Bondt和Thaler（1985）发现，在股票市场中存在“输者赢者效应”及长期收益“反转”现象，即过去长期赚钱的股票组合在随后的3～5年的表现平均来说比过去长期亏损的股票组合差。Jegadeesh和Titman（1993）研究了单只股票过去6～12个月股价的走势，发现未来存在仍向同方向变动的“惯性现象”。Hou（2006）研究指出，在行业内部信息的逐步扩散，导致大公司和小公司股票收益呈现出明显的“领先—滞后”效应。Hong（2007）通过实证研究发现，在美国股票市场中，整个市场的未来走势可以通过特定行业股票价格的变化趋势来预测。显然，这些证据都有力地反驳了EMH关于“投资者无法利用过去的价格变动信息来获得超额收益”的推断。

（2）股价波动的异常性。如果市场是有效的，那么关于股市的任何好或坏的信息的发布，都会引起股市上涨或下跌。但在1987年10月19日的“黑色星期一”，没有任何不利的信息发布，道琼斯工业指数却下跌了22.6%，创下了当时单日跌幅最大的历史纪录。Culter等（1991）分析了第二次世界大战后50家单日股价波动最大的公司，发现股价波动与信息的变化无关。Wurgler和Zhuravskaya（2002）对1976—1996年入选标准普尔500指数的股票进行研究，发现入选指数后股票收益上涨了3.5%，但事实上入选500指数并不是公司基本面的新信息。

（3）违背一价定律。按照市场有效理论，相同的资产在剔除交易成本和信息成本后应按照相同价格出售，这就是一价定律。典型的有皇家荷兰和壳牌孪生证券事件，两家公司分别位于荷兰和英格兰，1907年组成战略联盟，在保留各自实体的基础上按60∶40股权比例进行合并，理论上皇家荷兰的价格应该是壳牌价格的1.5倍。事实上，从1980年开始，两家公司的价格背离达30%，并且持续4年。Lamont和Thaler（2003）提出高科技行业的股票分立之谜，认为普遍存在违反一价定律现象。如2000年，3Com公司分离出5%的股票给予Palm公司。两公司分立当天，Palm股票收盘价95美元，3Com股票下降82美元，通过股权折算意味着母公司3Com股票价格出现60.5元负值。这些金融异象表明，有效市场理论遇到了困难和挑战。

2. 理性人假设面临的挑战

传统的理性人假设认为，人是万能的“上帝”，具有无限的信息处理和分析的能力，类似于“超人”能够自觉地根据理性原则制定投资决策、调整交易数量，使其预期效用最大化。20世纪50年代以来，很多经济学家对此提出质疑，人类的理性并非不受任何约束，人类认知能力并非是无限的。最著名的是1972年的诺贝尔经济学奖得主赫伯特·西蒙（Herbert Simon，1955，1956）提出的有限理性假说，即人类的理性是有一定的极限的。西蒙指出，人类由于受时间、计算能力的限制，决策者往往会使用“快速或节省”的方法或依靠已有的经验做出决策，而不是像传统理性人那样不断优化追求效用最大化。他提出，人类决策时会使用“满意化原则”（satisficing），主要包括：一是由于人类认知能力有限，加上环境非常复杂，人类在进行长期行为规划时能力受到限制，他们会采取满意化而不是最优化搜索行为。二是由于人类记忆能力受短期性的限制，人类倾向于按事件发生先后顺序解决问题，并且还会为解决问题设立一个努力水平。

人类理性之所以是有限的，主要是因为人类在自身的能力、环境的复杂性、思考成本和信息的不对称性四个方面都存在局限性。

（1）人类自身能力的限制。心理学研究表明，人类的学习、记忆、处理问题的能力受到心理能力的限制。一般来说，人们并不能同时考虑问题的所有方面，而是将问题简化，只考虑与当前问题有关的方面。当同一问题以不同方式表达出来时，如以收益或以损失形式表达时，人们会做出相反的决策。卡尼曼与特韦尔斯基（1979）证明了此现象的存在，并称为“框架依赖”效应，他们认为这种现象是一种认知幻觉，不是计算误差。在重复决策场合，人们常常会在心理与情绪上认同某种决策方法或结论，不愿放弃现有的、已经习惯了的方法或状态，由此导致维持现状偏好。

（2）复杂的外部环境。首先，环境的复杂性体现在投资者决策环境的不确定性和模糊性上。不确定性不仅指投资者面临的决策问题的属性不稳定，而且也指对决策结果的预期的不明确，导致结构不良问题。模糊性指投资者面临问题的属性虽然已经比较稳定，但这些属性相互之间的重要性程度不清晰。其次，它是指决策的目的与手段之间的因果关系不明确，解决问题的过程是一个动态调整过程，人们不断同周围环境发生互动，所以优先选择应该保持弹性。西蒙（1983）认为，决策通常在一个复杂的目的与手段之间的因果链中进行，随着决策环境的变化，人们受到的约束与机会也在不断变化。卡尼曼和特韦尔斯基（1984）研究显示，在不改变激励结构的情况下，投资者的决策行为随着决策问题的信息结构或外部条件的改变而改变。

（3）思考成本。西蒙（1976）指出，人类的思考能力是一种稀缺资源，人类的决策行为受到思考能力不足的约束。当面对经济决策问题时，思考成为一种成本很高的活动，因此有必要将思考成本纳入经济学模型中。弗兰克·奈特

(Frank Knight，1921) 曾说过，“很显然，当思考与估算成本超过了它们的价值时，理性的做法就是非理性”。利夫·约翰森（Leif Johansen，1977）研究指出，如果思考成本高昂，时间和方法有限，在某一时刻需要做出决策时，投资者通常凭借直觉做出判断。

(4) 信息的不完全性。在股票市场中，存在太多的相关信息，人在有限的时间里不可能获得所有的相关信息。同时，信息的提供者可能为了某些原因故意夸大或缩小，甚至隐瞒或伪造信息，无关的或虚假的信息也会消耗决策者的注意力。另外，投资需要丰富的专业知识，大多数投资者没有受过高等教育或专业训练，不具备知识和信息的分析能力。由于以上因素的存在，在不确定条件下进行决策时，投资者的认知会产生偏差，不能完全理性进行决策。经济学的假设之所以应建立在投资者有限理性基础上，约翰·康利斯克（John Conlisk，1996）认为，大量的心理学和经济学实证研究成果表明，人类的理性是受约束的，是一种有限理性；建立在投资者有限理性假设基础上的经济学模型更符合现实生活中的经济活动，使人更加信服；有限理性假设更好的遵循了资源（指人类的认知能力、记忆能力和计算能力）是稀缺的这一经济学的基本宗旨。

3. 套利理论面临的挑战

传统金融理论认为，一旦市场上出现非理性投资者（噪音交易者）交易导致的价格偏差，理性交易者也会通过套利消除价格偏差，使之回归内在价值。同时，该理论认为，套利是一种绝对没有风险、不需要成本，而且还能获得非负回报的活动。一些经验证据表明，在现实股票市场中套利本身并非“免费的午餐”，而会受到制度约束、信息约束和交易成本等诸多因素的限制。套利是指利用证券资产定价模型计算出资产的理论价格，然后从理论价格与市场价格的差额中获利。套利需要进行两个方向的交易，购入市价低的证券，卖出市价高的证券。假设在股票市场中，投资者分为噪音交易者（noise trader）和套利交易者（arbitrager），Kyle（1985）和 Black（1986）对噪音交易者的定义为那些没有内部消息又把噪音当信息进行非理性投资的投资者，他们不同于错误交易者。套利交易者，又称为信息交易者（information trader），指利用市场中信息进行套利赚取无风险利润的交易者。行为金融理论认为，理性套利是有限的，非理性定价可以稳定和长期存在，甚至是一种常态。有限套利的研究主要围绕与套利相关的成本和风险进行。

(1) 套利相关的成本约束。

①套利的直接成本包括佣金、印花税、保证金和买卖价差等。Daolio（2002）研究发现，对于大多数的股票来说，借入股票的融资费用只有 10～15

个基点时，套利者都可以承受。但在某些情况下，交易费用会很高，甚至出现套利者付出任何代价都不能借到所需的股票。另外，如果套利者的保证金由于其抵押的股票价格大幅下跌而不足，套利者又没有现金交付抵押时，需要在亏损情况下被迫清仓，造成套利成本大幅提高。

②套利的实施成本。包括寻找和发现一项定价失当的资产，以及利用错误定价进行套利的资源成本。在现实的股票市场中，能够搜寻到这种错误定价的资产不是一件容易的事。罗伯特·希勒（Robert Shiller，1984）与劳伦斯·萨默（Lawrence Summers，1986）研究证实，即使噪音交易者造成了股票价格对其内在价值严重的、持续的偏离，所产生的获利机会套利者也很难觉察到。

③法律约束（legal constraints）。在许多新兴国家中，对于养老基金和共同基金经理来说，卖空在法律上是禁止的，这增加了套利的难度。

（2）套利相关的风险约束。

①基础风险（fundamental risk）指在现实股票市场中不能找到完美的对冲证券而带来的风险。套利行为能否发挥作用的关键在于能否找到完全相同或近似的替代品，如果能够找到这样的替代品，套利者可以高抛低吸，纠正价格偏差。现实股市中，由于不能找到适当的替代组合，套利者要承担买入股票后出现特大利空消息，或卖出股票后出现特大利好消息，承担股价剧烈波动风险。

②噪音交易者风险（noise trade risk）指由于噪音交易者的存在使得股价在一段时间内偏离内在价值的风险。Shleifer（2000）认为，由于噪音交易者错误认为自己掌握了股价的未来信息，对此形成过分主观的认识。事实上，他们缺少正确的资产组合投资理论，虽然在信息不对称条件下对未来股价的判断是错误的，但他们却创造了自己生存的空间，并能从自身创造的风险中获利，如索罗斯就是实践者之一。索罗斯为其基金取名“量子基金”的初衷，源于海森伯格量子力学的测不准定律。演绎到资本游戏中，即市场总处于不确定状态，但也只有在不确定中才能赚大钱。在20世纪60年代，当他预期投资者会因基金年收益的增加购买时，他预先买入，导致股价进一步上涨，赚取巨额收益。2011年8月以来，国际评级机构纷纷下调欧元区国家主权债务评级，索罗斯频频发表言论，指出“希腊危机市场前景不明朗，所有欧债相关投资均很危险”，但在2011年11月，欧元区危机较严重的部分国家10年期债券利率飙升，面临发行窘境，欧洲银行恐慌性大手抛售欧债从而压低价格的时候，量子基金反而以低价大笔吸纳意大利等国家债券，迅速获利。可见，理性交易者和噪声交易者在一定的条件下也会相互转化，并助推市场产生大幅波动的风险甚至产生使市场瞬时崩溃的风险。

③模型风险（model risk）在股票市场中，投资者运用金融模型进行资产定价，但模型本身可能存在不正确或不相关。之所以出现模型风险，是因为金融衍生工具依赖复杂的数学模型，如果模型中的假设条件不符或方程出现错误，则模型运算结果就会不正确。有的金融模型没有理论支持，实证研究结果也不可能可靠。数据的准确性也决定着模型的结果是否有效。实际上，由于条件和方法的限制，我国的统计数据往往是不准确的，前几年的 GDP 数据不断调整就说明了这个问题。正如莫顿（Merton，1997）所言，“我们通常会忽视金融建模的目的，而只在乎金融模型中数学的应用。事实上，金融模型本身很难应用到复杂的现实世界，因为其精确性会随着时间和地点的不同而不同”。

4. 预期效用理论面临的挑战

传统金融理论认为，在风险和不确定条件下进行风险决策主要依据预期效用理论（expected utility theory）。预期效用理论由冯·纽曼和摩根斯坦（Von Neumann and Morgenstern，1947）提出，它是在继承 18 世纪数学家丹尼尔·伯努利（D. Bernoulli）对“圣彼得堡悖论”（Petersburg paradox）解答的基础上发展起来的，使用严密的数学方法计算效用问题，并首次提出衡量效用函数的公理系统。如果投资者在不同环境下进行决策具有合理的偏好，那么可以运用效用函数来描述这些偏好，投资者的最终效用水平通过其对各种可能出现的结果的加权评估后形成的预期效用最大化，它是最终财富的函数。预期效用值为：假设决策者以 p（$0<p<1$）概率获得财富 x，以（$1-p$）概率获得财富 y，则预期效用值为

$$U(p\times x+(1-p)\times y)=p\times u(x)+(1-p)\times u(y)$$

预期效用模型建立在投资者偏好理性的一系列严格的公理化假设基础之上，这些公理化的价值衡量标准假定由传递性、恒定性和优势性构成。传递性是指如果效用函数 $u(A)>u(B)$，$u(B)>u(C)$。那么，A 优于 B，B 优于 C，则 A 优于 C。恒定性又称为独立性，对于同一决策问题，不同的表述方式不影响投资者选择，即对方案的偏好不受方案描述的影响，即人们对具有相同结果和不同表现形式的选择的判断是一致的。优势性是理性选择行为的最为显著的性质，如果期望 A 至少在一个方面优于期望 B，并且在其他方面都不亚于 B，那么 A 优于 B，投资者只会选择 A。在风险和不确定性条件下，投资者在评价和比较不同状态的投资方案时，取决于各种方案实际发生的概率，在以上公理化假设下，将效用与结果发生的概率相乘再加总进行比较。

在现实生活中，预期效用理论受到各方挑战。诺贝尔经济学奖获得者赫伯特·西蒙（H. A. Simon）在其著作《现代决策理论的基石》指出，从观念上讲，期望效用模型理应在柏拉图精神乐园中占有重要地位，但是依靠它去制定

实际决策，却面临着许多无法克服的困难，因而是不可能的。预期效用理论阐述了“理性人”在风险条件下的决策行为，但在实际生活中，投资者决策要受到复杂的心理因素的影响，其行为会不自觉地系统偏离预期效用理论的预测，偏离其公理性假设，主要包括确定性效应、反射效应、分离效应、偏好反转等。

（1）确定性效应——阿莱悖论。预期效用理论受到实验经济学中的一系列选择实验的挑战，其中比较著名的是阿莱做出的彩票选择实验，产生了“阿莱悖论”。该悖论由诺贝尔经济学奖获得者、法国经济学家阿莱（Allais）于1953年针对通过彩票选择实验（lottery-choice experiments）提出，根据一定的实验目标，设计出一些收益值与取得收益值的概率相关联的配对选项，然后让实验者做出选择。实验者要求在下面两组彩票中做出选择，以1的概率获得1 000 000美元表示为（1 000 000，1），其他以此类推。

A组：$y_1=$（1 000 000，1）；$y_2=$（5 000 000，0.1；1 000 000，0.89；0，0.01）

B组：$y_3=$（5 000 000，0.1；0，0.9）；$y_4=$（1 000 000，0.11；0，0.89）

如果按照预期效用理论，可以得出彩票 y_1、y_2、y_3、y_4 各自的期望值。

$E(u(y_1))=u(1\ 000\ 000)$

$E(u(y_2))=0.1u(5\ 000\ 000)+0.89u(1\ 000\ 000)+0.01u(0)$

$E(u(y_3))=0.1u(5\ 000\ 000)+0.9u(0)$

$E(u(y_4))=0.11u(1\ 000\ 000)+0.89u(0)$

如果在A组中选择了A1，那么，由期望效用理论，有：

$E(u(y_1))>E(u(y_2))$

$u(1\ 000\ 000)>0.1u(5\ 000\ 000)+0.89u(1\ 000\ 000)$

$u(1\ 000\ 000)-0.89u(1\ 000\ 000)>0.1u(5\ 000\ 000)$

$0.11u(1\ 000\ 000)>0.1u(5\ 000\ 000)$

$E(u(y_3))<E(u(y_4))$

根据独立性假设、传递性假设，如果 y_1 和 y_2 偏好 y_1，则在 y_3 和 y_4 中偏好 y_3。所以，按照预期效用理论在以上试验中实验者应该选择（y_1，y_3）或（y_2，y_4）。但是，大部分实验者，包括行为金融学者Savage教授在 y_1 和 y_2 中选择 y_1，即确定性得到100万美元而不愿去冒风险；而在B组中，则选择 y_3，因为 y_3 和 y_4 都需要冒大风险才能获得大收益，但是很显然 y_3 和 y_4 风险差不多，但金钱的数额却相差很大（5 000 000≥1 000 000），值得去冒1%的风险。实验者选择了（y_1，y_3），违背了期望效用理论，表明他们更倾向于确定性的收益，这种现象被称为“确定性效应”（certainty effect），即在两个风险收益都相同的情况下选择，当其中一个是确定性收益时，投资者会赋予其更多的权重。

（2）反射效应。反射效应指人们对待投资获利或损失的偏好是非对称的，人们在面对损失时有降低风险厌恶程度的倾向，对于盈利却坚持风险规避的倾向。人们关注的是对于某个参考点的财富量的变动而不是最终财富量的变动。例如，Kahneman 和 Tversky（1979）做实验证实了此效应。实验要求被试者在 A、B 两组中做出选择，以 1 的概率获得 3 000 美元表示为（3 000，1），其他以此类推。

A 组：$X_1=$（3 000，1）；$X_2=$（4 000，0.8；0，0.2）

B 组：$X_3=$（−3 000，1）；$X_4=$（−4 000，0.8；0，0.2）

选择的结果是：对于 A 组，80%的实验者选择 X_1，因为 3 000 美元收益是确定的；对于 B 组，92%的实验者选择 X_4，与确定性损失相比，大部分实验者愿意接受 0.8 的概率风险损失 4 000 美元。为了解决这种明显的不一致性，可以假设人们的偏好具有较大的期望值与较小的方差解释，其对确定性收益的偏好和对风险损失的追求如 X_1 和 X_2，人们选择 X_1。然而，随着期望的降低，人们的偏好出现变化，确定性又强化了人们对风险的厌恶，如 X_3（−3 000，1）与 X_4（−4 000，0.8；0，0.2）相比，人们选择后者 X_4。反射效应表明收益范围内的风险厌恶伴随着损失范围的风险追求，也表明了人们并不总是偏爱确定性的，也不总是回避风险的。

（3）分离效应。分离效应又称隔离效应，由 Tversky 和 Shafir（1997）在一个两阶段赌博决策的实验中提出，指虽然某一信息对人们的决策并不重要，而且忽视它也能够做出相同的决策，但人们依然愿意等待直到公开披露信息后再作决定。Tversky 和 Shafir 用实验证明了此效应的存在。实验内容是掷一枚硬币以同等的概率获得 200 美元或损失 100 美元，两种情况要求被试验者是否继续做出选择。A 种情况是在第一次实验结束时做出决定，B 种情况是在第一次实验开始前作出决定。实验结果是对于 A 种情况，大部分实验者都愿意接受第二次赌博，不管第一次是赢还是输。对于 B 种情况，大部分实验者不愿意进行第二次赌博。这是一个让人困惑的结果，如果实验者的决定与第一次赌博的结果如何都是一样的话，那么在知道 A 种和 B 种情况应该是相同的，但实验结果上却是不同的。因此，隔离效应的存在有助于我们了解在信息披露后投机性资产的价格和交易量出现的震荡。

（4）偏好反转。最早由心理学家 Slovic 和 Lichtensteint 在 1968 年提出，偏好反转是指决策者在相同的前提条件下由于引导模式不同，导致对方案的选择出现很大的差异，甚至出现逆转的现象。实验由机会赌局和金钱赌局构成，要求实验者在两者间进行选择。实验内容有两个赌局，A 组是机会赌局，有 Q 机会得到 X 元，有 $1-Q$ 机会得到 x 元；B 组为金钱赌局，有 P 概率获得 Y 元，有 $1-P$ 概率获得 y 元。其中，$X>x$、$Y>y$、$Q>P$、$Y>X$。结果发现，在实验中，近 3/4 的实验者选择了机会赌局，却认为金钱赌局更有价值，而且随后的实验也显示，选择机会赌局，但认为金钱更有价值的偏好反转现象出现的频率高于“选择金钱赌局，却认为机会赌局更有价值”。这种偏好不一致的现象不能简单地使用误差来解释。产生偏好反转现象的原因包括：一是被解释成是由选择配对的差异引起的，人们在处理信息进行决策运用的策略不同造成偏好反转。但人们在两个赌注中进行选择时，他们关注的是赌注的分布，认为概率比收益分布更重要。因此，实验者选择了机会赌局，而不是金钱赌局。当人们以货币形式表示赌局时，此时他们看中收益分布而选择金钱赌局。人们在评价不同风险性收益时会运用不同的效用函数。风险偏好诱导在偏好反转中起决定性作用，当诱导风险为厌恶时，人们偏好机会赌注；当诱导风险为偏好时，人们偏好金钱赌注。二是被解释成后悔理论，认为后视判断（hindsight）会影响人们的选择。三是被解释为衡量假设理论。该理论认为，当一个属性较另一个属性更容易评估的时候，就会产生偏好反转现象。

偏好反转现象广泛存在我们生活的各个领域。Hammack 和 Brown（1974）进行的关于猎场受损补偿费的调查中也发现了此现象：如果猎场受到毁坏，猎人接受的补偿费为 1 044 美元，但其最终只愿意支付 247 美元用于猎场维护免受毁坏，这种补偿费与维护费之间的差距之大令人震惊。偏好反转现象说明，人们不再拥有事前规定好的、连续不变的稳定偏好，判断和选择过程中的偏好明显要受到其背景环境、心理因素、程序设计的影响。对于偏好反转现象的讨论从未终止过，但其产生的原因和机制运行方面有各种各样的看法，不过学者们一致认为，它违背了经济学中关于偏好的所有原则。Grether 和 Plott（1979）曾提出，偏好反转现象使人类的行为不存在任何形式的最优化规则，即使是最简单的选择。卡尼曼用它来解释了许多传统经济学无法解释的现象，如预期理论、交易理论以及工资理论等。

二、投资者情绪的定义

情绪是心理学中常见的研究对象，这一概念也在日常生活中为人们所熟知。事实上，情绪的存在对于人们的日常活动产生了广泛的影响。当投资者在证券市场上参与交易活动并进行投资决策时，随处可见情绪等心理因素的影响。心理学是行为金融学的一个重要理论渊源，在行为金融学的研究中，特别注重对人的心理活动及其如何影响市场的研究。事实上，人的心理活动是极其复杂的，学者们通常将其分为认知过程和非认知过程，广泛涉及人的感觉、记忆、思维、学习、情绪等方面，这些过程的相互作用是形成系统性偏差的重要原因。投资者情绪作为人们的一项重要的心理活动，在行为金融学的研究中占据着重要的地位。

在传统的金融理论中，投资者情绪并不被考虑，市场被认为是有效的。在有效市场假说下，资产价格只与其内在价值相关联，投资者情绪等非理性因素并不会对资产价格产生最终影响。根据 Fama 的定义，有效市场是指价格能够完全反映所有可获取信息的市场，它包含几个假设前提：首先，投资者是理性的，有足够的能力对资产价格做出正确的判断，并能够进行理性的投资者决策。其次，即使市场上存在部分非理性的投资者，但由于他们之间的交易是完全随机的进行，因此，他们对价格的误判会相互抵消。这样，市场对资产的定价仍然是不存在偏误的。再次，即使这部分非理性投资者之间的交易并不是随机进行的，而是呈现出某种共同的趋势交易行为，但是由于市场上理性交易者的存在，非理性交易者的交易行为对资产价格的影响会迅速被市场上理性投资者的套利行为所消除，结果是即使市场上的资产定价在短期内存在偏误，也会因为理性套利者的存在而迅速消失，资产价格仍然和内在价值保持一致。这样，建立在有效市场假说基础上的传统资产定价模型就不会受到投资者情绪的影响。

尽管有效市场假说取得了一定的成功，但是市场上存在着大量传统金融理论所无法解释的异象，这些异象的存在使得越来越多的学者开始在行为金融学的领域内探讨投资者情绪是否会影响以及如何影响资产定价行为。随着行为金融学的发展，投资者的非理性因素越来越多地成为学者们研究的对象。作为一个全新的金融研究范式，行为金融将心理学的诸多研究成果纳入其研究体系中，它试图研究投资者的非理性行为决策及其对金融资产的影响。相对于传统金融理论，行为金融学能够更好地解释投资者的交易行为。事实上，从有效市场假说三个逐渐放松的假定来看，投资者情绪都可能参与其中并使市场最终并非有效：首先，投资者是非理性的，具有投资者情绪。其次，某些特定的投资者情绪，如正反馈，使得这部分投资者的交易并不是随机的，而是具有一定的倾向性和持续性。再次，根据噪声交易理论，投资者情绪本身可以产生风险，这使得理性交易者的套利活动可能因为风险过高而无法进行。

目前，学术界对于投资者情绪的内涵还没有形成统一认识，未能给出一个规范性的定义。基于对未来做出的准确预测，Barberies（1998）认为，行为模型往往需要考虑在其中详细描述交易者的非理性形式，即人们如何错误地应用贝叶斯法则或违背主观预期效用理论，这个确定交易者如何形成信念和价值的过程被称之为投资者情绪。Brown 和 Cliff（2004）将投资者情绪定义为对股票表现的总体乐观或悲观。薛斐（2005）则认为，投资者情绪是投资者带有系统性认知偏差的投资信念，这种信念是由投资者受到自身认知结构的影响而形成的。韩泽县（2005）则将投资者情绪直接定义为投资者带有偏差的预期。更为简单的是，Polk 和 Spienza（2009）把股市错误定价称作投资者情绪。

上述定义主要是从投资者的市场预期和行为偏差视角作出的，并没有涉及投资者情绪的心理本质和特征。认知心理学家 Lazarus 认为，造成情绪的直接原因不是外部事件本身，而是人们对事件的主观判断。投资者情绪首先是投资者对市场信息的全面感知，进而形成的自身对于市场及上市公司的主观判断。Richard Lazarus 对认知心理学理论做了进一步修正，他认为情绪的判断过程分为两步：首先判断这件事对自身的重要性，然后才是判断它是好是坏。投资者的情绪获得也有相同的过程，投资者首先寻找到重要性较高的市场信息——关注属性，基于关注属性的好与坏进行主观判断，最终形成投资者情感倾向。投资者关注的信息来源主要分为两类：一类是客观信息，包括对宏观政策环境、市场传闻、公司业绩报告、公司战略规划等与市场和上市公司直接相关的客观描述；另一类是主观信息，主要是指其他投资者包括机构投资者对不同信息的判断而形成的情绪传播。而且，尽管不同个体对于外部信息重要性和倾向判断存在差异，但在网络社会化媒体下存在一个人数众多的投资者群体，这个群体对同一种信息的主观判断总是表现出具有代表性的群体倾向性反应，这就是本书所研究的投资者情绪。

基于以上分析，为满足研究需要，本书把投资者情绪定义为：投资者整体基于自身对各种信息的感知形成一种情绪，这种情绪包含了对市场及上市公司未来发展的预期和判断。

三、投资者情绪形成的理论基础

（一）个体情绪形成的理论基础

Daniel Kehneman 和 Amos Tversky 提出的“前景理论”奠定了投资者个体情绪形成机理的理论基础。Daniel Kehneman 和 Amos Tversky 认为，前景理论与期望效用理论是互补的。三个代表性的风险理论分别是：期望值理论，冯·诺依曼-摩根斯坦的期望效用理论以及前景理论。期望效用理论是研究交易行为的规范性模型，前景理论则是替代期望效用理论中最被认同的理论。前景理论有以下三个基本原理：①人们根据前景的性质，有时候会规避风险，有时候则寻求风险。大多数人在面临获得的时候总是选择风险规避的。②人们一般会基于财富的当下水平作为参考点分析前景的优劣。③人们之所以规避损失，是因为收益对人带来的影响要小于损失的影响。除了处于核心位置的前景理论，还有不少基于金融心理学方面的投资者心理或情绪方面的理论也可以用来解释证券市场的异象。通常把影响投资者决策的心理因素划分为情感、认知偏差和非标准偏好三类因素。有关情感因素、认知偏差因素和非标准偏好因素的描述分析见表 2-1。

表 2-1　影响投资者情绪的常见心理因素

类别	心理因素	描述
情感	过度自信	投资者持有的一种认为相比实际情况自己对于知识有足够的认知度的信念。
	保守主义	执着认定某种观点或预测的行为倾向。一旦阐明一种立场，大部分人就会难以离开。
	自我归因偏差	人们往往会将好的结果归因于自己的能力，而把差的结果归罪于外部原因。
认知偏差	锚定	当人们对某个时间做定量估测时，会取一个数值作为起始值，而这个数值会影响估测值。人们通常根据初始值做估计和调整，从而解决问题。
	易得性偏误	人们决策时根据相对方便获取的信息来进行分析决策。
	证真偏差	人们决策时会主动去搜索和其本身观点相同的信息。那些和他的观点不一致的信息往往会被忽视，并且会高估相同的信息。
	代表性偏差	Daniel Kehneman 和 Amos Tversk 研究发现，人们决策时个人倾向于用小样本去代替大样本。代表性偏差可能会导致错误的假设以及各种偏差的形成，包括样本大小忽视和概率忽视。
	认知失调	人们本身的认知被发现是不正确的，人们难以否定自己的程度很多时候会让人难以相信。
非标准偏好	模糊厌恶	人们不喜欢面对一个赌博的概率分布不确定的状况，这种状况叫模糊状况，大多数人不喜欢这种状况，即模糊厌恶。
	损失规避	人们对于损失的反映程度远高于同等的收益反映程度。
	处置效应	基于损失厌恶，当存在着避免损失的前景时，投资者愿意承受更大的风险。例如，投资者往往会过早卖掉表现良好的股票而持有亏本的股票。
	框架效应	面对同一问题，因为有着不一样的表达方式，通常会出现决策偏差的情景。

（二）群体情绪形成的理论基础

心理学把人类群体分为客观群体和心理群体两大类别。人群在某一特定的时间和空间上的集合体称之为客观群体，具有相同的心理活动特征的人群的集合体称之为心理群体。19 世纪法国学者古斯塔夫·勒庞认为，在某些特定的条件下，群体中人们的思想和情绪可能会朝着一个目标汇聚并且最后群体中的个体都会失去特有的个性心理，并且会构成一种集体心理。"心理群体"的事例在股票市场经常可见，比如在我国股市 2007 年大牛市的背景下，中国石油在 2007 年 11 月 5 日上市，众多投资者虽然来自不同地方，年龄也不一样，但是他们很快组成一个心理群体，竞相以 48 元的高价购买中国石油的股票。

1. 群体情绪的形成机制、特征

群体情绪是个体情绪通过情绪激发、情绪传递以及建议接受三个外界因素的刺激产生的。情绪激发指的是个体被某种情绪刺激和制约。情绪传递指被情绪激发的个体之间相互传递从而整个群体最终被这个情绪控制。建议接受指的是如果人群被特定情绪控制，那么他们会更愿意接受外部建议。在股票市场上，由于股价的跌宕起伏更容易使非理性情绪扩散，所以相对于其他场合，人群更容易形成心理群体。

心理群体在形成之后将会表现出冲动性、服从性和极端化等基本特征。冲动性指的是在外部一种强大的刺激因素的刺激下，心理群体的行动能够快速启动且行动的方向会朝着相反的方向迅速逆转。所以，对于心理群体而言，其情绪的不稳定性和行动的不确定性之间必有一定的联系。服从性意为心理群体会毫无保留地服从来自外部的指挥。证券市场中股票价格会因为心理群体的冲动性的特点而产生快速的变化。如果投资者低估了股市群体情绪的冲动性所产生的破坏力会使得投资者亏损巨大，所以他们有必要重视"小概率事件"。心理群体的服从性是指投资者在股票交易时会过分相信所谓的权威，固定波长的周期化现象会因为极端化的特点难以出现在证券市场。

2. 群体情绪的形成的理论基础

证券市场的参与者可以看作是一个群体，因此可以运用勒庞的群体心理理论和尼尔的逆向思维理论来分析投资者的心理。两者之间的交互关系可用图 2-2 表示。

勒庞的"群体精神统一性的心理学规律"认为，个体在群体中会表现出比较显著的从众心理。从心理学的角度来看，任何人都会具备非理性和理性这两种不同却又密不可分的特性成分。被非理性的特性主宰的心理群体所产生的影响力要远高于被理性特性主宰的心理群体所产生的影响力，群体投资者投资过程中出现偏执、"羊群行为"可以被群体的精神统一性理论所解释。根据勒庞

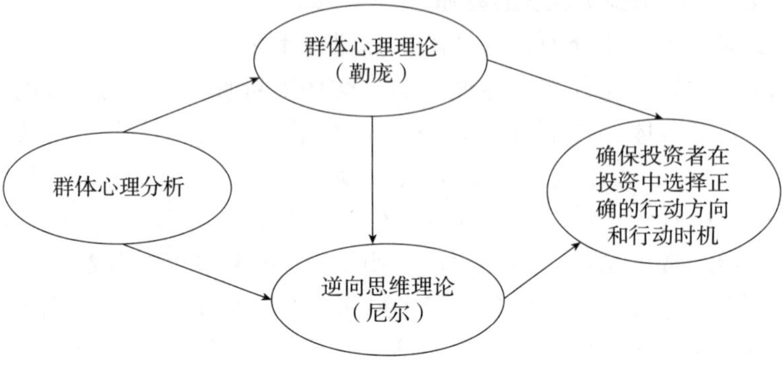

图 2-2　投资者心理理论关系

群体统一性理论，为了共同的目标，人们组织在一起并在特定情绪驱动下产生一个心理群体时，人们就会丧失理性的个性，而非理性个性就成为该群体的共同个性。

勒庞的群体整体智能低下定律认为，当人群组成一个心理群体时，当面临决策的处境时，该群体表现出的智力将比该群体的成员在作为个体时的智力低很多。勒庞认为，高智能的任务是心理群体不可能完成的。现实生活中有很多可以证明群体整体智能低下定律的例子，如 1988 年国内很多人参与“抢购风潮”，诸如此类可以证明勒庞定律的例子还有很多。

尼尔提出了相反意见理论，该理论认为纵然全部人持有一样的观点，这个观点也不一定是科学的；就算很多人有着相同的预言，这个预言也可能不会产生；同样，在同一个预言上进行进一步地深入推进，那么这个预言就会不攻自破。其理由就是一旦同样的事被大部分人预言即将发生，那么必然会有很大一部分人对其采取对应的措施进行防范，就结果而言，起初的预言也就因此被抵消或绕开了。根据相反意见理论，大众推动股市整体发展趋势，如果大多数人对股票市场持有乐观向上的观点，很多人可能就会不断提高价格购买股票。然后，如果所有人对股票市场行情都非常乐观，股票市场反而会由于供求不平衡而出现股票的抛售。因此，理应深思熟虑的投资者在决策时，有时却对自己的投资项目不加思考并且过于乐观自信，而本应勇敢果断的抉择时又害怕退缩。

（三）投资者情绪影响决策的理论分析

投资者情绪会在投资者投资决策时跟随外部环境的变化而发生变化，特别是在股票市场处于很多不确定性和不可预测性时。起初，每一个投资者都会尝试理性投资，并期待可以最大幅度降低风险发生的概率，可是由于各种原因，他们可能非常积极从其他人的观点中找寻心理安慰。如果投资的前景越具有不确定性，就越可能产生越剧烈地想依赖外界观点的情绪，从而可能会做出许多愚蠢的行为。通过证券市场的反馈环原理，投资者群体情绪偏差以及由于情绪偏差而出现的非理性行为能够产生放大作用。因为投资者对股票不可能有无止境的需求，因此当他们的需求停止时，价格会跟着停止增长，显然那时对于投机性泡沫来说，离它的终结也就不远了。

四、投资者情绪内容分析

20世纪50年代，行为经济学作为一门交叉学科区别于正统的经济学流派，它主要以实验经济学和心理学的研究方法和科研成果为基础，以大量的实验调查的数据结果为依托，完善和弥补了传统经济学中的一些基本假设和不足，并得到主流经济学家的普遍理解和认同。早期将心理学理论运用于经济学的著名心理学家有卡尼曼（Kahneman）、特维斯基（Amos Tversky）、塞勒（Dick Thaler）和希勒（Shiller）等，同时，主流经济学大师们，如阿罗、凯恩斯、萨缪尔森、麦克法登和戴蒙德等也促进了心理学理论与经济学研究的结合。随着行为经济学的发展，行为金融学作为其重要分支，在金融学领域的应用不断拓展深入，逐渐成为行为经济学最重要的应用研究领域。2002年诺贝尔经济学奖授予了丹尼尔·卡尼曼和弗农·史密斯教授，标志着行为金融学已经正式进入主流经济学领域。基于行为金融学的两大核心理论——有限理性理论和认知偏差理论来研究投资者情绪，成为行为金融学新的研究热点（黄德龙等，2009）。

有效市场假说的核心内容是证券的均衡价格与其基本价值相等，当市场上出现非理性的不当定价的时候，理性的投资者能够利用该机会进行套利，这样的套利活动和行为能够导致对非理性的不当定价行为进行修正。然而，行为金融理论学派却认为，理性套利行为面临许多限制条件，非理性的定价行为可以稳定存在，但考虑到套利需要支付一定的成本并存在一定的风险，因此理想状态下的完全套利理论并不能够成立，这就构成有限理性理论的核心。

金融投资活动是一种有着其特定目标的经济行为，该活动由行为人的心理意识调节控制，在这些投资活动中投资者表现为投资预期和收益的比较、如何规避投资风险、选择投资决策的初始动机和策略等多种形式。同时，心理学研究发现，人们不同程度存在谨慎保守、过度自信、厌恶后悔和害怕损失等心理特征，而这些心理特征通常会直接影响到人们的投资决策。因此，学者把心理学的研究成果运用于行为金融学的研究就显得十分必要。认知偏差理论把投资者心理特征归纳为以下几类。

一是自信与乐观。心理学研究发现，人们往往存在过度乐观的心理特征，一般表现为个人常常容易高估自身的能力和判断力，表现出对于自身行为过于自信的特点。心理学调查研究发现，当人们声称对某件事有90%的成功把握时，而成功的概率却仅有70%。另外，由于自我归咎原因存在偏差，当达到理想结果或与预期情况相同时，人们常归因于自身能力使然，常常把成绩和功劳归功于自己的能力，而当出现非预期的结果时，则常常归因于其运气不佳或其他外部环境的变化。因此，人们难于通过理性学习来修正自己的信念，而导致过度自信的心理产生。

二是从众心理。在群体活动的状态下，行为人必然会受到外界多数人的群体行为影响，表现出趋同于公众或多数人的一种行为方式，我们通常把这种从众心理称之为“羊群效应”。在金融投资活动中，由于信息本身具有很大的不确定性或者获取该信息的成本很高，投资者在信息量大、信息变化快的情况下，很难及时获取准确有效信息，或者只有付出较高成本的情况下才能获得，这种情况下投资者常常采取相对便捷的方式，通过模仿其他大众群体的行为方式，获得他人的信息、借鉴他人决策方法，形成相似度较高的个人投资决策。“羊群效应”通过相互情绪感染和行为模仿，形成共振现象，从而将个体参与人的能量成倍放大，产生较强的影响力，这种社会心理特征能够较好地解释金融市场泡沫现象和热点频出的经济现象。

三是风险好恶。回避损失和趋利避害在人类行为中普遍存在，而在经济活动和投资决策上，却表现出不同的风险偏好和风险回避，即人们在面对损失和收益决策时可能表现出不对称。正如期望理论所指出的那样，损失厌恶反映了人们的风险偏好并不是完全一致的，当涉及收益时，人们表现为风险厌恶；当涉及损失时，人们则表现为风险寻求。

四是处置效应。投资者常常会对出现盈利的股票偏向于立即卖出实现获利，而对产生亏损的股票存在侥幸的心理，倾向于继续持有而不敢面对事实上的损失。通过学者进一步分析发现，不愿意接受已经出现的损失而继续持有产生亏损的股票，源于对损失的厌恶心态，而急于卖出盈利的股票则是源于对收益的保守心态。股票投资者中普遍存在“持亏售盈”的行为特征，而无法通过减少交易成本、组合重组或反转预期等其他理性的原因来解释这些行为动机，我们称之为“处置效应”。

五是谨慎与后悔。投资者在投资决策中一方面保持着谨小慎微的心态，另一方面却时常出现出人意料的非谨慎，即冒失的行为。比如在投资决策与实施后，会由于种种原因表现出后悔，即当购入的股票出现先跌后涨时，就后悔当初买得太早或买得太少；当抛出的股票出现涨势时，就会后悔当初卖得太早，这种患得患失和后悔的心态经常发生在投资者的投资活动中。如果投资者出现后悔的心理活动，则后面往往会伴随着出现矫枉过正，即贸然行事的心理或行为。这种矫枉过正的投资行为，常常被称为反应过度，它是投资者由于主观上对信息加工过程中错误判断而采取超出正常反应程度范围的行动。与此对应的是反应不足，它源于投资者对新出现的信息不能充分掌握，对新信息不能充分消化吸收，或者由于自身谨慎保守的心态而采取漠视的处置行为，由此造成没有给予足够强度的反应。归根结底，反应不足和反应过度都归因于投资参与人谨慎保守的心态和矫枉过正的后悔心理。

在行为金融学视角下，投资者是有限理性的，情绪变化和认知偏差的存在使投资者无法达到理性预期和效用最大化，有限理性行为将导致市场非有效性，引起资产价格偏离其内在价值，从而进一步导致市场出现系统性偏差。这种偏差反过来又会影响投资者对资产价格的理性判断，导致认知偏差和情绪偏差进一步的自我强化，放大投资者情绪。因此，应该结合有限理论和认真偏差理论对投资者情绪展开分析。

运用行为金融学理论对投资者情绪的分析源于在传统金融学理论下无法解释的金融现象。Rozeff 和 Kinney（1976）发现，1904—1974 年间纽约股票交易所的股价指数在每年一月份的收益率明显高于其他十一个月的收益率，并把它称之为“一月效应”，而与其相似的周末效应、节日效应以及开盘效应、收盘效应等并称为“季节效应”。除此之外，还有小公司效应等多种异象。基于这些发现，经济学家开始怀疑 EMH 基本假设之一的理性人假设，认为当事人行为与其深层次的心理有很大关系，因此，认为在研究金融市场行为时必须要考虑人本身的情绪这一变量。Waga（1989）提出协同市场假说，认为在金融市场上，投资者个体的反应具有很强的协同情绪，导致很强的非理性投资行为。已有研究主要从人们在决策时的实际心理活动入手讨论投资者的决策行为，在人们投资决策时的心理因素的假设基础上建立行为金融学模型，发现投资者情绪往往具有很强的相关性，并非是随机的，这种投资者情绪对市场的影响并不能通过统计平均相互抵消。

近年，由于在行为金融学领域对投资者情绪分析的重视，学界对于投资者情绪有了由浅及深的认识，主要体现在以下几个方面：第一，研究方法更为丰富，Kahneman（2003）通过建立相应的心理分析模型，对人的行为决策进行了细致的刻画。Rabin（2000）应用预期效用理论对投资者情感进行研究。O'Donoghue 等（1999）将现状偏好理论融入经典经济学模型，讨论了存在现状偏好下的市场对激励模型设计的影响。投资者情绪研究在心理学实际应用领域不断拓展。如 Barber 等（2008）将心理偏差理论应用于个人投资者和机构投资者的投资情绪，其研究的理论基础来源于噪声交易者模型。第二，基于有限套利对于投资者情绪分析受到普遍重视。Delong 等（1990）认为，利用噪音交易者对资产价格的误判而进行的套利是有限的，套利者面对噪音交易风险和基本风险，即使套利期限不是有限的，也将采取有限套利。Shleifer 等（1997）较早从事资本市场套利的有限性的研究，认为面对融资约束时，套利者由于需要资金而被迫放弃预期收益较高的投资产品，正是由于套利者是资金真正拥有者的代理人，两者之间的信息传递的不充分最终导致价格偏差长期存在。第三，以“羊群效应”为出发点对于噪音交易者情绪的系统性研究成为近年的研究重点。Lakonish 等（1992）用特定时期基金经理对特定股票买卖方面行为的趋同程度来测评“羊群行为”的方法，构建了著名的 LSV 模型。Wermers（1997）从市场上股票收益率的角度出发，研究了美国股市共同基金交易方在 LSV 模型的基础上对“羊群行为”测评指标并进行修正，提出了证券变化测评指标，该指标同时考虑了买卖的方向和买卖的强度。但是在实证方面，除了少数研究是针对某一特定的“羊群行为”模型，大部分文献都是利用统计和计量的方法检验某些市场上是否存在跟风投资行为，而并没讨论“羊群行为”产生的内在机理。

我国的股票市场是一个新兴的市场，在许多方面有待成熟。目前一个突出问题是过度投机性，而其产生旳最主要的根源就是众多中小投资者的非理性行为。运用认知偏差理论，国内学者对我国投资情绪特征进行了由点及面的分析：李心丹等（2001）通过个人投资者问卷调查和股票市场数据进行实证研究，投资者非理性行为包括过度自信、处置效应、庄家情结、赌博和投机心理等。施东晖（2001）根据资本资产定价模型（CAPM）建立了用以检验“羊群行为”的回归模型，并据此对中国股票市场进行检验。结果表明，在政策干预频繁和信息不对称较严重的市场环境下，存在一定程度的“羊群行为”。股票市场上的“羊群行为”使普通投资者的买卖行为和证券价格变化具有联动性和趋同性，从而导致个股价格变化和市场指数变化之间存在很强的相关性，引起大量的“跟风”或“跟庄”行为的出现。李悦等（2007）采用结构化及半结构化访谈、调查问卷的方法对全国 7 个城市 14 个营业部的股民的证券投资行为和投资心理进行了调查，数据显示中国的股票市场是一个由相对年轻、尚不成熟的投资者支撑的市场。因此，其认为，投资行为中存在非理性与非对称行为。

股票市场的投资者可分为机构投资者与普通投资者，前者在资金实力、分析手段与信息获得与把握上具有优势，后者由于势单力薄，经常揣摩、打听前者的消息或行动，以此作为自己决策的参考依据。然而，我国机构投资者也普遍存在认知偏差和情绪偏差。宋军、吴冲锋（2003）建立“羊群行为”模型，研究影响“羊群行为”的因素。宋玉臣、李可（2004）对中国证券机构投资者的预测能力进行了实证研究，研究表明，由于存在认知偏差，对股票未来走势无法正确预测；在不确定条件下，人们预测违反贝叶斯法则。黄静（2006）通过实证分析证券分析师的业绩评价、投资评级系统，得出结论：证券分析师不仅不能创造价值，而且发现投资评级准确性不高的原因是其业绩预测的偏差大。

在我国股票市场中，中小投资者占绝大部分，他们的决策行为在很大程度上决定了市场的发展状况，而他们又以弱势人群的姿态出现，其决策行为的非理性严重导致了市场的不稳定，使得整个市场情绪表现为系统偏差。王垒等（2003）采用综合性行为金融学手段，探索了股票市场投资者的一般行为特征、心理特征以及两者之间的关系。梅国平和聂高辉（2009）运用时间序列分析方法，构建了两个波动模型，根据上证指数日收盘价的数据证明了我国股市存在着“羊群效应”。张旭（2011）以网络股票信息出现的频率为视角，收集 2010 年 1—9 月的上证市场的股票文字网络出现频度与股价表现的数据，建立了类似于 LSV 模型，发现各个股票的网络信息流量普遍领先其 3 个月的市场表现，其研究认为上海股票市场上存在“羊群行为”。

因此，基于有限理性和认知偏差理论能够有效分析我国股票市场投资者心理和情绪特征，并对投资者的投资决策行为做出经济学解释，进而为分析投资者情绪与我国新股市场的种种异象提供微观基础。

五、投资者情绪与资产定价

传统的经济学是规范性的经济学，也就是教育人们应该怎样做，但由于受到心理学的影响，经济学还应该描述人们事实上是怎样做的。行为经济学模型常常需要对行为人的非理性形式加以具体化，即人们如何错误地运用贝叶斯法则或者如何偏离萨维奇的主观期望效用。为此，行为经济学家的研究常以认知心理学的广泛实验证据为依据，即人们在形成信念和进行偏好选择时可能产生的系统性偏差。Kahneman 和 Tversky（1979）发展的前景理论奠定了投资者心态分析的理论基础，并认为它与期望效用理论是互补的。效用理论可用于刻画理性行为，而前景理论则用于描述实际行动。前景理论有以下几个基本原理：第一，效用是以收益和损失多少来定义的，而不是最终的总财富。这一点与人类感知的特点是一致的，如对光亮、温度或者声音等的感知都以先前的状态作为感觉的基准，而不是以绝对数。第二，人们对收益是风险厌恶的，而对损失是风险偏好的。人们对损失比对收益更敏感。第三，非线性概率转换，人们对高概率区域的概率差异更敏感。相对于不太确定的事件，人们对较确定的事则赋予更大的权重。在所有非期望效用理论中，前景理论是对资本市场中投资者选择行为最为有力的描述性理论。除此之外，还有许多其他有关投资者心态分析方面的理论也都可用来解释现实资本市场的金融异象，概括来说，可以将影响投资者交易行为的心理因素分为三大类：情感因素、认知偏差因素和非标准偏好因素（林清泉和赵文荣，2012）。

一是情感。情感是人们的情绪倾向，对于不同的投资者来说，情感相对于理性有着不同程度的偏离。情感因素主要包括过度自信、过分乐观、自我归因、保守主义、从众心理。大量证据表明，人们对自己的判断过度自信，而过度自信又源于自我归因偏误，人们倾向于将成功都归功于自己的才能，将失败归因于糟糕的运气而不是自己的无能。Weinstein（1982）的研究表明，大多数人对自己的能力评估和未来前景的预期都表现出不切实际的乐观估计。大多数情况下，人们的思想存在一种惰性，更多地依赖于先前的信息。在不确定的信息环境下，投资者容易产生从众心理，受到外部投资者的集体选择行为影响而作出类似的决策。

二是认知偏差。许多行为金融学学者认为投资者存在认知偏见，在进行投资时往往做出错误的决定（Shefrin，2007；Shiller，2015）。认知偏差是人们对现实状况或者信息进行分析判断并作出决策时所产生的偏离，在认知偏差影响下所做的信息判断会导致非理性预期，主要包括代表性法则、锚定与调整法则等。代表性法则是一种重要的表征性推断方式，由于无法获取所有的信息，也无法处理过于复杂的判断，投资者在实际决策过程中往往只是抓住问题的某个特征做出推断，而没有考虑到这种特征出现的真实概率以及其他与之相关因素。代表性直观推断会产生诸如基率忽视、样本容量忽视偏误。锚定与调整法则是指人们在形成估计时，通常会先设置一个初始值（可能是随意给的值），利用这个参照点作为锚来降低模糊性，并在随后的选择过程中不断调整它（Kahneman and Tversky，1979）。但实验表明这种调整往往是不充分的，人们被过分地“锚定”在初始值上。在锚定效应下，投资者过分注重对证券的初始看法，随着时间的推移，以初始看法为基准来判断资产未来的表现是带有偏差的。

三是非标准偏好。对于任何一个研究资产定价或者交易者行为的模型来说，必须对投资者偏好进行假设，或者是关于投资者如何评估风险投机的假设。非标准偏好是相对于期望效用理论或主观期望效用理论描述的标准偏好而言的，它并没有像标准偏好那样满足一些如完备性、传递性、连续性、独立性公理后被一个效用函数的期望表示。非标准偏好的经济学范式即前景理论。前景理论是对投资者偏好选择和效用特征的综合刻画，其他非标准偏好如模糊厌恶、后悔厌恶、心理账户、框架效应等都不能用效用函数的期望表示。Ellsberg（1961）所描述的实验说明，人们不喜欢主观的或含糊的不确定性，如果把风险定义为已知分布的赌局，不确定性定义为未知分布的赌局，那么，相比于风险，人们更厌恶不确定性，即模糊厌恶。后悔厌恶是指人们在犯错误后都会感到后悔，并且后悔带来的痛苦可能比错误带来的损失还要大。因此，人们在做决策时，可能倾向于最小化未来的后悔。心理账户理论认为，人们在做经济决策时，常常无意识地将财富划归不同的账户进行管理，不同的心理账户遵循一种与经济学的运算规律相矛盾的潜在心理运算规则和记账方式（Thaler，1985）。心理账户的存在影响着人们对待不同支出和收益的态度，从而在不同态度下做出不同的判断和决策。由于心理账户具有非替代性和不同于经济学的特定运算规则，从而使得个体的现实行为违背了经济学理性假设，即具有非理性特征。框架效应又称情景依赖，当投资者面对不同市场环境下的同一种制度或者现象，人们的理解和反应是不一样的，从而进行完全不同的投资决策。在框架效应下，投资者容易过分在意市场背景所带来的主观感受而忽略投资内容，进而形成判断决策中的框定偏差。

目前，投资者情绪与证券市场价格、市场收益之间的关系已经成为行为金融理论研究的重要主题和研究热点，其研究目的在于研究投资者情绪在资产定价中的作用以及资产定价、市场回报对投资者情绪的反向影响。现代金融理论认为证券价格等于其基本价值，证券市场符合有效市场假说。但行为金融理论认为，由于非理性投资者行为的不可预测性和套利有限性，套利并不能及时纠正非理性投资者导致的股票价格与价值之间的偏离（Shleifer，2001）。所以，证券价格和收益由其基础风险和非理性投资者的错误估价共同决定（Hirshleifer，2001）。

行为金融资产定价的理论假设具体阐述如下。

一是有限理性。理性是有效市场假说中一个颇具质疑的前提假设，在有效市场里假定市场上的每个人都是理性经济人，即参与市场的投资者有足够的理性，能够迅速对所有市场信息进行正确的加工和处理并作出合理的反应，证券价格充分反映了市场参与者对信息的理解与认同，换言之，投资者无法获取超额收益。然而，金融市场中存在着许多金融异象，现实中股价偏离基本价值的情形也时常出现，这迫使经济学家们寻求新的资产定价范式。行为金融学认为，资产定价的某些特征可明显地理解为对基本价值的偏离，这种偏离源于非完全理性交易者的存在。由于外部环境的风险与不确定性，注意力成本的存在以及人类自身知识与认知能力有限，投资者终归是有限理性的。之后，一些学者在易存取性（availability）基础上发展的框架效应、代表性启发以及属性替代等思想可作为对个体有限理性分析的基础（Kahneman and Tversky，1979）。近年，许多学者对主观期望效用模型进行了修正，涌现出了许多较好的理论成果，如加权效用理论、隐含期望效用、沮丧厌恶、遗憾理论和前景理论等（泰勒，2014）。以 Rabin 为代表的行为经济学家将个体有限理性归结为非标准信念、非标准偏好以及非标准决策过程三个方面（Rabin，2002）。其中，非标准信念主要体现在人们对于不同效用水平赋予扭曲的权重或概率，非标准偏好主要表现为人们在参考点依赖框架下的价值函数扭曲以及时间不一致偏好，非标准决策过程则强调了人们在决策过程中所采集的样本有限以及所采用的方式为启发式处理方式（岑咏华等，2018），投资者有限理性已经在理论上和实证上都得到了支持。具体而言，由于信息搜索成本和信息处理能力的局限，投资者不可能收集并处理反映股票价格的全部信息，个体在拥有部分吸引投资者注意的信息后，可能并不是按照贝叶斯法则更新自己的信念，在后验信念和非标准的风险偏好下形成了自己的个人期望效用，并且在一定的预算约束下追求期望效用最大化，从而可得到个体证券需求函数。然后，在一定的交易制度下，众多的个体需求汇总为证券市场的供求关系，最终决定了证券的市场均衡价格。这其中投资者只是对部分信息进行加工处理，导致投资者对资产收益、风险等属性进行有限采样与有限推理，而且心理因素，如心理活动、认知偏差等影响着投资者对未来市场的观念和情绪（Hirshleifer，2001；Chen et al.，2013），从而股票价格并不能完全、及时、正确地反映信息，因而股票市场必然违背有效市场假说（Andrei and Hasler，2015）。

二是有限套利。在有效市场假说下，经济行为人是懂得贝叶斯法则且具有理性偏好的，由此所决定的价格是正确的。同时，在一个有效的市场中，没有“免费的午餐”，即任何投资策略的收益都不能高于风险调整后的市场平均收益，或者高于其所承担风险水平匹配的平均收益。但是，两者并不一定等价，因为没有“免费的午餐”在非有效市场中同样正确，价格偏离基本价值并不一定表示能够获取超过风险调整平均收益的利润。行为金融学认为，要去纠正错误定价可能需要承担风险和成本，从而使错误定价持续。套利交易者通常需要承担基本面风险、噪音交易者风险和实施成本（泰勒，2014），而且由于信息处理能力和交易头寸不对称的限制（刘少波和崔萍，2002），现实中的很多套利机会其实并没有被利用。套利可以定义为：在两个不同的市场中，交易者利用价格差异，同时买进和卖出同种或本质相似的证券的行为。然而，当所持有股票的公司可能出现负面消息，需要寻求替代性证券用以抵消其损失时，会发现现实中替代性证券很少是完美的，并且即使替代性证券存在，其本身也可能被错误定价（如有可能全行业都发生错误定价时，与错误定价股票的未来现金流相似的唯一的替代性证券本身也是被错误定价的），因而，套利不可能消除所有基本面风险。另外，套利者无法预料投资者的心态变化，如最初使得股票被低估的噪音交易者可能会表现得更为悲观，从而未来股票价格会继续走低。

倘若套利者在股票价格回归到正常水平之前必须平仓的话，不可避免地将导致损失更多。同样，如果噪音交易者对未来市场行情强烈看好、股票价格被高估时，有可能噪音交易者会更加乐观，价格会进一步走高，由此套利者之前的卖空操作必须为应付将来买回这种资产时面临的风险留足头寸（史莱佛，2015）。这种由于噪音交易者心态变化导致对正常状态更远偏离，从而使得被套利者利用的定价错误在短期内有进一步扩大的风险，称为噪音交易者风险（Shleifer and Vishny，1997）。不可预知是非理性投资者的一般特征，市场上的噪音交易者行为影响了证券价格，甚至在基本面不确定性的条件下也是如此，从而使得套利者在一开始就更为谨慎。从交易成本来看，佣金、买卖价差和价格冲击等将使得利用错误定价变得不再诱人。卖空常常是套利过程中使用的策略，卖空交易者需要支付借入股票所需要的费用，假如纠正错误的时间太长，套利者的所有收益可能都被累积的交易费用抵消，如果消除错误定价需要大量分散的套利者共同参与，那么，在无法确定到底会有多少套利者知道这个机会以及价格回到正确的价值需要他们等多久的情况下可能会犹豫不决。我们把寻找和学习错误定价的成本以及利用它所需的资源成本都归入实施成本中（Merton，1987）。由于大多数套利者管理的并不是自己的财产，他们只是投资者的代理人，一般而言，套利者在一个相对短期内的表现才会影响到投资者对他们的评价，提前被迫清仓的可能性也意味着很多套利者实际上非常短视，即使证券有完全替代品，套利者所面临的限制也会较多，从而使得他们很难利用市场的失效去纠正错误定价。另外，虽然现实中存在着套利机会，但由于投资者信息处理能力的限制，他们可能只关注到金融市场中的部分证券，并不能同时关注到所有交易的资产，从而导致市场中的一些套利机会并没有被发现。而且，即使投资者发现了套利机会，但可能其他投资者也倾向于利用这个套利机会来构筑套利组合，从而很难找到合适的对手进行交易。因此，行为金融学家认为现实中的套利是有限的。

为此，一些研究者开始对投资者情绪与股市收益间的关系进行实证检验。我国股市作为新兴加转轨的资本市场，发育尚不完善，投资者非理性成分高，宏观政策环境不确定性大，与成熟股票市场相比具有更强的心理特征，也为检验行为金融理论提供了有效的实证基础。

迄今为止，国内外关于投资者情绪研究尚处于起步阶段，投资者情绪研究也主要集中在股市价格与代表投资者情绪的许多变量之间的关系，可以归纳为以下四个方面：一是投资者情绪指标的收益预测能力研究，二是投资者情绪变化和收益波动研究，三是投资者情绪与封闭式基金折价研究，四是其他相关研究。下面分别进行详细的介绍。

（一）投资者情绪指标的收益预测能力

对于投资者情绪的收益预测能力，20世纪90年代以来，国内外学者已有一些研究，主要可以分为两种对立的观点。

第一种投资者情绪不具有对市场收益的预测能力。Solt和Statman（1988）发现，股票分析人士可以被认为是噪声交易者，市场收益与投资者情绪不存在显著的相关性，其追随者（主要是个人投资者）因以下两个原因恶化了投资回报：一是要付出成本给股票分析人士，但从中得到的投资建议并不比抛硬币好；二是追随股评建议使投资组合偏离风险与收益最优出清的战略资产配置，倾向于有缺陷的战术资产配置。这一点在我国市场上表现为散户盲目听信股评、追逐热点、频繁操作和追涨杀跌等行为。Clarke和Statman（1998）研究认为，股票分析人士的情绪，无论是牛市是熊市都不能预测未来收益。研究发现BSI（bullish sentiment index，简称BSI，即看涨情绪指数）作为预测市场价格变化的指示器是无效的，投资者产生了非理性预期，股评家对市场的看涨和看跌预期与其后的市场收益间不存在显著相关性。Brown和Cliff（2004）发现，被调查者的情绪与其他常用投资者情绪和近期市场收益都是相关的，所有总体情绪测度都有力证明它们与市场联动，但少有证据证明情绪对市场短期未来收益有预测能力。Wang、Keswani和Taylor（2005）讨论了投资者情绪、市场回报与市场波动性之间的关系，发现大多数投资者情绪都是由市场回报和波动性引起的，而不是正好相反。饶育蕾和张轮（2005）在《行为金融学》一书中利用基于中央电视台二套“央视看盘”栏目的机构看盘数据与《中国证券报》的机构看市水平数据作为投资者情绪指标，对中国机构投资者认知偏差和预测市场能力进行了研究，研究结果认为，机构看市BSI指标不能可靠的预测股票市场，即使是机构看市的极端情绪也无法正向或反向预测股市的未来趋势。孙碧波（2005）研究表明，投资者情绪与市场回报间的关系并不是前者对后者的单向影响，而是两者相互影响或市场回报对投资者情绪的单向影响。韩泽县（2005）区分了个人投资者和机构投资者，借助中央电视台看盘数据，得出结论：“央视看盘”个人投资者情绪是沪深两市未来收益的反向指针，预测能力较差，不是可靠的预测指针。王双和王韬（2007）选取由中国证券网所办的“多空调查”栏目的数据，建立BSI指标作为投资者情绪的代理指标，认为投资者情绪指标BSI与股市走势之间基本上不具有统计上的显著性，机构看市的BSI不能可靠地预测股票市场，而且通过机构看市的极端情绪指标仍然无法显著地预测股票走势。

第二种是投资者情绪具有对市场收益的预测能力。Bernstei和Pradhuman（1994）发现华尔街战略家的情绪是有用的标准普尔500反向指示器。

Kenneth L. Fisher 和 Meir Statman（2000）也发现代表华尔街“战略家”情绪的组合持股比例可较好的作为标准普尔 500 指数收益的反向指针，“战略家”月初所推荐的组合中的持股比例与当月标准普尔 500 指数收益率显著负相关。平均而言，情绪水平每上升 1%，标准普尔 500 指数收益在该期内下降 0.24%。代表美国个人投资者情绪的 BSI 指标也表现出较好的反向预测能力，个人投资者月初 BSI 水平与当月标准普尔 500 指数收益率呈现显著负相关关系，平均而言，月初情绪水平每上升 1%，标准普尔 500 指数收益在该期内下降 0.1%。研究还发现，以标准普尔 500 指数收益为被解释变量，将华尔街“战略家”、个人投资者及股评家的情绪水平为解释变量进行回归分析，两者呈现显著负相关关系，表明投资者情绪与股市未来收益间存在必然的联系，可以视为市场趋势预测的反向指示器。Mehra 和 Sah（2002）从另一角度对情绪如何决定股票价格进行了研究，发现情绪是偏好的影响因素，偏好参数微小的随机波动将导致价格显著波动。他们还提出存在套利的市场上情绪能够影响股价的三个条件：一是投资者情绪波动是系统性的，二是投资者的风险评价（如风险厌恶和贴现因子等参数）随情绪波动而波动，三是投资者并未意识到其决策是由情绪波动引起的。基于这三个前提，Mehra 和 Sah 认为，投资者心态的波动和股票价格的波动有关联。Baker、Stein 和 Wurgler（2003）采用 q 比率代表投资者情绪，发现 q 值越小即投资者越悲观时，投资水平对股价变化就越敏感。刘仁和和陈柳钦（2005）通过对投资者情绪指数和股市回报的回归分析，发现投资者情绪可以预测随后的股市回报、股市上涨，明显能驱动投资者继续看好未来股市，显示股市中存在反馈环。程昆和刘仁和（2005）利用《股市动态分析》杂志公布的好淡指数作为情绪指标，对 2000 年 1 月 1 日至 2003 年 10 月 11 日期间的上证指数进行研究，分析表明投资者中期情绪指数对股市的收益率波动的影响要远远强于投资者短期情绪指数的影响，而且中期情绪指数是股市收益率的格兰杰原因；投资者中期情绪指数基本上不受股市收益率与短期指数的影响；投资者短期情绪指数明显受到市场收益率波动的冲击，市场收益率是短期情绪指数的格兰杰原因。伍燕然和韩立岩（2007）采用传统的回归分析方法，得出的结论认为，投资者情绪不仅会影响当前的市场收益率，也可以预测长期（或跨期）的市场收益率。张强、杨淑娥和杨红（2008）针对个人投资者和机构投资者，应用 GARCH-M（1，1）模型检验了中国股市投资者情绪对股票收益的影响，结果发现：机构投资者情绪是影响股票价格的重要因素，但对不同市场和组合的影响方式不同且未形成系统风险；个人投资者情绪的影响并不显著，也不存在小盘股主要受个人投资者情绪影响的现象。杨春鹏（2008）选取了我国机构投资者作为研究对象，利用“央视看盘”数据计算出投资者情绪指数进行分析，从检验结果看，在样本期间内沪深两市收益率和投资者情绪存在互为因果关系，投资者情绪会显著影响收益率，反之亦成立。

（二）投资者情绪变化和收益波动研究

Lee（2002）研究发现，情绪漂移与超额收益正相关，与市场波动性负相关，当投资者更悲观（乐观）时波动性增加（减少），噪声交易对预期收益的效应是通过对市场风险形成的影响而产生的。王美今和孙建军（2004）借鉴投资者智慧及美国个人投资者协会指数的编制方法，利用“央视看盘”栏目的数据，以 DeLong 等（1990）模型的单期情况为基础，讨论了我国股市回报、回报波动与机构投资者情绪三者间的关系，认为投资者情绪变化不仅显著地影响沪深两市的均衡收益，而且显著地反向修正沪深两市的收益波动，通过风险奖励影响收益。陈彦斌（2005）在 Mehra 和 Sah（2002）对情绪波动研究的基础之上，使用风险规避系数、跨期替代弹性和主观贴现因子三个投资者主观偏好参数的波动来描述投资者情绪波动，研究了情绪波动对股票价格和债券价格波动率的影响。但需要说明的是，陈彦斌（2005）所提及的情绪波动（mood fluctuation）和本书提到的投资者情绪虽然都为“情绪”，但是分别属于新古典行为资产定价理论和行为金融两个不同的研究框架。姜继娇和杨乃定（2006）利用上证 A 股市场的样本数据，实证检验了中国证券市场情绪与收益波动之间的关系。在行为金融的范式下，基于行业特征分类将市场情绪与收益波动关系的检验置于一种新的分析框架下。研究表明，市场情绪是均衡价格的系统性影响因子，我国证券市场受投资者认知偏误、行政机制、法律环境等因素的影响，市场效率有待提高。王朝晖和李心丹（2008）以《股市动态分析》周刊的好淡指数作为我国投资者情绪指数，运用 GARCH 模型，对我国投资者情绪波动性和股市收益关系进行实证分析。结果表明，我国投资者情绪指数存在 ARCH 效应，且对股市收益具有“溢出效应”。

（三）投资者情绪与封闭式基金折价研究

Lee、Shleifer 和 Thaler（1991，简称 LST）研究了投资者情绪与封闭式基金折价的关系。他们认为，折价率变化源自情绪的波动，投资者情绪可全面解释折价之谜。研究指出，当情绪极度乐观时，基金会溢价发行。但是，关于封闭式基金折价变化是否代表情绪是有争议的。Chen 等（1993）对 LST 模型提出了异议，认为其结果可能源于伪相关或共同因素效应。Liu 和 Welch（2004）讨论了根据消费者信心调查数据构建的投资者情绪指标与封闭式基金贴水之间的关系，提出投资者情绪的确在金融市场上发挥作用，但封闭式基金贴水却可能是错误的投资者情绪衡量指标。国内学者张俊喜等（2002）、金晓斌等（2002）、刘煜辉和熊鹏（2004）、许承明和宋海林（2005）、饶育蕾和张轮（2005）、伍燕然和韩立岩（2007）及朱伟骅和张宗新（2008）等都在投资者情绪与封闭式基金折价方面进行了研究，利用封闭式基金折价现象来分析投资者情绪与股市收益的关系。

但从现有的研究来看，对于投资者情绪理论能否解释我国的封闭式基金折价现象仍旧存在争论。而且，他们进行实证研究的样本期大多是在2001年以前的，由于样本期的原因导致了结果的多样性。纵然退一步，我们认同投资者情绪可以用来解释封闭式基金为什么会折价，但是不少学者们认为，用封闭式基金折价率作为隐性情绪指标来衡量投资者情绪是值得商榷的。

（四）其他相关研究

国内关于投资者情绪与市场收益关系的研究中往往又涉及了另一个方面的问题，即通过研究市场收益对投资者情绪的影响，从而研究投资者的认知偏差问题，这类研究往往通过历史收益率与投资者情绪的关系来判断投资者是否存在过度自信偏差或者锚定启发式偏差等。

姜丕臻（2005）以上海期货交易所的期货品种铜、铝、橡胶和大连商品交易所的大豆作为研究对象，选取2004年上半年各品种的主力月份的每日结算价的收益率代表历史收益率，作为解释变量。以基于天的预测的BSI变动值代表期货经纪公司的情绪变化，作为被解释变量，对一段时间内的收益率与该段时间内的BSI值的变动进行回归分析。该论文主要分析了投资者是否存在锚定启发式偏差。研究结果发现，历史收益率与期货投资者情绪变化之间呈现正回归关系，说明历史投资收益率能较好地解释投资者情绪的变化。林春燕和朱东华（2006）为了验证我国机构投资者是否存在认知偏差，采用“央视看盘”并加入70家证券公司的预期报告作为BSI情绪指标对2003年1月至2004年9月期间的上证指数进行研究，得到收益与情绪指标呈现显著的线性正相关性的结论。方勇和孙绍荣（2008）以投资者情绪为被解释变量，采用“华鼎多空调查”数据，在区分牛市和熊市的基础上，将证券投资者的预期作为情绪的代理变量，其研究结论是我国证券投资者受到市场历史表现的锚定，存在系统的启发式偏差。但是姜丕臻（2005）、林春燕和朱东华（2006）以及方勇和孙绍荣（2008）的研究都局限在仅仅做了回归分析，而且在做回归分析前他们均没有做单位根检验。金融时间序列往往存在非平稳情况，如果不做单位根检验，很可能会产生虚假回归问题。另外还有一种情况就是研究情绪代理变量与市场收益的关系。Michael和Brain（2002）研究表明，“日照效应”普遍存在，云量与收益间存在稳定的负相关性，也就是说天气晴朗，云量少时，收益会比较高。Kamstra、Kramer和Levi（2003）研究发现，由季节性情绪混乱（Seasonal Affective Disorder，简称SAD）引发的生物钟和情绪变化对市场收益季节性变化具有预测作用，市场收益在冬至到来前显著为负，在冬至后显著为正。有的学者认为，天气原因会导致投资者的情绪波动，影响了投资者的行为（Hirshleifer and Shumway，2003）。国内学者仪垂林（2006）从心理学角度将情绪分为预期情绪和即期情绪，并尝试研究了天气与股票收益的关系。杨继东（2007）认为，媒体会导致投资者的情绪波动，进而影响投资者的行为。李爱梅和谭清方（2009）总结了两类情绪代理变量（“错误归因”情绪变量和“启发式”情绪变量）对投资者决策产生影响的研究。

本节对于投资者情绪的定义、理论基础以及与资产定价关系方面的相关文献进行了归纳整理。下面将对新股异象分别进行介绍，并从投资者情绪角度对异象的影响进行分析。

第二节　新股市场异象研究综述

在国外关于新股首次公开发行（IPO）的文献中，存在三个挑战有效市场假说的异象，包括：①新股发行抑价，即由发行人和承销商确定的 IPO 股票发行价格显著低于其上市后形成的交易价格，上市初期交易价格相对于发行价格的增长率一般被称为 IPO 首日收益或 IPO 抑价水平。②新股长期收益不佳，即 IPO 股票在长期内的收益率低于基准投资组合的收益率。③新股市场周期现象，即 IPO 初始收益率和 IPO 数量在时间序列上存在着显著的波动性，在某些特定的时期，IPO 市场的平均初始收益率相对较高，IPO 数量也相对较多，这个时期的市场被称为热销市场，而在另外一些时期，IPO 的初始收益率相对较低，发行数量也相对较少，这个时期的市场被称为冷销市场，IPO 市场通常就在冷热之间形成周期性循环反复的现象。这三大异象作为国外 IPO 研究的三大主题得到了持续的关注，涌现出了大量的文献，而我国 IPO 的研究主题目前主要集中于 IPO 发行抑价和 IPO 长期表现两方面。此外，我国 IPO 市场近年出现的一个新的异象——新股发行公司“业绩变脸”，二级市场表现的整体低迷与一级市场的泡沫繁荣形成了鲜明对比，本书也将对其进行介绍。

一、市场异象的内涵

根据有效市场假说，如果投资者具有完全理性，那么市场有效，信息将完全被资产价格所揭示。这一推断以其严密的逻辑和完美的体系成就了传统金融范式的巨大成功，但随着实证研究的深入，越来越多的学者发现市场存在许多与之相悖的现象，即所谓的市场异象。市场异象的存在对 EMH 提出了严重置疑，也吸引了众多学者的目光，并日益成为理论研究的焦点。在上述过程中，新的市场异象不断被发现，市场异象具有不断扩大的趋势，也呈现出多元化、普遍化的特点（表 2-2）。

表 2-2 股票市场的异象

异象	表现	证据	
		作者	样本
周一效应	周一市场及个股价格波动明显	Cross（1973）	1904—1974 年，美国
一月效应	一月份的股票收益比其他月份更高	Blume and Stambaugh（1983）	1963—1980 年，美国
价值溢价	价值型股票比成长型股票收益更高	Basu（1977）	1963—1981 年，美国
月初效应	每个月的前几个交易日和上个月最后一个交易日的日平均收益率比这个月的其他交易日平均收益率高	Ariel（1987）	1936—1975 年，美国
规模溢价	小市值股票比大市值股票收益更高	Levis（1985） Beedles（1992）	1958—1982 年，英国； 1974—1987 年，澳大利亚
季节效应	与季节相联系的股市非正常收益	Rozeff and Kinney（1976）	1904—1974 年，美国
动量效应	历史收益较高的股票具有更高的收益	Jegadeesh and Titman（1993）	1965—1989 年，美国
节日效应	股票在重要节日之前通常能获得更多投资回报	Ariel（1990）	1963—1982 年，美国

Fama 和 French（1992）在对股票收益的截面数据进行分析时将异象归纳为价值溢价和规模溢价。Jegadeesh 和 Titman（1993）发现，美国股票市场存在所谓的“动量溢价”，即历史收益较高的股票具有更高的平均收益，这一发现迅速得到了学术界的认同（Rouwenhorst，1997）。李心丹（2004）根据异象的特征，将异象分为累计市场异象、截面市场异象和投资者行为异象。Keim（2008）根据既有实证研究中发现的异象，首次对市场异象的定义进行了明确说明，即资产收益在截面或时序上表现出的不能为传统理论解释的现象。

Fama 和 French（2010）对美国股票市场 1989—2007 年间价值溢价与规模溢价进行的描述性分析中发现，价值溢价与规模溢价尽管都体现出波动性，但其均值都为正值，从长期来看，保持风格一致能够获取积极收益。Bauer 等（2004）对日本股票市场 1980—2000 年间价值溢价和规模溢价的描述性分析中发现，尽管规模溢价的均值为负，但价值溢价却长期在零值上方波动，保持价值投资策略不变也能获得积极的回报。尽管新的市场异象不断被发现，但理论界普遍认为较为典型，并能够被广泛承认的市场异象主要有价值溢价、规模溢价和动量溢价（Keim，2008；罗登跃，2009）。基于这一认知，市场异象主要包含价值溢价、规模溢价和动量溢价。

（一）价值溢价

价值溢价（value premium）最早由 Banz（1981）提出，他在研究美国股票市场的收益数据时发现市盈率（earnings-price-ratio）较低的股票具有更高的平均收益，市盈率在解释股票截面收益差异时比 CAPM 模型中的系数具有更好的效果，股票市场存在价值效应。上述结论得到了后续研究的证实，Chan 等（1991）、Capaul 等（1993）、Fama 和 French（1998）分别运用不同的价值指标对价值组合与成长组合进行界定，发现在不同的市场、不同的时段，价值溢价都普遍存在。尽管理论界已经普遍认识到价值溢价的存在性，并推动了价值投资理念的兴起。但也有学者表达了对这种存在性的质疑：Conrad 等（2003）认为，价值溢价是由于样本选择误差所致。Phalippou（2007）指出，在控制机构持股比例的情况下，价值溢价将趋于消失。国内学者王晋斌（2004）、宿成建和许舜娟（2006）等对我国 A 股市场的实证研究也发现我国股票市场存在明显的价值溢价。但也有学者认为价值溢价与有效市场假说无关（Agarwal and Wang，2007）。

由于价值溢价对于 CAPM 模型的挑战，理论界围绕价值溢价的原因进行了大量研究，形成了三种代表性观点。

1. 样本偏差论

样本偏差论的主要观点是价值溢价来源于样本中包含的生存偏差，在排除生存偏差后，价值溢价将变得非常微弱。其中的代表人物是 Kothari 等（1995）以及 Laporta（1996）。他们对传统研究的样本选择提出了质疑，认为法马等人的研究结论建立在特定的样本范围内，忽略了样本的生存偏差和数据的缺失，通过对不同样本进行有效分离，证实了样本偏差的存在。Breen 和 Korajczyk（2011）对所谓的样本偏差进行了详细说明，他们指出，揭露价值溢价存在性的实证研究在构建样本时大都选择了对账面市值比存在高估现象的数据库，如 COMPUSTAT 数据库，该数据库包含的财务数据以追溯式记录为主，对账面市值比等价值指标存在高估现象。与此同时，价值溢价的支持者在选择样本时倾向于选择那些与平均收益相关的变量。上述观点得到了实证数据的有力支持，Davis（1994）发现，在排除生存偏差后，价值溢价效应及其显著性水平仅达到原始数据的一半。尽管样本偏差论的观点受到其他学派的强烈抨击，但它客观上促使针对资产收益的实证研究更加注重样本的科学性。

2. 非理性论

非理性论认为，投资者的非理性行为是导致价值溢价的根本原因。拉科尼沙克等（Lakonishok et al.）首先对引起价值溢价的非理性行为进行了论述，并通过实证研究指出，投资者对收入的错误预期能够解释 15%～25%价值溢价。此后，Daniel 和 Titman（1997）、王晋斌（2004）发展了认知偏差论，他们指出，投资者过于关注成长型股票导致成长型股票价格过高，投资者对不同特征（价值型或成长型）的企业存在着不同的预期，这种预期受到有限理性的影响容易偏离现实。Chan 等（2004）进一步对这种认知偏差进行了详细论述，由于心理和行为习惯，投资者倾向于采用简单的启发式决策方法，这将加大他们的认知偏差。对于价值股而言，其收入增长、现金流和销售额等方面的历史表现较差，如果投资者忽略对增长持续性的考虑，成长股将以其增长性得到投资者的偏好。在此背景下，价值股的价值往往被低估，而成长股的价值被高估。一旦价值股的市场表现低于预期，其价格比预期价格将更低，价值股则由于其超出预期的市场表现能够获得更高价格。Hens 等（2011）对这一观点表示认同，从进化金融视角对价值溢价的原因进行了探讨，指出价值溢价来源于资产价格收敛于其基本价值的趋势，价值投资之所以发挥作用是因为资产价格可能会暂时偏离一般均衡，但这种偏离最终将得到纠正。

3. 理性论

理性论主要从市场有效的视角对价值溢价进行解释。理性论的支持者认为，价值溢价是由于价值股的历史表现较差，因而蕴含的风险更大，投资者要求其能够提供更高的风险补偿。Fama 和 French（2006）从有效市场理论出发，指出价值溢价是由于价值型股票蕴含的高风险，尽管传统的 CAPM 模型在解释价值溢价出现失灵问题，但这种“失灵”是由于模型本身所致，CAPM 模型忽略了引起价值溢价的某类系统性风险。因此，他们提出了三因子定价模型，试图从风险视角对价值溢价进行解释。Fama 和 French（2006）、Ang 和 Chen（2007）等利用 CAPM 模型对市场异象进行的研究发现，条件 CAPM 模型和基于消费的 CAPM 模型在解释价值溢价时具有更好的效果，价值溢价是由于价值股具有更高的条件值。Petkova 和 Zhang（2005）、Santos 和 Veronesi（2006）发现价值型股票与成长型股票的收益之差与系统性风险相关，价值股比成长股的值更高，波动性更强。Lettau 和 Wachter（2007）指出，价值股的现金流具有较长的存续期，并同经济增长一样随着长期风险波动。

新的研究开始关注企业特征或企业行为对价值溢价的影响。Robert（2007）从企业的最优投资行为出发，将现金流和贴现率引入对价值溢价的解释中，企业投资现金流敏感性与价值溢价存在相关性，价值溢价的产生正是源于企业最优投资行为导致的需求敏感性的截面差异：一方面，成长股的现金流产生于远期，它们的价格对贴现率的变化更加敏感；另一方面，价值型企业对财务状况的依赖程度更高，它们对资本市场的变化更加敏感。一般而言，价值股具有更高的现金流，成长股具有更高的贴现率，总体而言，价值股的市场更高。Lettau 和 Wachter（2007）提出了一个基于动态风险的模型用于解释价值溢价，该模型中，企业被看作具有不同现金流的长期资产，成长型企业具有更高的贴现率，价值型企业具有更高的现金流。Cohen 等（2003）认为，价值溢价与企业的期望盈利能力相关。Ali 等（2003）发现具有非系统风险的企业具有更高的价值溢价，具有类似会计特征的企业，其系统性风险主要来自基本面，企业特征对现金流和贴现率的作用以现金流为主。

（二）规模溢价

规模溢价（size premium）即股票收益与企业市值之间呈现的负相关关系。对规模溢价最早的研究集中于美国股票市场，Banz（1981）首先发现规模溢价的存在，这一现象得到了后续研究的支持（Reinganum，1981；Brown et al.，1983；Keim，1983）。随后，学者们发现这一现象在全世界普遍存在，规模溢价成为理论界关注的另一重要异象。同价值溢价一样，规模溢价同样引起了金融学家的争论，学术界也围绕规模溢价的成因形成了不同的观点。

1. 风险论

风险论的主要观点是价值溢价是由于小企业面临的高风险所致。Fama 和 French 是风险论的主要代表，他们认为，如果资产定价是合理的，那么股票的系统风险是多维的，在资本资产定价理论的系统风险之外，尚有未被发现的风险，而价值溢价和规模溢价正是由于无法解释的经济原因引发的。首先，规模与企业利润相关，20 世纪 80 年代的宏观经济环境是规模溢价的重要原因。其次，通过构建基于 HLM 和 SMB 的因子定价模型，能够解释资产组合收益的时序变化。再次，收益的 SMB 因子与基本面的 SMB 因子相关。Chan 和 Chen（1991）也认为，规模溢价可能是小企业面临的潜在系统性风险所致，由于糟糕的经营业绩，小企业往往表现为“边际企业”（marginal firms）或“折翼天使”（fallen angels），已经失去了市场价值，并且小企业效率低下、财务杠杆较高，规模溢价可能是由于小企业面临的财务困境。其他学者则尝试从不同的角度对引起规模溢价的风险进行探索。Chan 等（1985）发现，多数规模效应可以被违约风险解释。

2. 流动性观点

流动性观点认为，规模溢价仅仅是交易费用的结果，小市值股票的交易成本更高，投资者需要相应的补偿。Stoll 和 Whaley（1983）在对 1960—1979 年间 NYSE（美国纽约证券交易所）的数据进行调查后发现，剔除交易成本后，小规模企业的股票不存在异常的风险调整收益。然而，上述发现引起了 Schultz（1983）的质疑，他发现交易成本并不能完全解释规模溢价，在剔除了交易成本的影响后，NYSE 和 AMEX（美国证券交易所）在 1962—1975 年间仍然存在约 2%的规模溢价。Amihud 和 Mendelson（1986）提出了预期收益与相对买卖价差的理论模型。根据该模型，投资者需要对预期交易成本进行补偿，投资者倾向于选择相对买卖价差较大的股票，预期交易成本补偿随相对买卖价差的增加而递减，因为交易成本能够在更长的期限内摊销。因此，预期回报与买卖价差之间的关系呈现为凹函数，在此基础上展开的实证研究也发现规模溢价是一种买卖价差的结果。

3. 行为论

与价值溢价的行为论观点类似，行为金融学家也认为投资者行为是导致规模溢价的原因。他们认为，用于解释价值溢价的过度反应也适用于规模溢价，小企业的历史收益往往较差，如果投资者过度依赖于企业的历史业绩，那么小市值股票的价格偏低，一旦过度反应得到纠正，小市值股票能获得更高的收益（Chan and Chen，1991）。此外，投资者对高市值股票具有特别的偏好，这将引起小市值股票价值被低估，随着认知偏差的纠正，小市值股票将能够取得更高的收益，产生规模溢价。

4. 样本偏差论

样本偏差论认为，规模溢价是由于支持规模溢价的实证研究选取的样本具有的偏差所导致的。Lo 和 Mac Kinlay（1990）以及 Black（1993）均认为，存在规模效应是由于 Compustat 数据库在 20 世纪 70 年代之前的数据倾向于选择大且成熟的公司所造成的。Shumway 和 Warther（1999）将规模效应的产生归因于数据所造成的偏误，他们发现，因绩效差而退出公开市场的公司大多是规模小的公司，使得存在于公开市场的小规模公司多为好公司，因此会产生规模溢价，并将这一现象称之为退出偏差（delisting bias）。Wang（2000）通过仿真实验研究发现，资料中具有的生存偏差（survival bias）将显著影响规模溢价。

5. 极端收益观点

Knez 和 Ready（1997）认为，规模效应主要是由 1%的极端收益引起的，他们运用最小截平方（least trimmed squares，简称 LTS）对 Fama 和 French

（1992）的数据进行了再检验，在剔除1%的极端观测值之后，Fama-Mac Beth回归的结果显示股票收益与企业规模呈正相关，他们认为极端值不应当被视为离群点，规模溢价实质上是由于少量小规模企业的股票收益极高，但这并不能掩盖多数小规模企业的表现比大企业要差。这就像一种“龟蛋效应”（turtle eggs effect）：尽管多数小企业的收益比大企业要低，但这能通过少数极端成功的小企业得到弥补。

（三）动量溢价

动量溢价（momentum premium）也称惯性效应或动量效应，是指历史收益较高的股票具有更高的平均收益。动量溢价最早由 Jegadeesh 和 Titman 发现，此后其他学者陆续利用样本外数据提供了动量溢价在其他时间和地域上的证据。Rouwenhorst（1998，1999）和 Chui 等（2000）发现，在欧洲许多市场都存在显著的动量溢价，而新兴市场的动量溢价相对较少。就目前已经取得的经验性研究成果来看，动量溢价已经被理论界公认为是一种与弱式有效市场假说相矛盾，并且持续存在的市场异象，是金融理论研究和证券投资实践中不可忽视的一种常见现象。自动量溢价被发现以来，理论界已就动量溢价的原因进行了广泛探讨，但至今尚未形成一致意见，而是形成了几种代表性观点。

1. 风险论

Chordia 和 Shivakumar（2002）考察了风险溢价的时变性对动量收益的影响，结果表明“赢家组合”的较高收益来源于较高的条件预期收益，是对“赢家组合”承担的宏观经济风险的一种补偿。这说明动量溢价与经济周期波动有关，动量收益可以通过对滞后宏观经济变量（如股息率、利差等）的预测来解释，这也意味着投资者的预期收益具有时变性。然而，Griffin 等（2003）对上述观点提出了质疑，他们利用无条件宏观经济风险定价模型，估计出动量收益与宏观经济变量（包括非预期通货膨胀、预期通货膨胀、期限结构和工业产出变化四个宏观变量）的回归方程，发现动量收益与宏观经济风险变量之间存在相关关系，宏观经济风险不能解释动量溢价。Ang 和 Bekaert（2007）指出，“赢家组合”具有典型的下方风险特征，“赢家组合”获取的较高收益是对投资者面临的市场下跌风险的补偿。

2. 企业特征论

企业特征论认为，动量溢价是由企业特征引起的。Johnson（2002）指出，随机增长率可以成为解释动量溢价的重要原因，股票价格以高度敏感的非线性方式依赖于企业增长率。Moskowitz 和 Grinblatt（1999）指出，动量效应与企业的产业特征显著相关，如果剔除产业特征的影响，动量投资策略将不能产生正收益。相比而言，即使控制了企业规模、账面市值比和个体股票的动量收益，产业动量收益仍然存在。Hong 等（2000）从企业规模的角度对动量进行了解释，并指出如果购买历史收益较高的小市值股票，动量投资策略的收益将显著下降，如果保持企业规模不变，针对分析师关注度较低的股票的动量投资策略能获得较高的收益。Gregory 等（2001）发现，动量溢价与企业的增长性相关。Sagi 和 Seasholes（2007）对引起动量溢价的企业特征进行了总结，指出动量溢价与企业特征变量相关，如企业股票周转率、流动性，账面市值比、分析师的关注程度、宏观市场条件以及企业属性（行业、收入和增长率等）。Lee 和 Swaminathan（2000）指出，动量溢价在成交量较大的市场更加普遍。Hong 等（2000）发现，证券分析师较少关注的小企业股票更容易出现动量溢价。Grinblatt 和 Moskowitz（2003）发现，机构持股较少的小企业、成长型企业和规模较大的企业更容易产生动量溢价。

3. 行为论

行为论主要从投资者心理和行为来对动量溢价进行解释，认为动量溢价来自投资者的心理和行为特征。Du（2002）指出，可以按照投资者的信息水平将其分为两类，投资者的信心也可以分为两类，当投资者由于缺乏信心而犹豫不决、行动迟缓时，就会出现反应不足，反应不足将导致价格的延续性。Barberis 等（1998）指出，投资者存在保守偏差和以偏概全两种错误的认知倾向，前者可能导致投资者面对新信息时的反应不足，从而使股价在短期内表现出一定的惯性，后者则可能导致投资者对新信息的过度反应，从而诱发股票价格的反转。Daniel 等（1998）基于过度自信和自我归因偏差构建了投资者心理模型（DHS 模型），过度自信和自我归因偏差是指投资者对自身拥有的私人信息准确性的高度自信和认知偏差，这种心理偏差使得股票价格的非对称变化成为投资者信心的函数。Hong 和 Stein（1999）从投资者交互作用机制出发构建了统一理论模型（HS 模型），HS 模型强调投资者的异质性，该模型认为，市场参与者具有有限理性，并且可以将市场交易者分为两类：消息观察者和动量交易者。消息观察者对股票价格的预测是基于自身对企业基本面的观察获取的私人信息，而非股票价格的历史信息，HS 模型下的私人信息在信息观察者之间的扩散过程较为缓慢；与上述机制相反，动量交易者对股票价格的预测在纳入股票的历史价格的同时忽略了企业的基本面，通过上述两类交易者的不同作用机制，HS 模型解释了动量效应中的过度自信和认知偏差。尽管 HS 模型为从行为（心理）视角解释动量溢价提供了一个完整的分析框架，但这种分析范式受到来自实证研究的挑战。Lee 和 Swaminathan（2000）通过实证研究发现，换手率较高的股票具有更加明显的动量效应。此后，Balsara 和 Lin Zheng

(2006) 将疾病传播思想引入 HS 模型用以解释信息扩散过程，他们认为，信息扩散受到信息传播速度和信息吸收程度的共同影响。信息传播速度是一个可观测的客观指标，与交易量、波动率等相关。信息吸收程度是不可观测的主观指标，与信息的实用性和可靠性有关。

二、市场异象的特征

(一) 市场异象的特征

第一，持续性。几乎所有对价值溢价的实证研究都承认，在排除样本偏差的影响后价值溢价仍然存在，但不同的学派却围绕价值溢价的持续性展开了激烈争论。认知学派认为，由于认知偏差将得到纠正，相应地价值溢价终将消失：一方面，尽管价值溢价的强弱可能呈现不同趋势，但经济系统总是持续不断地发生变化，这些变化的信息以缓慢的速度在投资者中扩散。另一方面，由于投资者的有限理性，他们对定价误差的了解和反映也需要经历一个漫长的过程，伴随着绵绵不断的信息扩散和缓慢的反映过程，价值溢价将在一段时间内持续存在，但随着投资者对错误定价的认知不断改善，定价误差通过套利交易得到纠正，价值溢价趋于消失。系统风险论和企业行为论认为，由于市场有效，价值溢价源于价值股承担的高风险和企业的理性行为，因此价值溢价具有持续性。价值溢价的持续性可能源于样本的时间异质性，这种异质性来自数据库中包含的样本随着时间的推移越来越多元化。

第二，逆周期性。逆周期性是价值溢价最重要的特征，对价值溢价逆周期性的解释是区分不同学说的主要议题。早先的研究发现，价值溢价具有时变性和重复性。Lakonishok 等（1994）通过对价值溢价的时间属性进行深入分析，总结出价值溢价的逆周期性。此后，不同学派的学者围绕价值溢价的这种特性进行了系统论述，从不同角度对价值溢价的逆周期性进行了说明。非理性论对价值溢价逆周期性的论述主要在行为金融的范式下进行。代表性投资者存在过度自信（overconfidence）和自我归因（selfattribution）的倾向，对个人拥有信息的准确性和个人的分析能力都过于自信，他们基于价值股与成长股的历史表现形成的判断诱使他们对价值股的预期低于其真实值，对成长股的预期则高于其真实值。当经济低迷时，成长股的实际表现将低于投资者的预期，价值股的市场表现高于投资者的预期，投资者情绪发生逆转，价值股收益将远远高于成长股，产生价值溢价的逆周期性。理性论对价值溢价的逆周期性进行了更为深刻的说明。Grinblatt 和 Sheridan（2001）认为，经济周期通过现金流影响价值溢价，这种影响体现在：经济上升期的增长机会更有价值，并且隐含着杠杆作用，这不仅导致了价值的增加，使得系统性风险更大。Steven 等（2008）利用凯恩斯模型说明了经济周期与现金流量之间的关系，经济繁荣下的通货膨胀引起利率上升，从而增强债务消弱现金流；在经济萧条期，利率下降引起债务下降，提高现金流。Hansen 等（2005）指出，在长期运行中，价值股的现金流对总消费的敏感性比成长股更高。Campbell 和 Vuolteenaho（2011）提出了一个 ICAPM 模型，该模型假设与暂时性的贴现率相比，投资者更关心持续的现金流，资产收益不是取决于市场，而是由现金流和贴现率共同决定的，其中贴现率的价格风险更低。成长股的现金流面对风险溢价推动的股价暂时性冲击比较敏感，而价值股的现金流对于市场驱动的股价永久性冲击特别敏感。因此，与市场贴现率相关联的价值股的值和与现金流相关联的成长股的值，分别是由成长型企业和价值型企业现金流的基本面所决定的。最优投资决策引起企业基本风险的内生性变化，提高了投资对现金流的敏感程度，并造成了价值溢价的逆周期性。Robert（2007）从企业行为出发，说明了托宾 q 值与基本风险负相关，在需求低迷时尤为突出，这就导致了价值溢价的逆周期性。Chen 等（2008）指出，处于逆境的企业其投资率低于长期平均水平。当经济低迷时，价值型企业比成长型企业的盈利能力更低，并开始消减投资。由于消减资本的成本高于资本扩张，价值型企业缺乏减小规模的弹性。因此，价值股受经济衰退的影响更大，在经济萧条期比成长股的风险更大。

第三，可预测性。由于股票收益的可预测性，价值溢价也具有可预测性。这种可预测性需要市场相关变量的支撑。Ferson 和 Harvey（1999）指出，用于预测市场收益的股息、违约溢价、期限溢价和无风险利率具有预测市场溢价的作用。这是由于上述变量随着经济周期的波动存在共同运动。Ang 和 Chen（2007）指出，价值溢价与 GDP 存在负相关，并且有 2～5 年的滞后期。Zhang（2005）发现，价值溢价随生产率的波动性、调整时间参数和固定生产成本增加。Guo 和 Savickas（2006）指出，通过联合特质波动与市场收益方差可以对价值溢价进行预测，当市场收益方差与上一季度的价值溢价负相关时，特质波动为正。Guo 等（2009）运用 ICAPM 模型说明了当市场收益方差和实际市场收益与价值溢价的协方差相结合时，可以对价值溢价进行预测，并且这种可预测的变化与跨期定价具有一致性。样本偏差论认为，预测价值溢价变量是受实证研究需求驱动的，这些变量可预测性在不同的样本间呈现差异，并且依附于具体的样本区间。

（二）规模溢价的特征

第一，存在性。规模溢价的存在性一度得到理论界的共同认可。然而，自 20 世纪 80 年代后期，不断有研究揭示出价值溢价趋于消失。Dichev（1998）

发现，1980—1995 年间美国股票市场几乎不存在规模溢价。Hawawini 和 Keim（2000）认为，规模溢价是一种“一月效应”，在一年中的其他月份并不存在所谓的规模溢价。Eleswarapu 和 Reinganum（1993）以及 Amihud（2002）分别利用 1980—1990 年和 1980—1997 年作为样本期间对美国股票市场的规模溢价进行了实证研究，均发现样本区间内不存在规模溢价。Dimson 和 Marsh（1999）发现，小市值股票的平均收益在 1955—1983 年间比大市值股票的平均收益高 4.1%，而在 1983—1997 年间则比大市值股票低 2.4%。随后，规模溢价趋于消失的结论得到 Horowitz 等（1999）的支持，在他们的研究中，大市值股票比小市值股票的回报更高。

第二，可预测性。Reinganum（1999）认为，美国股票市场的规模溢价具有可预测性，在经济不景气的条件下，大企业比小企业表现更好。Cooper 等（2001）也发现，美国的规模溢价具有可预测性，基于规模溢价的风格投资策略甚至比基于价值溢价的风格投资策略具有更高的可预测性。在特定时期，规模溢价的反转并不必然意味着小企业获得的平均收益不能比建议的（平均收益）更高。规模溢价的可预测性也得到了来自其他国家的证据的支持，Levis 和 Liodakis（1999）发现，英国的规模溢价具有可预测性。Rob 等（2004）使用一个基于样本外数据的递归策略选择模型，对日本股票市场规模溢价的可预测性进行了实证检验，发现日本市场的规模溢价同样具有可预测性。此外，学术界还通过规模溢价的可预测性得到了相关的规律，如 Bhardwaj 和 Brooks（1993）、Ibbotson 和 Sinquefeld（1995）及 Kim 和 Burnie（2002）发现，市场景气与市场多空等因素会左右规模效应的结果。

第三，一月效应。多数学者认为，规模溢价是一种“一月效应”，即规模溢价大多存在于一月份。Keim（1983）发现，规模效应多集中在一月份，超过 50%的规模溢价是由于一月份的超额收益，并且集中于一月份前 5 个交易日。这一结论得到了其他学者的支持，Brown 等（1983）以及 Lamoureux 和 Sanger（1989）分别运用不同的样本证实了规模溢价的一月效应，他们还发现企业规模与股票收益在 2—12 月之间的相关系数是正单调的。Dimson 等（2002）则从反面说明了规模溢价的一月效应，他们利用 1926—2000 年间 CRSP 的数据对一月效应进行了分析，发现一月效应几乎完全是由小企业股票的超常业绩引起的。为了对规模溢价的一月效应进行解释，Keim（1983）提出了“税损销售假说”（tax-loss selling hypothesis）。根据该假说，投资者在临近年末时将卖掉那些一年中价格有所下降的股票以获得税收方面的好处，这对于小市值股票具有特别重要的意义，因为小市值股票通常是经历了价格大幅下跌的股票。

（三）动量溢价的特征

第一，持续性。除了美国市场之外，国内外众多学者在其他国家或地区均发现了动量溢价存在的证据（Rouwenhorst，1998）。在成熟的股票市场中，日本股票市场是唯一一个没有发现动量溢价的市场；而在新兴市场，尽管在个别市场中动量投资策略不能带来超额收益，但是实证研究仍然显示出动量溢价的存在性（Chui et al.，2000）。Chan 等（2000）通过对国际股票市场指数进行实证分析，发现在国际股票市场中存在普遍的动量溢价。虽然动量溢价在Jegadeesh 和 Titman（1993）的开创性工作之后便引起学术界的广泛关注，也早已被实务界广泛运用于投资实践，但是目前尚未有动量溢价趋于消失的证据。Jegadeesh 和 Titman（2001）在时隔 8 年后对 20 世纪 90 年代以来美国股票市场的动量溢价进行了再检验，他们的结论不仅支持动量溢价仍然存在，还提出了动量溢价具有持续性的论断。

第二，顺周期性。所谓的顺周期性是指动量溢价与经济周期具有一致性，在经济繁荣期动量溢价较高，在经济衰退期动量溢价较低。Sagi 和 Seasholes（2007）认为，历史表现较好的企业能够对一些增长机会做更好的准备，由于这些增长机会需要的风险资产将占据大量的企业资产，这类企业的风险更高，但投资者的预期回报也会更高，由于成长机会最终将会消失，动量溢价也只能是暂时的。在市场高涨时，企业往往利用它们的增长机会，这将增加回报的自相关性；在市场下跌时，企业有可能面临财务困境，降低收益的自回归性。这一推断也得到了实证研究的支持：Cooper 等（2004）发现，市场行情较好时的季度动量收益为 2.82%，市场低迷时的季度动量收益仅为－1.11%。Sagi 和 Seasholes（2007）也发现，市场走高时的动量收益（3.09%）高于市场萧条期（0.20%）。

第三，多维性。根据实证研究的成果，动量溢价可以通过多个角度展现出来，如风格动量溢价、行业动量溢价、价格动量溢价和规模动量溢价等。从证券市场、投资工具和交易方式三个方面来看，动量溢价也表现出不同的特点。不同股票市场具有不同强度的动量效应，成熟市场中动量效应较强，而新兴市场中动量效应相对较弱；不同投资品种具有不同的动量收益，投资品种的特征影响着它的动量收益；投资者的交易方式和交易风格中也存在程度不同的动量效应。

第四，区域性和群体性。赢家股与输家股的收益差异与交易者的行为方式有一定的关系。首先，由于各个市场中的交易者主体不尽相同，其思维模式和行为方式也呈现出较大差异，从而导致不同的区域市场中具有不同的动量效应。其次，具有不同特征的不同投资品种吸引了不同的交易者，这些交易者的不同交易行为导致不同投资品种具有不同的动量收益。

三、新股首日超高收益

（一）新股首日超高收益

新股的首日收益率通常是指上市公司首日收盘价与发行价的变动幅度。Reilly 和 Hatfield（1969）首次利用美国股票市场上 1963—1965 年间上市的 53 家 IPO 样本进行了分析，发现这些 IPO 的平均首日超额收益达到 9.6%，大大超过同期的市场基准收益率。Ritter（1984）以美国资本市场上 1960—1982 年间的 1 028 家 IPO 公司为样本，发现 IPO 首日超额收益达到 26.5%，并且随着时间的变化，IPO 首日超额收益率的波动更大，比如 1980 年 1 月后的 15 个月内上市的 IPO 的平均超额收益率高达 48.8%。学者们研究发现，这种 IPO 市场存在首日超额收益的现象也普遍存在于其他西方国家。Loughran、Ritter 和 Rdyqvist（1994）对 25 个国家和地区市场的 IPO 首日超额收益做了统计研究，而 Ritter（2010）在这项研究的基础上，进一步将 IPO 样本扩展到了 45 个国家和地区，从中发现，在北美洲，美国市场 1960—2008 年的 IPO 平均初始收益率为 16.9%，而加拿大市场 1971—2006 年 IPO 平均初始收益率相对较低，仅有 7.1%；在欧洲，英国市场 1959—2008 年的 IPO 平均初始收益率为 16.3%，与美国市场水平相当，德国市场 1978—2008 年的 IPO 平均初始收益率高达 25.3%，而法国市场 1983—2006 年的 IPO 平均初始收益率水平相对较低，仅有 10.7%；在大洋洲市场上，澳大利亚市场 1976—2006 年的 IPO 平均初始收益率为 19.8%，新西兰市场 1979—2006 的 IPO 平均初始收益率为 20.3%，它们与美国市场相差不大；在亚洲市场上，日本的 IPO 平均初始收益率却高达 40.1%，韩国市场 1980—2008 年 IPO 平均初始收益率高达 55.2%，而同期的新加坡市场 1973—2008 的 IPO 平均初始收益率水平为 27.4%，南亚的印度市场 1990—2007 年的 IPO 平均初始收益率高达 92.7%，在 45 个 IPO 市场中，我国 IPO 市场的平均初始收益率是最高的，1990—2005 年的平均收益率高达 164.5%；同样作为转轨国家，俄罗斯的 IPO 平均初始收益率仅为 4.2%，东欧波兰的平均初始收益率为 22.9%；在南美洲，巴西 IPO 市场的平均初始收益率也高达 48.7%，相比之下，阿根廷却仅有 4.4%；甚至在非洲 IPO 市场上也存在显著的超额平均初始收益率，如尼日利亚的 IPO 市场平均初始收益率为 12.7%，而南非市场高达 32.7%。

由于新股上市首日并没有涨幅限制，我国股票市场一直存在着“新股不败”的神话，平均初始收益率为 117%。每一次新股发行通常伴随着巨额的申购资金和上市后的惊人涨幅，其造成的后果是一级市场大量资金滞留，影响了一级市场资源的有效配置，对资本市场造成较大冲击。

（二）关于新股抑价发行的假说

IPO 抑价理论基本可以分为基于理性人和信息不对称的假说以及基于行为金融学的假说两类。

1. 基于理性人的解释

在假设二级市场理性且有效的前提下，一级市场的抑价主要从信息不对称方面去考虑。Baron 等（1982）认为，新股发行价格由股票内在价值、市场需求以及承销商的声誉决定，承销商比发行者拥有更多信息，承销商为确保发行的成功，往往倾向于压低价格，称之为“投资银行模型”。Rock 等（1986）提出，投资者与投资者之间的“赢者诅咒模型”及发行人与投资者之间的“信号传递理论”，都是从信息不对称角度解释 IPO 一级市场的抑价。但是，Ritter（1991）指出，IPO 在上市之后 3～5 年的表现要弱于可比公司和大盘指数，即存在长期弱势现象。同时，由于市场状况的不同，IPO 首日超额收益也将出现大幅波动，以上这些现象是一级市场抑价的理论无法解释的。基于我国情境下 IPO 首日超额收益的研究，早期的学者陈工孟和高宁（2000）、李博和吴世农（2000）、韩德宗和陈静（2001）等主要关注一级市场信息不对称和发行市盈率管制，将 IPO 首日超额收益的原因全部归结为一级市场抑价。但是，宋逢明和梁洪昀（2001）、朱南和卓贤（2004）、李翔和阴永晨（2004）等却认为，市盈率管制并不能影响 IPO 首日超额收益，尽管采用市场化程度很高的发行方式——询价制，我国 IPO 首日超额收益也未显著降低。这表明，基于一级市场抑价的理论不能充分解释 IPO 首日超额收益。本书认为，在目前我国股票发行市场情境下，影响 IPO 首日超额收益的一级市场抑价因素基本可以排除。

2. 基于投资者情绪的解释

传统金融学是建立在投资者完全理性的基础上，而行为金融学理论则是建立在投资者有限理性的基础上。近年，以行为金融为理论基础的投资者情绪（investment sentiment）逐渐被学者们用来建模或是实证。Cornelli、Goldreich 和 Ljunqvist（2004）通过建立数学模型方式研究欧洲的灰色交易市场（pre-issue trading market），发现投资者情绪能够影响投资者对新股的需求，对新股发行市场有着极大的影响作用。Black 等（1986）认为，投资者情绪是指投资者基于掌握的信息，对资产的现金流以及风险进行一定的判断，从而形成对该资产价值的评估。因此，对于相同的资产，不同的投资者会产生不同的判断以及预期。Delong 等（1990）最早提出投资者情绪理论，并建立相关 DSSW 模型。该模型认为，市场上分别存在理性投资者和噪声投资者，噪声交易者受到噪声交易者情绪的影响，使得新股的价格波动剧烈。Daniel 和

Hirshleifer（1998）通过DHS模型验证了投资者对资产的过度自信会导致价格偏离基本面的位置，而随着公共信息的披露，投资者回归理性，股票回报的短期收益开始出现反转。Derrien（2005）认为，由于在IPO上市初期存在严格的卖空限制，根据Miller（1977）的经典研究，IPO上市初期的交易价格在很大限度上受到过度乐观交易者的影响。但他基于已有的实证结果提出的问题是：为什么投资者情绪对IPO后股票交易价格的影响仅仅被部分反映在发行价格之中？换言之，为什么发行人不能充分利用投资者的过度乐观情绪将IPO定价于噪声交易者愿意付出的最高价格上呢？其模型假设承销商需要关注IPO的后市表现，而投资者的情绪并不是稳定的，它在IPO后有可能变得相对悲观，由此可能导致IPO在上市初期跌破发行价格，而承销商要提供价格支持。因此，定价的问题转化为承销商的权衡：提高发行价可以提高其承销费收入，但是高发行价同时意味着后市跌破发行价的概率提高，提供价格支持的期望成本也由此变大。因此，其最优的选择是相对噪声交易者愿意付出的最高价格选择一个比较保守的发行价格，由此IPO后会表现出一个正的初始收益率。但由于这个发行价格依然高于其实际价值，因此，当IPO价格在长期内向其实际价值趋近时，将出现IPO的长期表现不佳问题。这样就可以合理的解释IPO短期抑价和长期表现不佳两个看似矛盾的现象。在理论分析之后，Miller还使用了法国1999—2001年中出现的一种独特的IPO机制——OPO下的样本进行了实证研究。在OPO下，IPO股份的一部分被单独划分出来面向个体投资者发售，他认为，可以使用OPO下个体投资者的申购需求作为噪声交易者情绪的代理变量，实际就是将现实中的个体投资者作为模型中的噪声交易者代表，通过对其数据分析发现：个体投资者的需求与发行时的二级市场状况具有很强的正相关性，这似乎支持上述情绪代理变量的选择方法；个体投资者的需求在很大限度上影响着IPO的定价；IPO初始回报率和换手率与个体需求都具有很强的相关性；IPO股票的长期表现与个体需求呈现显著的负相关关系，这意味着发行时的投资者情绪越乐观，IPO定价被高估程度越大。Ljungqivst、Nanda和Singh（2006）认为，投资者情绪理论可以综合解释IPO三大异象，但是他们也提出了一个与Derrien（2005）类似的问题：如果发行人是理性的，他可以选择在热销市场发行，那为什么他不充分利用投资者情绪提高发行价格，从而降低初始抑价水平呢？他们的理论分析显示，面对过度乐观的投资者需求，一个以收益最大化为目标的发行人的最优选择是充分利用投资者情绪获得最大的盈余。但是为实现这个目标，他的最优策略是先将IPO股票分配给机构投资者，然后由机构将股票出售给逐渐出现的情绪投资者。机构将通过持有IPO股票存货限制股票供给量以维持其交易价格。由于情绪性需求可能会被终止，持有 IPO 股票的机构由此可能遭遇亏损，因此抑价是对机构的一种公平补偿。但发行人依然可以获得部分从情绪投资者那里得到的收益，发行价格高于其实际价值。由这个理论模型可以得到丰富的可供实证的假说，包括：无论是以首日交易价格还是以发行价格为计算基础，在热销市场发行的 IPO 都存在长期表现不佳的现象；当投资者情绪变化时，IPO 发行规模增加，低质量的公司也将公开发行，发行企业的总体质量将相对下降；承销商将惩罚在上市初期过度抛售获配新股的投资者；如果投资者情绪很强，或机构已经将其新股存货出售完毕，或热销市场已经结束，公司内部人将会较早的摆脱锁定条款。他们认为，现有的大量关于 IPO 的实证研究在很大限度上证实了他们的假说，而他们的假说也能够比较合理的将三大异象统一起来。

国内研究中，最具代表性的是韩立岩和伍燕然（2007）的研究。他们同样认为，理性框架解释我国 IPO 异象的前提不成立，并且进一步使用 1997 年 4 月至 2005 年 12 月上市的 815 个 IPO 样本实证分析了投资者情绪对 IPO 抑价水平的影响，与以往截面回归的实证分析方法不同的是，他们使用了时间序列的分析方法，考察了 IPO 抑价水平在时间序列上变动的影响因素，他们以月度 IPO 上市首日平均换手率和投资者月度开户数量作为情绪代理变量，结果发现，新股首日收益在时序上的波动在很大限度上可以被情绪指标所解释。因此，他们认为，新股首日收益率是情绪指标；并且进一步通过实证分析认为，情绪和市场收益之间存在双向反馈关系，短期内情绪与市场收益相互正向影响，长期内情绪对市场收益具有跨期反向影响。这就为从投资者层面理解 IPO 超高抑价水平提供了一个视角。虽然使用的是截面回归方法，但江洪波（2007）也得出了与韩立岩和伍燕然（2007）基本一致的结论，即 IPO 抑价的主要决定因素是二级市场的乐观情绪和新股投机行为。汪宜霞和夏新平等（2009）的研究表明，IPO 市场上的狂热投资者和正反馈投资者均会影响首日收盘价，即狂热的投资者会为 IPO 承担较高的价格，而正反馈投资者会效仿狂热投资者，导致首日超额收益进一步提高。宋双杰和曹晖等（2011）从投资者关注角度研究发现，网络搜索量对 IPO 首日超额收益、长期绩效影响显著，其中超额收益率达 23%，长期绩效达到 10%以上。相关的理论与实证结果表明，IPO 首日超额收益不仅受到信息不对称的影响，同时在很大限度上也受到投资者情绪的影响。

四、新股热销市场

（一）新股热销市场现象

在新股发行市场，人们发现存在一定的周期现象，即新股初始收益率和新股数量在时间序列上在某些特定的时期存在着显著的波动性，新股市场的平均初始收益率相对较高，新股数量也相对较多，这个时期的市场被称为热销市场，而在另外一些时期，新股的初始收益率相对较低，发行数量也相对较少，这个时期的市场被称为冷销市场，新股市场通常就在冷热之间形成周期性循环反复的现象。但是根据有效市场的观点，新股的发行应当是随机事件，即在相对较长的一个时期内，上市公司的数量应该是均匀分布的，然而 IPO 周期现象却意味着“聚集”的存在，因而被认为是新股市场中的一个异常现象。Ibboston 和 Jaffe（1975）在文献中首次提出了“热销市场”的概念和判别方法，他们使用美国 1960 年 1 月至 1970 年 10 月的数据，发现 IPO 平均初始回报率和上市数量在时间序列上都存在着强烈的自相关性或聚集性，并以此作为热销市场存在的统计证据。利用类似的判别方法，Ritter（1984）发现 1980 年 1 月至 1981 年 3 月期间的美国新股市场属于典型的热销市场。Ibboston、Sindelar 和 Ritter（1988，1994）的研究进一步发现，美国月度新股的平均初始收益率和新股数量不仅各自具有显著的自相关性，并且这两个时间序列存在着“领先—滞后”关系，即在新股高初始回报率出现后，随后更多的公司倾向于进行公开发行和上市。此后，相关的实证研究通常将新股初始收益率和新股数量的自相关性以及二者之间的“领先—滞后”关系作为判断 IPO 市场周期性的统计证据。

（二）热销市场原因分析

新股热销市场理论模型主要分为理性人框架下的信息不对称模型和非理性框架下的投资者情绪模型。在前者中，Alti（2005）的研究认为，在投资者和发行人之间存在信息不对称的条件下，前期 IPO 结果具有信息溢出效应（information spillovers），其发行价格（尤其是相对于初始预期要高的发行价格）可以反映出市场投资者对 IPO 共同估值因子的私人信息，这会降低后续新股的发行成本，从而吸引更多企业进行公开发行；Yung 等（2008）认为，时变的实际投资机会所导致的时变的逆向选择成本是新股周期形成的根源，如当经济体受到外部正向冲击后，投资机会的增加将提高特定类型 IPO 的发行价格，高发行价吸引低质量公司进入新股市场，逆向选择成本的增加将提高新股抑价水平。Lee 等（1991）认为，个体投资者的情绪对新股市场具有重要影响，IPO 数量与投资者过度乐观的情绪显著相关。Rajah 等（2003）、Derrien（2005）、Ljungqvist 等（2005）的理论模型都认为，当个体投资者表现出过度乐观的情绪时，发行人和承销商会提高发行价格，增加发行收入，更多的企业会通过 IPO 募集资金，由此形成热销市场。Baker 和 Wurgler（2002）的研究甚至认为，公司利用投资者情绪择时发行（market timing）会对公司的资本结构产生持久的影响，显著提高股权对债权的比例。但这些理论研究认为，在长期内，投资者情绪会逐渐衰减，股价将趋于其实际价值，结果导致热销时期IPO的长期收益率相对低于冷销时期的IPO。Ritter（1991）关于IPO长期收益率的研究似乎验证了这一推论。在实证研究方面，Lowry和Schwert（2002）发现，IPO的周期性主要由发行人在注册期所获信息驱动，此时获得的有利市场信息将导致随后更高的IPO初始回报和更多数量的公司申请公开发行上市。Lowry（2003）、Ivanov和Lewis（2008）的研究都专注于IPO数量在时序上的波动原因，虽然使用的计量方法不同，但他们都发现投资者的乐观情绪和公司的资本需求是特定时期IPO数量的主要决定因素，而发行股票的逆向选择成本并不能显著影响IPO数量。

我国目前对于IPO热销市场的研究论文主要有三篇，研究集中于新股发行的周期划分以及周期形成原因的探讨。邵新建等（2010）使用1993—2008年数据证实我国IPO市场存在显著的周期性。在政府对企业发行上市具有控制能力的背景下，通过分析政府在过度乐观的投资者情绪约束条件下的优化行为来解释周期形成机制。由于政府兼具“运动员”和“裁判员”双重身份，它实际对新股上市初期的价格负有隐性担保责任，为了维护声誉，面对过度乐观的市场情绪，政府倾向于按其认定的价值核准新股定价，发行价格并不能充分反映基于情绪的市场需求，但这种需求将立即反映在上市初期的交易价格中，这意味着IPO上市初期收益率的波动主要反映的是市场情绪的周期性波动；但情绪对市场指数形成冲击，在市场缺乏自我平衡能力的条件下，政府又将IPO数量作为调控市场指数、平衡情绪冲击的工具之一，结果形成了IPO数量的周期性波动。王新宇（2012）对IPO冷热周期内的时变波动特征首次建立区制转换GARCH模型加以有效描述，以及用计数数据分位数回归模型研究发行数量和发行到上市持续期的关系。通过对1994年1月至2010年8月间我国A股IPO市场新股的实证研究得到若干结论：上市首日收益率和发行到上市的持续期是发行数量的诱因；发行到上市的持续期的降低对发行数量的增加有积极的促进作用；除了发行数量在淡季状态波动持续性较强外，其他变量在淡旺季的波动持续性均较弱；旺季时（调整后的）上市首日收益率、发行数量的波动方差比淡季时大，而发行到上市的持续期则相反；我国A股IPO发行市场的淡旺季周期的形成主要受到IPO发行政策、宏观经济环境、投资者情绪的影响控制。胡志强、王一竹（2013）将传统的IPO周期市场“热销”和“冷发”两种状态拓展为“热销”“冷发”和“过渡”三种状态，并结合稳健性考虑我国IPO市场实际对测度IPO周期的变量进行了改进，构造了一套新的包含IPO数量、抑价、市场条件、政府调控四类代理变量的指标体系，然后将变量分别应用三区制Markov区制转换模型进行回归并通过滤波迭代法得到滤波概率和平滑概率，继而得出每组变量对应的 IPO 周期，最后通过综合对比获得了我国 A 股市场 1994 年 1 月至 2012 年 6 月的 IPO 周期划分结果。结果显示，我国 IPO 发行周期波动存在“热销”“冷发”和“过渡”三种状态，并刻画了 IPO 周期与 IPO 数量、抑价、市场条件、政府调控之间的关系，研究丰富了 IPO 周期理论，并有助于 IPO 发行的有效决策。

五、新股长期收益表现不佳

（一）新股长期弱势的表现

IPO 长期表现不佳是指以上市初期的交易价格（如上市首日的收盘价）为起点，IPO 股票在上市后 1—3 年内的长期收益率通常低于基准投资组合（如市场指数或可比的已上市公司）的收益率。

Stoll 和 Curley（1970）较早对 IPO 长期绩效进行相关研究，他们以 205 只股票为研究对象，发现这些股票在短期内存在超额收益，但是长期表现却较弱，即存在长期弱绩效现象。Ibboston（1975）以 1960—1969 年间的 120 只新股为样本，研究发现，新股的长期回报率呈“U”形结构，即上市首年收益为正，但在随后的两年逐渐下降并达到市场回报率水平以下。从第四年开始，收益率开始提高。在第五年，回归市场平均收益率。Aggarwal 等（1990）以美国股市 1977—1987 年间的 1 598 只新股为研究对象，发现新股一年后的表现比整体市场平均水平要差。Ritter（1991）以美国资本市场 1 526 个 IPO 为样本研究了其三年期的表现，他采用了不同的计算方法和参照基准，结果发现 IPO 的三年期表现要弱于市场投资组合以及行业和规模配比的老上市公司，IPO 三年期的投资回报为 34.74%，而由可比公司所组成的投资组合的同期回报率为 61.86%；IPO 的长期回报率比市场指数低 29.1%。其他学者以美国 IPO 作为样本同样发现了长期表现不佳的现象。在英国，Levis（1993）以 1980—1988 年间的 712 个 IPO 样本，以三种市场指数为基准验证了在英国市场上的 IPO 长期表现欠佳现象，结果发现依所采用的市场参照基准不同，IPO 长期表现欠佳程度在 8.1%～30.6%之间。以其他国家和地区的 IPO 作为样本，也得到了类似的结果，如 Ljungqvist（1996）发现德国的 IPO 在上市交易三年后，其回报低于市场 12.1 个百分点。Aggarwal、Leal 和 Hemanadez（1993）指出在巴西和智利，IPO 三年期市场调整回报率分别为－47%和－23.7%。Fin 和 Higham（1988）对奥地利市场上 1966—1978 年间的 93 个 IPO 样本的研究也发现，在上市交易首月末购得新股并持有三年后的回报率比市场回报低 6.5%。

区别于英美等成熟市场，由于经济制度、市场环境、股权结构以及投资者结构等不同，我国股票市场长期弱绩效的程度以及影响因素与英美等成熟市场相比，存在一定差别。陈工孟和高宁（2000）研究发现，A股二年的持股收益为2.53%，优于同期市场证券组合的收益，三年的持股收益为−11.63%，劣于同期市场证券组合的收益。研究认为，该现象与信息不对称程度及初始期收益负相关，与利润增长率和是否扩股正相关。王美金和张松（2000）以1996—1997年间的110只股票为研究对象，对其长期走势进行实证研究，发现IPO上市后的一段时间（10～120天）持有回报率低于市场平均回报率，随着时间的推进，新股的价格绩效不断增强。同时发现，对新股收益率影响最大的是股票的市值，股票两年内市场走势的影响因素为初始收益率及流通股数。刘力和李文德（2001）以我国1992—1996年间的398家IPO公司为研究对象，发现新股上市初期为弱势，但从第15个月开始表现出强势，该趋势一直持续到三年期期末。王艳和袁云峰（2006）以1999—2001年的189只股票为研究对象，衡量新股三年后的市场表现，发现新股的长期表现弱于市场整体水平。

（二）新股长期表现不佳的理论分析

IPO长期表现不佳的存在对有效市场假说提出了挑战。如果预期IPO长期收益率弱于基准投资组合，投资者就不会在IPO上市初期买入新股，这显然与IPO初始收益率形成了矛盾。那么应该如何解释IPO长期绩效不佳的异象呢？总体来看，对IPO长期表现不佳的解释可以分为基于投资者行为的解释和基于发行人或承销商行为的解释。

1. 异质信念假说

Miller（1977）在其经典研究中抛弃了金融市场理论中采用的投资者同质预期假设，认为投资者对上市公司的实际价值具有多样化的预期，那些估价较高的乐观投资者将会成为买者，由于存在卖空限制，那些预期相对悲观的投资者无法通过卖空来表达其悲观预期，因此对于那些规模较小的上市公司而言，这些过度乐观的投资者完全有可能买下公司的大部分股票，此时股价将仅仅反映相对乐观者的信念，这将导致IPO上市当天股价大幅上升。但随着时间的推移，越来越多的有关上市公司的信息不断地被披露，那些过度乐观的投资者将逐渐趋于理性，投资者对IPO股票未来表现的看法将趋于一致，这使得上市公司的股价逐步回落到其真实价值水平，即相对于上市初期的高价格，长期内股价将相对下降，从而出现IPO股票长期表现不佳的异常现象。

2. 狂热投资者假说

Aggarwal和Rivoli（1990）、Shiller（1990）的研究是该假说中最具代表性的文献，他们认为，在IPO上市初期，市场中常常存在着“狂热的投资者”，这些投资者具有过度自信等心理偏差，结果导致IPO初始价格过高，当他们的狂热情绪逐渐衰减，IPO股票价格将回落到真实价值上，从而出现所谓的IPO长期表现不佳异象。

3. 基于承销商价格支持假说

承销商价格支持，一般是指承销商为防止IPO新股在上市初期的交易价格跌破发行价格，采取各种措施稳定股价的行为。承销商的价格支持在本质上应属于股价操纵行为，但美国证券交易委员会（SEC）却认为，IPO股票刚上市就大幅下跌并不利于股权的分散化；禁止承销商采取价格稳定措施可能会影响承销商包销股票的积极性，因此允许承销商在IPO股票上市初期采取价格稳定措施。但同时SEC也规定了严格的信息披露制度，要求有意进行价格支持的承销商在招股说明书中披露这一意向，当真正开始价格稳定时，主承销商还要向SEC通报。SEC同时要求支持的价格不准超过发行价，托市的时间不能超过一定天数，否则都将被视为违背反市场操纵条例（Hanley，Kumer and Seguin，1993）。Ruud（1993）最早提出IPO的高初始收益率可能来源于承销商的价格支持，他主要是根据IPO股票上市后四周内收益率的分布正偏态来检验价格支持的存在。继Ruud（1993）之后，其他的学者又相继提供了一些承销商托市的证据，如Hanley、Kumer和Seguin（1993），Schultz和zaman（1994），Ellis、Michaely和O’Hara（2000），Cotter和Chen（2002）等也发现了承销商价格支持的证据。承销商价格支持现象之所以会存在，很可能是市场中普遍存在的由承销商进行的价格支持的结果，这种价格支持起到了一种人为维持较高股票价格的作用，而在股票上市一段时间承销商取消价格支持之后，股票的价格将逐步回落到合理的范围内。

我国学者对于新股长期表现方面的研究大部分集中于对某个时间段的IPO的表现的实证检验上，部分研究还进一步讨论了IPO长期收益率在截面上差异的决定因素，但并没有提出关于IPO长期表现强势或弱势的严格理论假说。IPO长期收益率的测度结果主要受到测度方法、IPO新股组合的加权方法以及基准投资组合的选择的影响，我国IPO长期收益测度最常见的方法是累计异常收益率法（CAR）和买入并持有方法（BHAR），除此之外，部分研究还使用了Fama-French三因子模型或CAPM模型，虽然三因子模型和CAPM模型是否适用于我国股票的定价还尚未得到严格的证实。但是，不管使用什么样的具体计算方法，绝大部分研究得出的结论是：我国IPO在长期内的表现要超越基准投资组合，至少并不显著弱于基准投资组合，如刘力、李文德（2001）对1992—1996年上市的398个IPO的研究，白仲光、张维（2003）对1998—2000年上市的341个IPO的研究，都明确判断中国IPO长期表现是超越基准投资组合的，虽然王美今、张松（2000），丁良松（2003）和廖理、张伟强

(2004) 认为，新股在上市后的短期内（如上市后半年内）存在表现不佳的现象，但长期内的表现还是强势的。

但 Kalok Chan、Junbo Wang、K. C. JohnWei（2004）研究了我国早期上市（1993—1998 年）的 570 个 IPO 的长期收益，结果发现，A 股 IPO 的长期回报略低于基准回报，财富对比系数为 0.90～0.98。李蕴伟、宋军、吴冲锋（2002）认为，刘力、李文德（2001）研究选择的是等权平均的 IPO 投资组合加权方法，而他们选择使用了流通市值加权法计算了我国 1994—1997 年上市的 542 个 IPO 的长期收益，结果发现了长期业绩不佳的证据。但是我国 IPO 新股长期强势观点最强有力的证据还是来自杨丹、林茂（2006）的研究，他们综合使用了包括四种测度方法，并且在 IPO 加权方法和基准投资组合的选择上都力求最大限度的多样化，结果发现 1995—2000 年上市的 IPO 新股总体上还是表现出了长期强势的特征，但是同时他们也承认，长期收益率对基准投资组合和加权方法的选择非常敏感。

上述研究在样本选择方面都局限于 2000 年 12 月之前上市的 IPO，其中绝大多数还处于定价管制阶段，而江洪波（2007）将样本从 1994 年扩展至了 2001 年 8 月，更重要的是他将样本进一步细分为价格管制阶段的 IPO（1999 年 7 月之前）和市场化定价阶段的 IPO，结果发现市场化定价阶段的 IPO 长期表现弱于市场指数，价格管制阶段的 IPO 长期异常表现缺乏显著性和稳健性，整体上并没有显著的“跑赢市场”或“跑输市场”。在我国 IPO 长期收益研究领域，部分研究除了对长期收益进行测度外，还对长期收益截面差异的影响因素进行了分析，一般采用截面回归的方法。总结这些研究结果可以看到，长期收益一般与 IPO 首日回报呈现负相关关系，如丁良松（2003），白仲光、张维（2003），王美今、张松（2000），与 IPO 规模变量呈现负相关关系，而 IPO 规模的代理变量包括市值（丁良松，2003）、发行股数（廖理、张伟强，2004；李蕴玮、宋军、吴冲锋，2002）、流通股数量（王美今、张松，2000）。但刘力、李文德（2001）的研究结果与此不同，他们使用 1992—1996 年上市的 IPO 作为样本，发现长期收益与首日回报和规模变量（筹集资金量）没有显著的统计关系。除此之外，丁松良（2003）认为，首日振幅可以作为异质信念（差异性预期）的代理变量。他发现，长期回报与首日振幅呈现负相关关系，这支持新股长期表现不佳理论中异质信念假说，但正如前文提到的，其研究结果认为，新股长期表现强于基准组合，总体上并不存在长期表现不佳现象，而这显然与异质信念假说相悖。廖理、张伟强（2004）认为，首日换手率和市净率可以作为投资者过度乐观的代理变量，并发现长期回报与这些指标呈现负相关关系，并由此认为投资者过度乐观假说获得支持。同样，他们事实上也判断新股长期强势而非表现不佳。

六、发行公司“业绩变脸”

目前，我国还没有针对投资者情绪与“业绩变脸”关系的研究，本书拟将盈余管理作为中介变量研究投资者情绪对“业绩变脸”的影响，因此本节分为我国新股发行公司“业绩变脸”统计证据、投资者情绪对盈余管理影响综述以及盈余管理对“业绩变脸”影响研究综述三部分。

（一）“业绩变脸”统计证据

在我国A股证券市场上，大量首次公开发行的公司股票在上市后短时期内净利润就发生大幅下降，这一现象被业界称为IPO“业绩变脸”。

近年，我国新股公司上市后即出现经营业绩大幅度下滑的“业绩变脸”现象屡见不鲜。2010年上市的347只新股中，有81只新股上市之后的首份财务报告宣布业绩开始下滑，“业绩变脸”比例为23.34%。2011年上市的282只新股中，有75只新股上市后首份财务报告宣布业绩下滑，“业绩变脸”比例为26.60%。2012年上市的128只新股中，有56家公司前三季度业绩下滑，占比高达43.75%。前述超募资金最多的华锐风电，上市前一年净利润为28.55亿元，上市当年即下降到5.98亿元，上市后一年更出现亏损，净利润跌至−5.82亿元。对于2006—2010年招股的619家中小板和创业板的新股统计发现，有108家公司在上市当年净利润即出现负增长。尤其是创业板公司，近两年来虽然指数涨幅很大，但是概念炒作甚剧，高估值和低业绩现象并存。据媒体报道，在2013年创业板有168只个股票净利润增速为负，到2014年第三季度，其业绩增速依然不容乐观，营业外收入占净利比重为14%，高于中小板。

IPO公司本身内在的不确定性，决定了在上市后公司业绩难免出现波动。但是，大量IPO公司在上市当年或者次年即出现业绩大幅下滑，使投资者不能不怀疑，这些公司为了能够成功上市或者为了获得更高的发行价格，在上市之前进行了业绩粉饰，以欺骗投资者。IPO“业绩变脸”，造成了极其恶劣的影响，不仅损害投资者的投资信心，也使有限的金融资源错配，不能充分发挥稀缺资金的价值。

（二）投资者情绪与盈余管理

国外方面，目前有两篇文献检验了投资者情绪对公司盈余管理行为的影响。Ali和Gurun（2009）以1963—2004年间美国上市公司为样本，实证检验了投资者情绪对公司盈余管理行为的影响。该文首先检验了投资者情绪对会计应计定价的影响。结果显示，会计应计与股票未来回报之间的负相关关系在投资者情绪高涨期相对于投资者低迷期更强。这表明会计应计的错误定价在投资者情绪高涨期高于低迷期。进一步的研究显示，上市公司在投资者情绪高涨期报告的会计应计显著高于投资者情绪低迷期，这表明管理者在投资者情绪高涨期利用了投资者对会计应计的过高估值。Simpson（2013）以 Michigan 消费者情绪指数作为投资者情绪的替代变量，以美国上市公司为研究对象，实证检验了投资者情绪对公司盈余管理的影响。Simpson 从经验上证明了公司的操纵性应计与投资者情绪正相关。他认为，在投资者情绪高涨期，管理者通过调增操纵性应计提高盈余以迎合投资者对公司未来业绩的乐观预期，在投资者情绪低迷期，管理者往往保守地报告盈余（不调增会计应计或调减会计应计）以减轻悲观投资者更高的监督所导致的披露成本。

国内方面的相关研究数量也屈指可数，其中潘妙丽和蒋义宏（2011）研究了投资者情绪对公司盈余管理行为的影响。该文以我国沪市 2004—2007 年间的上市公司为研究样本，根据上证综指在样本期间的涨跌情况，将 2004 和 2005 年划分为熊市期，将 2006 和 2007 年划分为牛市期，并据此将全部样本划分为熊市悲观组和牛市乐观组。该文的描述性统计结果显示，上市公司的盈余波动周期与投资者情绪波动周期同步，而与宏观经济周期的波动却不相符。因此，该文作者提出了管理者以迎合投资者情绪为目标进行盈余管理的理论假设。实证研究结果表明，上市公司管理者会操纵应计项目及刻意安排应计项目在熊市与牛市之间回转，使得熊市悲观周期会计盈余被低估而牛市乐观周期会计盈余被高估，以迎合投资者在牛市过度乐观而熊市过度悲观的情绪和盈余预期。鹿坪（2015）依据行为财务的分析框架，以沪深两市上市公司为研究对象，通过构建中国股市投资者情绪的综合指数，试图对下列问题作出回答：投资者情绪对中国股市的盈余公告市场反应的影响是否显著？公司管理者是否策略性地根据市场投资者情绪选择盈余管理的时机？操纵盈余的管理者在不同的市场情绪期中是否策略性地选择盈余披露的时间？研究结果显示，投资者情绪对盈余公告的市场反应具有显著影响，利好盈余消息的盈余反应系数在投资者情绪高涨期更高，利空盈余消息的盈余反应系数在投资者情绪低迷期更低。公司盈余的操纵性应计成分与盈余反应系数正相关；对于公布利好盈余消息的公司，投资者情绪越高涨，二者之间的正相关关系越强；对于公布利空盈余消息的公司，投资者情绪越低迷，二者之间的正相关关系越强。对比小规模公司组与大规模公司组、上市时间短组与上市时间长组、有形资产率低组与有形资产率高组、市盈率高组与市盈率低组，公司盈余的操纵性应计成分与盈余反应系数之间的正相关关系相对于前者更强。随着盈余反应系数的不断上升，管理者提早报告利好盈余消息、推迟报告利空盈余消息的时间选择行为会得到增强。

在投资者情绪对公司盈余管理行为的影响中，至少有一部分作用是由管理者乐观的中介效应导致的。

（三）盈余管理与新股异象

基于盈余管理动因理论的视角，对 IPO 盈余管理与市场异象之间关系的研究，学界一直存在两种不同的观点：机会主义盈余管理观和盈余管理信号观。机会主义盈余管理观从利己的机会主义目的角度出发，认为盈余管理行为会更多地带来负面的经济后果。盈余管理信号观则更多地从积极的一面看待盈余管理行为，认为盈余管理行为向投资者传递有价值的信号。

机会主义盈余管理观认为，IPO 企业管理者为实现短期利益最大化的机会主义目的，可能通过实施盈余管理行为对企业的财务报告信息进行粉饰和包装。这一行为误导了资本市场对公司价值的判断，降低了市场资源配置的效率。随着公司信息的逐步披露，盈余管理行为长期内无法保持，因此在 IPO 后公司业绩出现长期低迷。机会主义盈余管理观得到了许多国内外研究结果的支持，这种观点占主导地位。

国外的研究中，Teoh、Wong 和 Rao（1998）的观点最具代表性。他们以美国 1980—1990 年间的 1 682 个 IPO 公司为样本，发现新股发行当年存在显著大于零的可操纵应计利润和正盈余，而在 IPO 后长期盈余较差，可操纵应计利润也转为负值。同时，他们采用多元回归发现，IPO 当年的可操纵应计能够部分解释 IPO 后经营绩效和股票收益的变化。研究结果反映了企业为提高发行价采取了临时推高利润的激进的会计政策，并由此导致了投资者过度乐观和企业长期业绩不佳。Xie（2001）的研究进一步证实了企业在 IPO 前的盈余管理与 IPO 后的经营业绩呈现负相关关系，较高的 IPO 前应计利润将伴随着 IPO 后经营业绩的下滑，为 IPO 盈余管理机会主义观点提供了实证证据。Ducharme 等（2004）对美国 IPO 公司研究后发现，随着发行前后可操纵应计利润的上升，涉及新股发行的股东集体诉讼和索赔事件的发生频率也上升。Dechow（1996）研究发现，上市公司因为盈余管理行为而被监管部门处罚的事件一旦公布，公司股价往往出现大幅度下降，说明盈余管理行为带来了负面的市场反应。除美国资本市场外，Roosenboom 等（2003）、Iqbal 等（2009）和 Amad Zaluki 等（2001）分别对荷兰、英国和马来西亚资本市场的 IPO 公司进行了研究，同样发现了 IPO 前盈余管理行为是发行后长期绩效低迷的原因，进一步证明了 IPO 企业盈余管理的机会主义观点。

国内资本市场上，企业的盈余指标是达到上市资格和进行发行定价的最主要依据，加之监管和约束机制的欠缺，国内 IPO 公司进行盈余管理的动机更加强烈，财务操纵和利润包装的现象更加严重，机会主义的盈余管理观成为压倒性的观点。Aharony、Lee 和 Wong（2000）最早检验了 IPO 企业的盈余管理行为，他们对 1992—1995 年间发行 B 股和 H 股的 83 家国有企业进行了研究，发现中国首次公开发行企业，特别是非保护性行业的企业存在显著的财务包装行为。林舒和魏明海（2000）借鉴 Aharony 等（2000）的方法研究了 1992—1995 年间 A 股 IPO 上市公司的财务包装行为，认为在 IPO 前通过盈余管理手段对报告收益进行“美化”的行为，是导致 IPO 后报告收益大幅下降的主要原因。陈祥有（2010）采用 2001—2005 年间 A 股 247 家 IPO 样本为研究对象，同样证明了 IPO 前正向盈余管理将会导致 IPO 后经营业绩下滑。在股票市场长期受益方面，Kao、Wu 和 Yang（2009）基于 A 股市场 1996—1999 年间 IPO 公司的数据，发现了 IPO 前盈余水平越高市场长期绩效越差的证据。此外，陈共荣、李琳（2006）和陈祥有（2009）还对 IPO 前盈余管理与 IPO 首日抑价水平的相关关系进行了实证检验，发现 IPO 前盈余管理程度越高，IPO 抑价越高。这一结论表明，IPO 公司通过盈余管理行为误导了二级市场投资者，导致首日收益过高，因此降低了 IPO 发行的资源配置效率。

与机会主义盈余管理观不同，部分研究结果发现，IPO 企业的盈余管理行为并非都是机会主义的。Ball 和 Shivakumar（2008）采用 1992—1999 年英国资本市场的 IPO 数据，发现在公开信息披露中，企业并未夸大盈余，而是倾向于采用更加保守的会计政策：报告较低的总资产额和净资产额，对无形资产价值的确认更加谨慎。他们认为，企业首次公开发行后由私人公司成为公众公司，使得其信息披露质量要求更加严格。监管机构、审计师、分析师、投资银行以及媒体等都会对其财务信息进行层层监督。同时，企业的盈余管理行为也可能带来更大的诉讼风险，这些都成为盈余操纵的约束力量。这一观点与普遍的机会主义观是相反的。

机会主义盈余观也不能完全解释盈余管理的持续存在性。信息不对称理论的观点认为，信息的“沟通障碍”是无法消除盈余管理的重要原因。与其他契约相关者相比，企业管理者拥有更充分和具有时效性的企业信息。正因为存在这种信息的不对称，部分学者提出了盈余管理的信号观（Fan，2007），认为盈余管理行为并非都是机会主义的，拥有相对信息优势的企业管理者可以通过使用会计制度的灵活性，选用恰当的会计政策向外界利益相关者传递企业的有价值的信息，从而将其“优质”业绩的企业特征与较差业绩的企业特征区分开来，以此缓解“沟通障碍”，并使得各种资源得到更合理的配置。与机会主义盈余观相比，信号观强调适度的盈余管理是有益的，可以提高会计信息含量。但是与机会主义盈余管理观得到广泛的实证结果支持不同，基于信号观进行的实证研究还非常少。Subramanyam（1996）发现，可操纵性应计利润与股票价格、未来的盈余和现金流量正相关，因此企业管理者可以调整操纵性应计去改善会计信息含量，市场也可能对这种行为产生积极的反应。张国清、夏立军（2006）研究认为，我国会计盈余的操纵性部分被市场进行了定价，传递了企业内部信息，增强了预测未来盈余的能力，提高了会计盈余的价值相关性，管理者对盈余采取的平滑行为，使会计盈余更好地反映了企业的真实价值。张征（2014）的实证研究结果发现，新股发行前的盈余管理对 IPO 后经营业绩的下滑有显著的负影响，尤其是对当年经营业绩变化影响更显著，但长期来看影响会减弱。

第三节　小　　结

从上述文献回顾，我们发现西方学者在投资者情绪领域研究起步较早，无论是理论研究还是实证研究成果都比较丰富，采用的模型和计量方法也相对丰富和完善。我国资本市场发展时间不长，国内投资者情绪的研究更多的是采用我国资本市场的数据对国外的理论或方法进行验证，在研究的各个方面都存在一定的欠缺。

在研究的全面性上，国内学者目前对投资者情绪的研究多是集中于某一个方面问题的验证和分析，对投资者情绪的度量、与各种新股发行市场异象之间的关系及其深入的影响机理缺乏综合考虑和全面系统的分析。

在研究的时效性上，以往国内学者的研究大多基于 2006 年询价制改革以前我国资本市场的数据样本，然而近年我国资本市场处于一个快速发展、不断变革的时期，新股发行制度、公司治理和投资者法律保护等方面的措施不断推陈出新，这些制度和措施的实施效果如何，对投资者情绪以及对新股发行带来怎样的影响，都有待进行及时的评估和总结。

在研究方法上，目前对于投资者情绪的度量方法较集中于单一的一种方法，尤其是主成分分析法应用较多，在针对投资者情绪对其他因素的影响方面多采用回归分析法，缺乏创新性，需要提出针对性的研究方法。

第三章　投资者情绪对新股价格影响分析及投资者情绪指数构建

第一节　引　　言

要研究投资者情绪对新股发行市场异象的影响，必须要分析理清投资者情绪对股票价格的影响机理。本书研究主要凭借以下思路进行：首先，在分析我国股票市场发行制度的基础上，将政府窗口指导作为一个外生变量，挖掘市场异象产生的根源——投资者情绪对二级市场股票尤其是对新上市股票的影响作用。其次，投资者情绪关键在于能够利用可靠的数据来描述投资者情绪的变化趋势，最终让实证研究其与股票价格的关系成为可能，因此对投资者情绪的准确度量是开展后续实证研究工作的关键，本章将对投资者情绪代理变量衡量指标进行全面的总结。再次，提出本书选取情绪代理指标的标准，随后采取主成分分析和扩展卡尔曼滤波方法进行综合情绪指数的构建。最后，对本章研究进行小结。

第二节　投资者情绪对股价的影响作用分析

一、投资者情绪驱动股价的理论分析

我国证券市场自 1992 年建立发展至今，新股发行制度几经变迁。2001 年之前，我国在股票的发行审核和配售等方面采取的都是严格的行政审批制度。2001—2004 年，我国采取了新股发行“通道制”，放松了对公开发行股票数量的限制，但是仍通过控制发行公司的发股通道数量来对公开发行新股的公司数目进行管制。为了解决新股的一系列市场异象，我国自 2004 年起正式施行新股发行“保荐制”，即由保荐机构和保荐人推荐上市企业，使得上市公司的质量得到明显改善，并且中国证券监督管理委员会于 2004 年 12 月公布了《关于首次公开发行股票试行询价制度若干问题的通知》，初步申明了以询价制度制定发行价格的政策。2009 年后，新股发行的市场化改革得到进一步深化。

改革开放后，我国基本经济制度从原来的计划经济转向市场经济。但是从

对我国新股发行制度的回顾可以发现，在证券市场上仍然有对股票价格进行人为干预的计划经济的痕迹，这显然是一种矛盾。刘煜辉和熊鹏（2005）、郑志丹（2012）等学者的研究认为，政府对价格的管制导致股票发行抑制，才会产生首日发行抑价的异象，但是随后一些学者，如陈训波（2013）等实证验证，我国 IPO 定价效率不高的原因并不应完全归结于一级市场低价发行。本书认为，投资者情绪是政府发行所面临的外生约束变量，其对二级市场股票尤其是新上市时期股价有重要驱动影响，具体原因分析如下。

（1）我国股票市场上存在着大量的散户，这些个人投资者在市场上扮演非常重要的角色，学者们普遍认为其具有各种非理性的情绪。其中，最为学界和政府监管层关注的是“羊群行为”，即一种从众动作，投资者在进行投资决策时会像动物一样表现出模仿倾向，愿意遵从其他投资者的决定，或者是在投资的时候失去自己的判断，盲目听从舆论，忽略了自己手中有用的信息，最终导致投资者所做的决定趋向于一致。这类行为会逐渐牵涉到其他投资主体的决策，因此对于市场有较强的影响。另外，个体投资者的过度自信、过度反应或反应不足、后悔厌恶、损失厌恶、禀赋效应和心理账户等心理偏差都是市场情绪产生的微观基础，进而影响我国二级市场的股价。

（2）从我国目前证券市场的发展和表现来看，股价跟宏观经济和行业公司的经营情况关系没有设想中的密切。还有一些研究认为，我国的股票市场状况并不能代表实体经济实际经营情况，股票价格与国民生产总值、投资指标、通货膨胀率等宏观经济指标的相关性较弱。同时，股价不能充分反映发行公司的实际业绩，公司的股价常高于根据会计统计的方法计算出来的股票所包含的资产净值。理论上，股票的价值在数值上应该等于预期未来现金流贴现之和，但是通常来看，宏观经济和公司是否正常盈利也会造成股票价格发生变化，即这两个因素是股价的主要影响因素。如果股价不能对这些因素做出完全合乎规律的反应，这可能代表了消费者在投资的时候心理发生了变化，也就是说消费者情绪对股票价格有影响。通过上述分析我们发现，投资者情绪同样也是决定股票价格的重要因素。

（3）我国的股票市场存在卖空交易制度的限制。所谓卖空，是一种杠杆交易，指投资者先买进股票并出售，并在承诺的时间内向经纪归还股票和股息。本书通过一个模型来分析卖空和市场情绪对股价的影响。

假设市场中只存在一种证券，并且投资者对该证券只能持有一个数量，如图 3-1 所示，当存在卖空限制且投资者不存在意见分歧的时候，无论市场有多少数量的证券，股价都是 P_0，即证券的需求曲线为一条水平直线。当存在卖空限制并且投资者存在意见分歧时，股票价格就会随证券数目产生波动。此时假设需求曲线是实线 B，当流通证券数量为 N_0时，持有乐观情绪的投资者会高价购买，但持有悲观情绪的投资者最多只会将其持有的证券卖掉，所以当期价格不能反映持有悲观情绪的投资者的未来期待，证券价格将会被抬高，即价格在 P_2处达到均衡。进一步，当投资者情绪分歧加大，需求曲线会成为虚线 A，价格在 P_3处达到均衡，高于原价格 P_2；当情绪分歧缩小，曲线成为虚线 C，价格在 P_1处达到均衡，仍高于价格 P_0。但如果取消了卖空限制，上述持有悲观态度的投资者可以通过卖空交易使自身获得利益最大化，此时需求曲线不变，均衡价格会由 N_0调整为理论价格 N。从该模型可以看出，市场中存在的卖空限制会使证券价格只反映乐观投资者情绪，理性情绪发挥不了调控价格的作用，使得股票价格在上市后被推高，背离了其内在的价值。

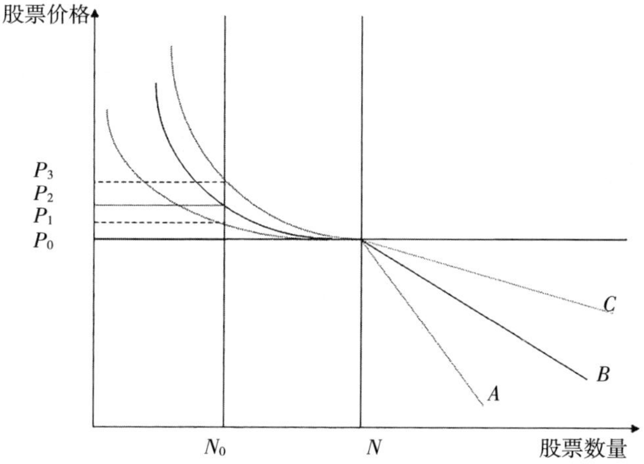

图 3-1　基于卖空限制的股价均衡模型

综上所述，从理论分析角度可以充分认为，我国二级市场股价在很大限度上由市场情绪所驱动。

二、投资者情绪对新股上市初期价格的影响

我国股票投资者对“打新股”是相当热衷的，“打新股”是指网上个人投资者和线下机构投资者用资金参与新股申购，如果中签，就可以买到即将上市的股票。这是由于发行方期望通过低价发行股票的方式来吸引较多的投资者申购新股，形成对该只股票的大量需求，而根据证监会规定投资者在购买时须根据中签率进行比例配售，这样就会避免股票被集中持有，达到有效分散股权的目的。

目前，我国股市仍然不够市场化，存在信息不透明不对称的问题，因此投

资者尤其是中小投资者在进行投资决策时会由于信息局限性，不是根据对股票内在价值的判断进行投资，而是较为容易受到投机心态影响，选择发行价格较低的证券，而“羊群行为”又使得更多的投资者相互追随购买更多的新股，这种对新股的狂热需求就使得其交易价格偏离了正常价值。根据对上海证券交易所的统计，参与新股投资的一般是投资金额在10万元以下的散户投资者，比例达到87.34%。根据前文分析，相对于机构投资者所谓“聪明的钱”（smart money），个人投资者较为非理性，则IPO股票由于其特性容易受到情绪影响。

第三节　投资者情绪指数的构建

在进行下面实证研究之前，必须要考虑的一个重要问题就是如何用数据来描绘投资者情绪，这也是后面研究的基础。投资者情绪是一个跟投资者本人心理相关的变量，学术界认为其客观存在但是又难以度量。投资者情绪形成期间会受到很多因素的影响作用，不仅与投资者个人生理方面以及心理方面的独特改变和属性有关，而且与社会风气、宏观经济环境、文化环境等要素有关，当前有关投资者情绪的相关研究工作尚处在起步阶段，对很多问题的认识并没有实现相对的统一，因此学术界始终未能得出绝对权威的指标或方法来度量投资者情绪。经过查找分析文献信息，本书把投资者情绪相关的度量指标分为以下几种类型。

一是直接度量指标。通常是借助调研以及问卷等形式来考量投资者针对未来市场的预期表现，更为主观与直接。

二是间接度量指标。一般是以市场上能够获取的相关数据作为参考，得到投资者情绪相对间接和侧面的表征。

三是复合度量指标。由于上述两类指标在实现度量期间均会有相应的不足，因此近年部分学者试图借助多项指标综合得出复合指标作为度量依据。

本节也将基于以上三个角度对投资者情绪的度量展开研究。

一、常用投资者情绪指数构建方法

（一）直接指标（又称为显性指标）

有关投资者情绪的直接度量，大多是通过调研和问卷等形式来获取相关信息，据此来评估投资者对市场后续态度，并结合调查结果，可以将直接度量指标区分成以下两种类型。

一种是倾向于投资者对未来股市走势的预测，另一种是倾向于投资者对未来整体经济环境变化的预测。通过直接调查来获取投资者情绪的主观度量指标，其好处就是对投资者的心理特性能够更为直观地展现出来，不足就是直接度量指标更具综合性的效果，不能实现对投资决策作用于不同投资者的具体差别进行度量。本节将针对常用的直接度量指标进行梳理分析。

1. 个体投资者协会指数

个体投资者协会指数主要用于衡量个体投资者情绪。从 1987 年开始，美国个体投资者协会定期对其会员进行问卷调查（一周一次），以此来了解会员对未来半年股市走势的态度，并参照调研所得公布投资者情绪。

目前，有不少学者在度量投资者情绪时都选取了个体投资者协会指数作为代理指标，并取得了较好的研究成效。Fisher 和 Statman（2002）实施的研究工作中，先在美国个体投资者协会得到的调研数据中计算出持看涨态度的人员比例，据此来衡量投资者情绪。结果显示，个体投资者协会指数对标准普尔 500 未来收益率有反向预测的作用，当月投资者看涨比例每提高 1 个百分点，下个月标准普尔 500 收益率便会降低 0.1 个百分点。Brown 和 Cliff（2004）也用实证检验的方式证实了这一结论。

2. 投资者智能指数

投资者智能指数主要用于衡量机构投资者情绪。1964 年，美国 Chartcrafi 公司对 130 余家报刊的股评人员针对预期经济走势态度进行调研，并且以“周”为时间节点针对所得结果加以分类，区分为看涨、看跌以及看平三类情绪，由此得到投资者智能指数。可以看出，此项指数更多的是在专业投资者持有的预期经济走势态度上获得的。自 1965 年以后，在现有周数据的情况下又持续给出月数据，用以指导读者后续的投资工作。投资者智能指数提高到一定程度后，抛售股票便成为投资者的理想选择；反之，若投资者智能指数降低到一定程度后，购置股票则成为投资者的理想选择。究其原因，当投资者智能指数相对较高的情况下，表示市场内的投资者在情绪方面维持高涨状态，此时的企业估价相对较高，并且股票价格相应的也维持在高位，此时将股票售出能够让投资者获得大量利润；在投资者智能指数相对较低的情况下，表示市场内的投资者在情绪方面维持低迷状态，此时的企业估价相对偏低，并且股价也相应地维持在低位状态，购置股票则能让投资者获益。

不少研究者就投资者智能指数能够较好地反映投资者情绪给予充分肯定。Siegel（1992）通过研究发现，投资者智能指数是当前已知的各市场收益预测指标中效果较为明显的指标。Brown 和 Cliff（2004）采用实证分析方法验证了投资者智能指数对投资者情绪的衡量准确度，结果显示投资者智能指数对市场中的资产定价影响十分显著。由此构建资产定价模型获得投资者情绪和市场估价二者之间的相关关系，发现两者呈现正相关关系，而将来 1～3 年的收益情况和投资者情绪呈现负相关关系。

但是，不少学者对该指数能够表现出来的度量能力持怀疑态度。Solt 和 Statman（1988）在研究中指出，投资者智能指数在预测分析股价波动上的作用并不显著。Clarke 和 Statman（1998）实证检验了自 1964 年后的相关周数据信息后发现，4 周、26 周以及 52 周时间内该指数和标准普尔 500 指数与道琼斯工业指数并不存在相关关系。Fisher 和 Statman（2002）在研究中指出，投资者智能指数和标准普尔 500 收益率之间的统计关系并不显著。

3. "央视看盘"

作为由中央电视台《证券时间》与百家券商联合开展的栏目，"央视看盘"自 2001 年起将得到的调查信息作为依据，对外公布相关看盘信息，其中涉及数据信息多为专业证券企业或咨询机构通过对行情的预测得到的，并且将其态度相应区分为看涨、看跌以及看平，对应构建指标明确相关信息。在此期间，涉及数据区分为周数据以及日数据两大类型，前者是每周开盘前持有的预测态度，而后者是每日开盘前持有的预测态度。自 2004 年起，"央视看盘"又着手在原有数据的支持下新增了能够对个体投资者情绪加以反映的个人看盘指数。

很多学者通过实证研究发现，"央视看盘"指数具有一定的预测国内股票市场的功能。孙建军和王美今（2004）根据"央视看盘"提供的相关数据建立起 BSI 指数，并通过一系列实证研究证实了沪深两市收益与 BSI 指数之间存在显著的相关关系。结果显示，BSI 指数的波动会显著影响到沪深两市走势，同时还能以风险奖励形式来反向修正两市收益波动，进而得出投资者情绪会系统影响股票市场的结论，并且对沪深两大市场展开的对比研究中发现，二者后续呈现出来的风险收益与投资者行为之间存在显著的一致性。韩泽县和刘超（2006）通过对比机构投资者和个体投资者在接收了"央视看盘"指数后的情绪变化，得出和个体投资者情绪相关的指数难以起到准确预估未来收益的作用，但是和机构投资者情绪相关的指数却能准确预估未来收益。

然而，仍有一些学者并不认同"央视看盘"指数在预测投资者情绪上的作用。刘达锋和饶育蕾（2003）根据"央视看盘"提供的相关数据信息，并结合看涨投资者人数比例建立起了"央视看盘"BSI 指数，经实证研究得出 BSI 指数和上证 30 指数、上证综指所实现的收益情况在第一、二、四周均无显著相关性，同时他们还在研究中发现，投资者难以根据 BSI 指数有效预测出未来股市走向，因此得出"央视看盘"BSI 指数与股市未来收益率之间并不存在显著的相关关系。

4. 投资者信心指数

投资者信心指数主要用于表征投资者对未来市场行情的主观态度。如果市场投资者认为未来牛市的可能性较大，就会使得投资者对当前一段时期的投资充满信心，而无须为各类意外情况所扰。现阶段，与投资者信心相关的指数主要有以下三个：一是耶鲁-CCER 中国股市投资者信心指数。耶鲁-CCER 中国股市投资者信心指数是由中国经济研究中心与耶鲁大学金融中心联手构建的。二是巨潮投资者信心指数。该指标是深圳证券信息公司所制作推出的周数据指数产品，能够反映机构投资者和个人投资者对于未来投资前景是否看好的态度。三是上海投资者信心指数。上海投资者信心指数是 2007 年由上海财经大学为衡量上海地区投资者情绪波动构建得到的。四是消费者信心指数。消费者信心指数是国家统计局自 1997 年 12 月起每季度发布的经济数据，用来表示消费者对于当前经济形势的信心程度，股票市场状况普遍被认为与宏观经济状况呈现正向关联关系，因此该指数可以反映公众对股市是否看好。

本书着重介绍耶鲁-CCER 中国股市投资者信心指数，这一指数最早被著名经济学家罗伯特·希勒（Robert Shiller）基于行为金融学相关理论提出，并由色诺芬公司与耶鲁大学、中国经济研究中心等联合开展了针对我国投资者的问卷调查活动，从 2005 年起三大机构就在每月的第一周，针对个体以及机构投资者给出相应的问卷调查，并且依靠调查结果在当月 10 日编辑投资者情绪与资产价格相关研究报告，陆续在诸多网站以及媒体上公布。

该指数包含的具体指数体系主要有三个，即信心指数、熊市指数以及牛市指数。首先，信心指数就是对未来一段时期市场可能出现的波动性反应。当该值超过 50 的情况下，表示市场整体信心很足，未来一段时期市场可能平稳上升；当该值不足 50 的情况下，就表示市场整体信心缺乏，未来一段时期市场可能波动较强。其次，熊市指数就是投资者对后续市场走势秉持消极态度。再次，牛市指数就是投资者对后续市场走势秉持积极态度。其中，信心指数需要的样本容量相对偏大，能够覆盖的分析对象相对较广，由此也从根本上保障结果的适用性以及客观性，更为科学地衡量分析国内投资者情绪。学者们通过研究分析显示，该指数与中国股市走势呈现显著正相关关系，能够对未来股市有较强的预测功能。

除了以上几种常用的直接指标，还有其他几项情绪指数总结如下。

分析师情绪指数。由 Black 于 1973 年提出，认为分析师评级会对股票收益存在影响，即所谓的“推荐效应”。Mayers（1982）、Stickel（1985）、Elton（1986）、Fiher（2000）的研究都证实了该指标具有一定的情绪预测能力。

华尔街策略家指数。美国最大的投资银行美林公司自 1985 年每个月对华尔街的分析师们进行调查，根据策略家们的意见制定成指数来评估投资者情绪是否高涨。

看空指数。Michael 和 Statman（1988）将投资者情绪分为多头和空头两种，并得出了如下公式：多头情绪指标=看涨投资者数量/样本数；空头情绪指标=看跌投资者数量/样本数。Sander 等（1997）采用这些指标对美国的股票市场进行了研究，结论证明该指标具有一定说服力。

友好指数。Haddy 公司每周对美国各大杂志、证券公司等机构实施股票建议调查，评估投资者对股市的乐观程度，并由此制定“友好指数”。分数越低表示投资者信心程度越低，分数越高表示投资者信心程度越高，将这些分数汇总起来，加权成为分值，最终能够衡量消费者对投资是否有信心。

好淡指数。由《股市动态分析》杂志公布的机构投资者情绪数据，针对未来一段时间股市的看空意见进行调查得来。程昆和刘仁和（2005）、王朝晖和李心丹（2008）均利用该指数研究情绪与股票收益率的关系。

（二）间接指标（又称为隐性指标）

间接的情绪测量指标通常是通过搜集市场数据得到的，这些数据往往能够反映投资者情绪。其特点是不直接反映投资者对股票市场的情绪变化，而是通过能够体现情绪变化的变量来替代这些指标，国外学者对间接指标的研究总结如下。

1. 封闭式基金折价率

有效市场理论认为，资产价格是基于资产自身基本价值而内生出来的价格，资产价格的波动是资产基本价值变化的主要反映，所以封闭式基金价格要和单位净资产所对应的股票价格相符，但是在实践中往往封闭式基金多是折价发行，这显然与“资产价格即资产基本价值”的传统金融理论观点有所偏离。很多学者试图由变现成本、市场分割以及规模等视角实现相对理性的阐释，但是所能够取得的成效并不明显，迫使不少学者将关注的重心转向非理性理论，并由此对封闭式基金折价问题展开新一轮的阐释。

Wiesenberger（1946）最先指出封闭式基金折价很大限度上是对市场中各投资者表现出来的情绪进行了相应反应，通常在投资者出现消极情绪时，封闭式基金折价会更多；相反，若投资者情绪表现相对积极的时候，封闭式基金出现的折价将收窄。Zweig（1973）在分析中也明确提出，基金折价具有衡量投资者情绪的作用。Delong 等（1990）在研究中指出，封闭式基金投资者会出现情绪方面以及资产方面的风险，由此就需要基金依靠折价的形式来实现相关风险的补偿。基于此，封闭式基金折价与投资者情绪两者的关系十分密切。Lee 等（1990）结合投资者情绪的特征对封闭式基金折价问题进行了分析，他们认为，投资者情绪可以对大部分封闭式基金折价问题进行解释，封闭式基金折价的波动也可以看作投资者情绪波动的衡量依据。随后有很多学者通过一系列实证方法检验分析了各类企业及市场数据，证实了投资者情绪能够很好地对封闭式基金折价进行解释（Bodurtha et al.，1995）。Brown（1999）以及 Baker 和 Wurgler（2006）等学者在度量投资者情绪时也使用了封闭式基金折价。结果显示，封闭式基金折价能够很好地度量投资者情绪，在封闭式基金折价率相对较高的时候，表示投资者情绪此时处于相对高涨的状态；而封闭式基金折价率相对较低的时候，就表示投资者情绪此时处于相对低迷的状态。应该说，现阶段人们普遍接受了借助封闭式基金折价来对投资者情绪实施有效度量的观点。

许多国内学者在研究中指出，国内证券市场的非理性特征十分明显，因此可以将国内证券市场投资者视作是“噪声交易者”。张俊喜和张华（2002）引入定量分析方法展开了相关研究，结果显示，投资者情绪相关理论在解释基金折价问题时有显著作用，并和各种封闭式基金折价呈现的波动存在较强的正相关关系。黄少安和刘达（2005）指出，应用投资者情绪对封闭式基金折价问题进行阐释的工作中存在不足之处，但是不能否认的是，投资者情绪确实能够对封闭式基金折价造成重要影响。伍燕然和韩立岩（2007）对 Lee 等（1991）的度量方法进行了改进，依靠国内相关数据对基金价格波动问题进行解释。他们指出，封闭式基金价格波动问题可以通过投资者情绪进行解释，在国内金融市场的资产定价过程中，投资者情绪是重要的影响因素。也有学者坚持认为，封闭式基金折价不能很好地度量投资者情绪。Ammer（1990）在实证分析英国市场时发现，大部分英国基金均为机构投资者所持有，这与美国市场有很大区别，这一结论推翻了 Thaler 等人基于投资者情绪来对封闭式基金折价问题进行研究的假说，因为英国投资者情绪与封闭式基金折价之间并无显著的相关性。Chen 等（1993）在研究中指出，Thaler 等人提出的结论多由数据伪相关或共同因素影响得出，因此投资者情绪对封闭式基金折价的解释值得商榷。Elton 等（1998）引入回归方程定价因子相关检验对比分析了工业收入和基金折价间的波动联系，结果显示，工业收入的显著性次数要明显多于基金折价，而这也冲击到投资者情绪在实现基金折价问题阐释的有效性。

2. IPO 发行量与首日收益

当企业由私有制进一步向公有制发展的时候，就出现首次公开募股（IPO）。在没有 IPO 的时候，企业股权由数量确定的股东持有，但是在企业 IPO 之后，其股权则由数目不定的投资者持有。IPO 对于企业的影响极其重大，对于 IPO 后企业股价出现的发行溢价、首日收益等问题，很多学者认为光靠市场基本面无法对这些问题给出全面解释，同时还应充分考虑到投资者情绪因素。因此，他们主张 IPO 发行量与首日收益可以很好地反映投资者情绪。

Miller（1977）指出，若投资者与卖空限制之间出现分歧，则此时持乐观态度的投资者将会决定金融资产价格。Derrien（2005）以及 Ljungqvist 等（2006）在 Miller（1977）观点的基础上构建出与投资者情绪相关的模型，他们指出，乐观态度的投资者会对 IPO 价格以及收益带来重要影响，此时情绪化状态的投资者们会承担股票的部分溢价。Loughran 等在对 15 个国家 IPO 发行量的决定因素进行综合研究后，得出 IPO 发行量波动对股市水平的解释力要比未来 GNP 增长率的解释力强得多，此时投资者情绪导致的封闭式基金折价与 IPO 发行量之间存在显著的相关性。Lowry（2003）根据大量能够度量投资者情绪与基本经济面的变量，综合解释了 IPO 发行量，并指出近期的封闭式基金折价和远期的股市回报率这两个投资者情绪变量均和 IPO 发行量呈显著负相关，由此他对投资者情绪的相关研究假说持支持态度。Derrien 和 Kecsk（2009）深入研究了能够有效度量经济基本面的代表性行业（主要是石油行业），结果显示，IPO 发行量对于经济基本面的解释力度要远大于整体性经济研究和投资者情绪。Graham 和 Harver（2001）通过调研法分析了企业管理者在发行股票的过程中是否将公司被高估或低估的问题作为重要参考。在此过程中，67%的企业都明确将该问题视作重要参考。在股票价值相对较高的情况下，将会引发热销市场；在股票价值相对较低的情况下，将会引发冷销市场。少数学者认为，投资者情绪高涨是导致高价值现象的主要原因，并将 IPO 波动归结于管理者对于市场时机的选择能力。由此，很多学者认为，在衡量投资者情绪时可以引入 IPO 发行量。

结合国内的研究成果，有学者认为，IPO 发行量和首日收益能够对投资者情绪进行很好的衡量。韩立岩和伍燕然（2007）通过一系列研究得出国内市场收益和投资者情绪间存在双向反馈关系，同时投资者情绪可以对 IPO 抑价与溢价现象进行解释。王春峰等（2007）通过实证研究得出 IPO 发行价格及新股抑价均与投资者情绪显著相关，经过进一步分析发现，该相关关系呈现为显著正相关。邵新建等（2010）在分析我国 IPO 市场周期性相关问题时引入了政府控制力与投资者情绪因素，研究表明，IPO 初期的收益率波动驱动因素是投资者情绪，进而加上政府调控协同发力导致了 IPO 周期性波动。

但以 IPO 发行量来衡量投资者情绪时，仍有不少学者提出异议。Ruud（1993）指出，IPO 首日收益平均值为正，多因包销商将其左侧部分截去所致，进而实现对股票价格的有力支撑。Brennan 和 Franks（1997）将 IPO 发行抑价看作发行者在公司 IPO 之前持有股权的主要途径。Lowry 和 Shu（2002）在研究中指出，发行抑价现象是发行者为降低诉讼风险影响而选取的处理手段。

3. 股票交易量

通常投资者情绪高涨，股市交易量增多；投资者情绪低迷，则股市交易量减少。因此，股票交易量能够反映投资者对未来股票市场的参与意愿以及对投资者情绪的预期进行有效反映。究其原因，在市场整体处在投资者情绪相对高涨的情况下，表示该阶段投资者针对股票行情持有的是积极态度，即坚信购置股票能够得到收益，所以整体的交易量将被高涨的投资者情绪推向更高，但若整体投资者情绪低迷，则表示该阶段投资者针对股票行情持有的是消极态度，即坚信购置股票会损害其利益，所以整体的交易量将被低迷的情绪持续拉向低谷。

很多学者针对股票收益以及交易量两者的关系展开研究，发现交易量能够视作后续股票收益的反向信息预测，即在大额交易量出现后，通常就会表现出较低的股票收益率（Hiemstra and Jones，1994）。Scheinkman 和 Xiong（2003）构建了投资者过度自信与卖空限制相关性模型，并以此来深入剖析交易量异常、资产大幅度波动等问题。由此发现，交易量相对较大的时候，相应的投资者情绪就表现出更高的乐观程度，使得股价中蕴含着更多的泡沫成分。Baker 和 Stein（2004）也用构建相关模型的方式，对交易量与投资者情绪两者呈现的关系进行考察。Brown 和 Cliff（2004）也发现，在投资者情绪相关的衡量指标中，股票交易量是相对较好的选择。Yang 等（2017）探讨了公司股票投资收益和投资者情绪间的相关性，结果显示，对比相同种类公司，投资者情绪与股票收益之间显著正相关。投资者情绪对小公司、股价较低、高市净率、高度波动的股票以及散户大量交易的股票有更强的影响。Chen 等（2019）考察了投资者情绪对公司增发股票行为以及股票增发前后的公司股价影响。结果显示，投资者情绪对二次增发有显著影响，这种影响对小公司和初创公司更强。此外，与投资者情绪低迷时期相比，在投资者情绪高涨时，公司进行股票增发后，短期内股价下跌的幅度要小一些，而在发行后长期表现不佳的情况则更为严重。对于规模较小的、初创的、高市净率的公司来说，投资者情绪对股价表现的影响更大。

范从来和徐科军（2002）针对国内股票市场中的交易量以及企业能够获得的股票收益两者之间的关系展开实证研究，发现交易量能够很好地对股票收益率实现预测分析。华仁海和丁秀玲（2003）在研究中指出，上证指数与深圳成指的收益率与交易量存在显著的双向 Granger 因果关系。林虎和刘冲（2011）在对企业规模等指标加以控制的情况下，针对股票交易量以及收益率两者展开相关性分析，发现存在负相关影响，并指出股票交易量能够很好地反映市场的关注度以及分歧度，当关注度高且分歧度低的时候，就会出现更大的交易量。金秀和杨欣（2014）在分析股票高交易量回报溢酬相关问题时引入了投资者情绪因素，结果显示，股票交易量高时一般其在未来一个月中将会出现更高的股票收益率，由此就能够借助交易量对股票后续的收益情况进行预估。

4. 共同基金净赎回

不少学者指出，能够借助共同基金净赎回对投资者情绪进行反映。此处提及的共同基金净赎回即投资者买入共同基金和赎回共同基金之间的差额。在赎回量相对较小的情况下，就反映出投资者情绪高涨，对未来持有乐观态度，会倾向于长期持有基金；而在赎回量相对较大的情况下，就反映出投资者情绪低迷，对未来持有悲观态度，会倾向于抛出基金。Lee 等（1991）最先对共同基金赎回以及投资者情绪两者的关系进行研究。Neal 和 Wheatley（1998）在研究中指出，以共同基金赎回为依据进行分析的过程中，比照大盘股和小盘股两个不同的子样本发现，在小盘股溢酬的预测中，共同基金赎回更具解释力。Brown 和 Cliff（2004）展开的研究中发现，大盘股预期收益和共同基金净赎回两者呈现正相关关系，而小盘股预期收益并不与共同基金赎回呈现相关关系。

5. 操纵性应计利润

结合当前已有的研究成果来看，很多学者选取企业操作性应计利润（discretionary accruals）作为市场错误估价程度的衡量标准。大部分学者已经充分证实了企业操纵性应计利润和股票收益之间存在显著的相关性。企业的操纵性应计利润越高，则其价值越容易被市场高估。

Sloan（1997）研究结果显示，企业操纵性应计利润与未来股票收益呈负相关关系，高应计利润将会带来未来的低收益，低应计利润将会带来未来的高收益。形成这种应计异象背后的原因受到了学者们广泛的关注，而应计异象本身也被很多行为金融学家用来衡量投资者情绪。Teoh 等（1998）指出，SEO 与 IPO 企业的操纵性应计利润往往保持较高水平，但是这两类企业完成股票发行之后，公司股票超额收益并不高。Chan 等（2001）同样也证实了企业股票收益和操纵性应计利润间存在显著的相关性。Chan 等（2007）利用这一指标也得到了很好的实证结果。

国内也有许多学者论证了以企业操作性应计利润来衡量我国投资者情绪的合理性。潘敏和朱迪星（2011）采用操纵性应计利润衡量截面投资者情绪，研究了不同市场周期下投资者情绪波动对企业投资决策的影响。李君平和徐龙炳（2015）同样采用操纵性应计利润衡量资本市场错误定价，研究了市场错误定价对企业投资的影响。罗琦和贺娟（2015）用可操纵性应计利润衡量我国上市企业市场的错误定价，研究表明，股票市场投资时机与企业投资和股权再融资均呈正相关关系。张前程和龚刚（2016）也用可操纵性应计利润作为代理指标，研究了投资者情绪如何使货币政策影响企业的风险承担。张燃和王亚平（2016）验证了 Kothari 模型、Jones 模型、修正 Jones 模型、DD 模型、修正 DD 模型等 16 个可操纵性应计利润模型在我国的适用性。任碧云和任毅（2017）同样采用操纵性应计利润作为投资者情绪的代理指标，研究了投资者情绪对企业投资水平与投资偏好的影响。任毅和任碧云（2017）还用操纵性应计利润作为代理指标，考察了投资者情绪对企业投资效率和企业价值的影响。

此外，也有一些学者使用美国纽约证交所的发行报告中的数据作为投资者情绪变量进行实证研究。该报告可以提供提前发行与滞后发行的比例数据，该数据被国外学者认为可以作为投资者情绪的衡量指标，但是由于我国发行制度中，政府控制着新股的发行节奏，因此该指标不适合我国使用。

（三）综合情绪指标

对于投资者情绪的分析，不管是直接度量还是间接度量，在最终能够实现的心理以及信念等反映过程中都表现出一定的局限性。通常单项度量指标仅仅能够对一种或几种投资者情绪加以反映，却不能够对市场中各种类型的投资者情绪加以全面反映。比如，和间接度量有关的封闭式基金折价指标侧重于体现个体投资者情绪，而和直接度量相关的投资者智能指数更多的则是对机构投资者相关的情绪表现加以反映，难以做到同时对两种类型的投资者持有的情绪状态加以反映。

为处理这一局限，部分学者指出，如果单纯借助单项指标的方式是很难完整实现投资者情绪相关的度量工作。另外，不仅投资者个人心理状况会影响其情绪，同时外部宏观经济环境波动也会影响投资者情绪。现阶段，有不少学者通过宏观经济波动以及投资者情绪展开的研究工作，发现该影响力的作用是切实存在的（Ludvigson，2004；Baker and Wurgler，2006；Kumar and Lee，2006）。通常，在宏观经济整体维持上升状态时，经济发展的持续繁荣很大限度上帮助企业获得更好业绩，投资者的收入增长也相应地使其投资需求持续增加，因此使得投资者情绪偏向于积极；但在宏观经济下行阶段，经济发展的持续走低很大限度上阻碍了企业获得更好的业绩，投资者收入骤减也相应地抑制其投资需求，故而投资者情绪就表现出消极状态。由此，基于对宏观经济波动带给投资者情绪表现相关的影响研究中发现，在实现投资者情绪相关的度量工作中，为确保衡量更为准确客观，必须要把宏观经济波动影响排除。

基于上述分析，不少学者着手编制复合指标以更好地实施投资者情绪相关的度量工作。在此期间，需要选用相应的单项指标，并针对单项指标涉及共同成分加以提取，避免因宏观经济波动干扰对投资者情绪的度量。

Baker 和 Wurgler（2006）借由股票交易量、封闭式基金折价等 6 个单项指标联合构建获得了全新的复合指标——BW 指数。他们先对用到的 6 个单项指标展开有效的主成分分析研究，由此获得共同成分并且构建初阶指标；进一步对与宏观经济波动相关变量分析后构建起实证模型，并计算出模型残差，即 BW 指数值。Baker 等在实现的指数构建中加入实证检验分析，由此发现针对那些成长能力突出并且规模相对较小的公司来说，由于其股票套利难度较大，因此投资者情绪能给其股利情况带来更为显著的影响效果。除了 BW 指数外，还有部分学者构建出其他形式的复合指标实施度量分析。其间，学者们基于研究适用性等问题的考虑，在构建复合指标时所选择的各单项指标存在显著差异性。有的学者进行研究的时候，选取的都是间接度量指标。Baker（2009）在美英德等 6 国面板数据的基础上，建立了与各国相关的复合指标。在综合分析 6 国复合指标的情况下，获得了具备国际影响作用的复合指标。首先，他们选用股票交易量以及 IPO 发行量等四个单项指标，参考 Baker 和 Wurgler 编制的 BW 指数期间选用的方法，针对各个国家构建相应的复合指标（LSI 指数）；针对得到的 6 个 LSI 指数实施相应的主成分分析处理；最后，综合获得具备国际应用价值的复合指标（GSI 指数）。Baker 等也引入 GSI 与 LSI 指数展开相应的实证检验分析，发现在上述指数高涨的情况下，那些难以准确估值和套利的股票未来收益可能减少。还有的学者进行研究的时候，选定直接度量或间接度量相混合的方法构建所需要的复合指标。Glushkov（2006）选用间接指标与直接指标相结合的复合指标，其中，间接指标主要选择了股票交易量和熊市比率等，直接指标则以投资者智能指数为主。Arvanitis 和 Bassiliades（2017）使用《纽约时报》提供的美国新闻报道作为衡量投资者情绪的经济指标，同时采用 2004—2010 年间标准普尔 500 指数的月度数据为样本，Baker 和 Wurgler 指数作为预测股票回报的比较指标，发现新创建的信心指数对现有时间范围内的预测能力平均是 BW 指数的两倍。Ranjan 和 Sood（2019）利用金融博客里的情绪信息来预测股市走势，通过新德里证券交易所上市的印度十大私营部门银行创建的博客数据集和 Python 库检测博客数据集中的情绪结构计算总体的情绪得分。

国内也出现很多学者通过复合指标构建的方式来实现对投资者情绪相关的衡量分析。蒋玉梅和王明照（2009）运用主成分分析的方式，选用换手率以及消费者信心指数等四个单项指标构建复合指标实现投资者情绪相关的衡量分析，着重对投资者情绪带给股票横截面收益效应的差异情况展开研究。易志高和茅宁（2009）在已有 BW 指数构建方法的基础上加以改进，得到能够对国内投资者情绪实现度量分析的复合指标。其间，选定股票交易量以及封闭式基金折价等单项指标完成复合指标的构建。黄德龙等（2009）选用国内 A 股新增开户比率以及股票交易量等指标构建能够对国内投资者情绪实现有效反映的复合指标，并将所得指标与投资效益之间的关系情况展开实证检验。张强和杨淑娥（2009）选用市场换手率以及封闭式基金折价率等指标，依靠因子分析的方式构建相应的复合指标。苏卫东（2011）选用新开户数、新股上市首日收益率、封闭式基金折价率、换手率以及创新高比例等五项指标，用主成分分析法构建了投资者情绪复合指标。张宗新和王海亮（2013）选用上证指数振幅、市场换手率、新增开户数等指标并引入主成分分析法构建相应的复合指标，检验投资者情绪以及主观信念带给股市波动的影响情况。龚光明和龙立（2017）用托宾 q 值对营业收入增长率、资产负债率、净资产收益率、行业以及规模对数等五项指标组成的变量组进行回归，所得残差作为投资者情绪的代理指标。Wang（2018）使用百度搜索量指数来揭示投资者情绪对中国股指期货市场的影响。贺刚等（2018）分别采用偏最小二乘法和 Lasso 回归法构建投资者情绪综合指数，通过综合对比研究发现，基于偏最小二乘法构造的情绪综合测度指数的预测效果要弱于 Lasso 回归法，投资者情绪综合测度指数的构造更适合采用 Lasso 回归法。刘学文（2019）设计倒金字塔滤网模型选取出适合的单项指标，构建综合投资者情绪 OISI 指数。此外，当前还有部分研究尝试着基于多源异构数据和文本爬虫技术对投资者情绪进行度量，比如采用股吧、财经媒体、微博、微信公众号等反映投资者情绪的词库建立情绪指标（许启发等，2017；金秀等，2018；石善冲等，2019；岑咏华等，2019；黄创霞等，2020）。

本书全面探讨了投资者情绪的度量问题。首先，从投资者情绪的直接度量以及间接度量着手，详细分析了现阶段应用较为广泛的各项指标。其中，直接度量指标着重分析了个体投资者协会指数、投资者智能指数、“央视看盘”以及投资者信心指数四个单项指标；间接度量指标则着重分析了封闭式基金折价、IPO 发行量与首日收益、股票交易量、共同基金净赎回以及操纵性应计利润五个单项指标。在此期间，不仅详细阐释了各项指标的特征以及应用情况，而且还相对全面地介绍了各自的优劣。其次，对投资者情绪相关复合指标的构建情况进行了详细阐述。不管是间接度量指标还是直接度量指标，在投资者信念以及心理等反映过程中都有显著的局限性表现。通常单项指标仅仅能够对部分投资者情绪加以反映，整个衡量分析工作仍有较大的不足之处。学者们为追求更好地反映投资者情绪，尝试借助多个单项指标构建复合指标的方式来实施衡量分析。

为此，本书也对当前学者们普遍使用的单项指标选择和复合指标构建等问题进行了研究分析，以便更好地认识复合指标，为系统完整地反映投资者情绪奠定了坚实的基础。可以确定的是，相较于单项指标度量来说，复合指标在对投资者情绪的综合反映上具备一定的优势。

第一，复合指标对多个单项指标特征加以综合，能够在更多维度和角度上实现对投资者情绪相关的度量工作。

第二，复合指标的构建能够更好地避免宏观经济波动带给投资者情绪方面的干扰影响，使整个衡量分析更具科学性。

但需要说明的是，在进行复合指标的构建时，仍然有很多问题亟待解决。

第一，如何选定单项指标。在实施复合指标的构建时，为追求能够更加客观完整地对投资者情绪加以反映，故而在选定指标的时候需要尽量选取那些自身具备较强代表性，并且在选取的分析角度方面存在差别的单项指标。只有如此，才能够在获取指标共同成分的情况下，更好地对投资者情绪加以完整反映。

第二，选定数据频率的问题。需要着重参考研究目标的金融市场自身表现出来的特征来加以选取。针对欧美相对成熟的金融市场，其投资者更加理性，所以波动幅度不大，研究的时候可以考虑选取年度数据展开分析。但是针对我国相对不成熟的金融市场，投资者更多时候不具备较好的理性，所以波动幅度较强，研究的时候需要考虑选定月度或是周度等数据信息，但数据的可得性、科学性有待进一步验证。

二、情绪指数构建流程优化

投资者的情绪往往会通过传递或者群体互动等方式形成一种合力，而这种合力则会直接影响投资者在股市中的行为。闫伟（2012）曾在其撰写的文章中使用了一套投资者情绪代理变量优化的程序来进行相应的设计，并且将研究程序规划为四个步骤，从客观的角度上剔除了一些不符合表征情绪的代理变量，主要步骤为：①明确变量对于情绪的影响范围，同时收集相应的证据资料。②借助原始代理变量以及资产之间所存在的相关性来进行有针对性的研究分析，同时在这个过程中还需要剔除和资产价格以及收益率存在关系的代理变量。③针对入选变量之间所存在的相关性进行研究，重点体现在合理剔除共线性比较大的原始代理变量。④针对最终所得到的代理变量进行再处理，建立投资者情绪指数。从前人所提出的四个优化程序来看，对于投资者情绪代理变量的选择比较客观，极大地改善了之前研究中存在的变量选取复杂性和主观性的问题。但对本书所需来说，部分细节还需要进行相应的改善，如在对投资情绪备选指标合理性的检验以及投资者收益率相关性等方面。本节借鉴前人构建流程的主要思想，针对以往投资者情绪指数构建中存在的不足，提出更加符合本书科学问题的中国上市公司个股投资者情绪指数构建流程。通过对构建过程的优化，筛选出适合表征投资者情绪的代理变量，剔除和替换现有研究中不够准确的指标，改进备选指标合理性检验的需求，借鉴经典的主成分分析法来实现复合指数的测算。个股投资者情绪指数构建流程优化主要体现在如下几个方面。

（一）梳理当前个股投资者情绪指标

在筛选补充后形成相应的投资者情绪备选指标体系可以作为投资者情绪备选指标的变量可能存在多个，但在数据粒度上各有不同。在表征股票市场中的情绪时，往往从不同角度出发会获取不同的变量，因此需要对投资者情绪的产生和传播原理进行深入了解和分析，从而厘清各个备选指标表征情绪变化的内在逻辑。同时，在分析过程中应当以当前国内股市为基础，对各种股市参与者所做出的交易行为以及特征进行深入分析，预测不同投资者在发生不同情绪变化时给投资造成的影响，并且找出不同指标的变动规律和股价之间的关系。现有研究由于分类不够清晰、指标存在重复性、准确性有待提高等多种原因，导致结果存在一定的不足之处，应将出现的各种不合适不准确的指标予以剔除或替换，利用筛选和补充后的指标作为主要变量进行相关指标体系的构建分析。

（二）对获得的个股投资者情绪备选指标进行检验

通过计算和分析得出各个投资者情绪备选指标，往往还可能因为主观因素对结果造成影响，因此单以经验来进行筛选难以保证入选的合理性。通过对已有相关研究进行分析最终得出：大部分学者在研究选择主观指标时，主要利用主成分分析等方法来进行投资者情绪综合测度指数的测算，在对此进行分析以前需要将不同的情绪备选指标予以检验，从而使整个分析流程更加客观和优化。本书参考前人研究思路，将各项情绪备选指标利用格兰杰因果关系检验来进行验证，从而分析备选指标的合理性，当这些备选指标是个股股指收益率变动的格兰杰因果关系时，则认为其可以看作是投资者情绪的代理指标。因本书是研究投资情绪与股价之间的相关关系，因此改进之处在于，若初始情绪指标与股价间存在格兰杰因果关系就可以入选备选指标，而不一定必须是股价的格兰杰因果关系。

（三）对不同投资者情绪备选指标之间产生的关联进行研究

在以上分析中对于投资者情绪入选指标、股指关系以及合理性进行综合分析，还缺少对各个变量之间关系的分析。如果所选取的多个代理变量之间相关性过高，也意味着最终计算出的综合指数在某个方面的比重相对较高，可能造成信息之间的重复率增加，对最终结果的客观性造成一定影响。所以在深入分析时也应当重视各个变量之间存在的关联以及相关系数，去除关联性过高的相关变量，使最终的情绪指数更加全面和客观。

三、本书投资者情绪指数的选取

本书的研究对象为投资者情绪，因此如何合理选取情绪指标是重中之重。Baker 和 Wurgler（2006）指出，目前的学术研究中还没有出现完全权威以及毫无争议的度量方法。因此，本书将尝试选用多种方法进行实证研究。

首先，选取适合我国国情的几种单个情绪代理指标，同时使用目前非常流行的主成分分析方法来构建一个综合投资者情绪代理指标。然后，采用同样的单个代理指标使用扩展卡尔曼滤波方法构建新的综合指数，在比较后选择拟合度较高的、更能描测好情绪的指数进行下一步实证。

其次，本书将首次应用情绪显性指标——色诺芬投资者信心指数。该指数是目前为止我国发布时间最久的权威性投资者信心指数，且有分别针对个人投资者和机构投资者情绪的数据，较适合将个人和机构投资者单独研究时使用。考虑到其他指标的时间跨度较短以及缺乏连续性，本书最终选择了该指数。

四、综合情绪指数的构建

（一）数据和代理变量的选取

根据前文对我国新股发行制度的分析可知，由于我国股市起步较晚，发展尚处于初级阶段，政府采取了政策手段对市场进行保护以达到扶持其快速发展的目的。但是随着市场逐步完善，其与价格形成机制的市场化要求相差较远，因此我国借鉴西方成熟的询价制度，对新股市场进行了市场化改革。2006 年我国证监会颁布了《证券发行与承销管理办法》，开始推行有中国特色的新股发行制度，在 IPO 定价市场化方面迈出了关键性一步。

本书认为，我国市场化改革前的发行情况与现在的研究意义不大，所以不予考虑。因此，本书选取 2006 年 IPO 重启之后上市的股票进行研究（自从 2006 年 6 月之后，我国政府对股票市场的股权分置改革告一段落，而股票的定价形式也转为询价制）。这样有利于防止制度变化对 IPO 定价产生的影响，并且在 2006 年之后进入市场中的股票会在市场环境和投资者结构两种因素上表现出一定的相似性。同时，本书主要论述我国沪深两市 A 股中的企业，因此在研究中的样本选取方面主要采用公司层面的数据。样本区间设置为 2007 年 1—4 月，本书对获得的初始数据做了如下处理措施：①剔除非询价机制上市公司；②将数据不全或缺失严重的公司剔除，最终剩余 1 817 只股票。

在考虑数据可得性以及符合我国国情的基础上，本书选取的情绪代理变量定义如下。

1. 封闭式基金折价率

众多学者们研究发现，封闭式基金折价率与它所持股票具有相似的规律，而封闭式基金折价时间序列数据之间的自相关性较强，这能够说明投资者情绪会影响基金折价的变化趋势。因此，本书使用了封闭式基金折价率加权平均的月度值为计算方法，公式如下：

$$DCEF_t = \sum_{i=1}^{n} [(P_{it} - NAV_{it}) \times N_i] \div \sum_{i=1}^{n} (N_i \times NAV_{it}) \quad (3\text{-}1)$$

在式 3-1 中，n 代表的是封闭式基金数量，P_i 代表的是基金 i 在月底时期收盘价，NAV_i 代表的是月底时期单位净值，N_i 代表的是在交易过程中基金 i 所出售的份额数量。

2. IPO 发行量与 IPO 首日收益率

本书以发行公告日作为基准，用来统计每月 IPO 数量。为了全面体现各个指标的权重，$IPOR$ 使用的是加权平均法，计算公式如下：

$$IPOR_i = \sum_{i=1}^{n} (P_i - P'_i) \times LSN_i \div \sum_{i=1}^{n} LSN_i \quad (3\text{-}2)$$

其中，n 代表的是股市新股发行数量，P_i 代表的是新股 i 上市当日收盘价，P'_i 代表的是新股的发行价格，LSN 代表的是某新发行股票的流通股数。

3. 消费者信心指数

1997 年，国家开始重视对消费者信心指数的研究，并开始编制消费者信心指数。其将消费者信心指数分为两部分，一部分是消费者对产品的满意指数，另一部分是消费者对消费行为的预期指数。因为股票市场往往可以预告国家的经济走势，而且投资者认为，股票变化要比经济变化更敏感，能够提前显示出未来的经济变化趋势，因此从这个角度来看，人们对经济的预期必定会滞后于股票市场的预期，两者绝非平行关系。但是，Fisher 和 Statman 两位学者对消费者信心指数进行了研究，发现该指数能够从一定限度上体现出股票市场收益的变化趋势，同时还代表了市场中消费者情绪的变化。因此，很多学者建议，研究消费者信心指数跟投资者情绪之间的关系，试图通过理清这两者之间的关系来预测投资者在股票市场中的预期。

本书研究数据主要来源于 Resset 数据库、Wind 数据库、中国证监会网站、巨潮网以及有关上市公司招股说明书。

（二）数据处理

首先，将各情绪代理变量，如消费者信心指数 S_{xf}、封闭式基金折价率 S_{fund}、IPO 发行量 S_{IPO}、IPO 日溢价率 S_{IPOR} 进行描述性统计，结果如表 3-1 所示。

表 3-1　投资者情绪代理变量基本描述性统计

	极小值	极大值	均值	标准差	偏度	峰度
S_{xf}	97.000 00	113.700 00	105.153 00	4.326 30	0.214 00	−0.785 00
S_{IPOR}	−1.698 20	32.247 20	6.740 70	5.629 30	2.152 00	6.146 00
S_{IPO}	9.884 00	115.819 00	34.782 30	22.939 30	1.538 00	2.167 00
S_{fund}	0.100 12	0.340 10	0.203 40	0.068 69	0.380 00	−1.288 00

从表 3-1 可以显示，样本区间内的月度情绪代理变量的标准差波动幅度较大。

投资者身边每天都会出现很多和股票价值有联系的信息，这些信息将会给投资者形成刺激，而情绪指数就是情绪变化的工具，在投资者面对信号刺激的过程中，掌握信号刺激以及这一工具的反应属于投资者脑部对信号刺激的评定。运用相同的方法或者技术指数来评定时，能够认定他们受到的信息刺激具有一致性，所以其情绪反应从实质上不存在差异，情绪指数应当呈现出相关性。为了深层分析各个情绪代理指标的相互关系，对月度情绪指数展开 Pearson 相关指数检验，其具体结果如表 3-2 所示。

表 3-2　投资者情绪代理变量相关性

	S_{xf}	S_{IPOR}	S_{IPO}	S_{fund}
S_{xf}	1.000	0.404***	0.480***	0.477***
S_{IPOR}	0.404***	1.000	0.332***	0.293***
S_{IPO}	0.480***	0.332***	1.000	0.733***
S_{fund}	0.477***	0.293***	0.733***	1.000

注：*，**，*** 分别代表显著性水平 10%，5%，1%。

从表 3-2 可见，选取的情绪代理变量之间存在明显的关联性，表明诸多情绪指数内包含相关的资料。所以，需要抽取它们之间的共性特点。为了探究更多表现投资者情绪的信息，本书将使用多个情绪代理变量，运用主成分分析方法提取出更好代表投资者情绪的状态描述指标。

（三）基于主成分分析法的投资者情绪指数构建

所谓主成分分析，是借助降维技术把诸多指标转变为少数具备综合特征的指数的方法，而这些综合指数可以呈现原本指标的大多数信息，它们一般的表现形式为源指标的线性组合。这一概念最初由 Karl Parson 引入，并在 Hotelling 的推广下，发展为随机变量。

下面将对主成分分析法的模型给予介绍。假定包含 n 个样品，其中每个

样品有 p 个指标：$X1$，$X2$，…，Xp ，建立原始数据矩阵：

$$X=\begin{bmatrix} X_{11} & X_{12} \cdots & X_{1p} \\ X_{21} & X_{22} \cdots & X_{2p} \\ & \vdots & \\ X_{n1} & X_{n2} \cdots & X_{np} \end{bmatrix}=(X_1, X_2, \cdots, X_p)\text{。其中，}X_i=\begin{bmatrix} X_{1i} \\ X_{2i} \\ \vdots \\ X_{ni} \end{bmatrix}\text{。}$$

相应的协方差矩阵公式为：$\sum=(\sigma_{ij})_{p\times p}=E[X-EX][X-EX]^T$

假定 $a_i=(a_{1i}, a_{2i}, \cdots, a_{pi})^T(i=1, 2, \cdots, p)$ 其内包含 p 个常数向量，参照下面的线性组合

$$\begin{cases} Z_1=a_1^TX=a_{11}X_1+a_{21}X_2+\cdots+a_{p1}X_p \\ Z_2=a_2^TX=a_{12}X_1+a_{22}X_2+\cdots+a_{p2}X_p \\ \vdots \\ Z_p=a_p^TX=a_{1p}X_1+a_{2p}X_2+\cdots+a_{pp}X_p \end{cases}$$

简记为 $Z_i=a_i^TX=a_{1i}X_1+a_{2i}X_2+\cdots+a_{pi}X_p\ (i=1, 2, \cdots, p)$

假定我们期望用 Z_1 来取代原本的 p 个变量 X_1，X_2，…，X_p ，这就需要 Z_1 最大限度地展现原 p 个变量的情况。此处，“信息”通过 Z_1 的方差来进行测量，也就是 $Var(Z_1)$ 增长，意味着 Z_1 所包括的 X_1，X_2，…，X_p 中的信息量越多。然而通过方差表达式能够得知，需要对 a_i 做出限制，否则 $Var(Z_1)$ 会失去界限。一般情况下，全部 a_i 均有相应的单位长度，也就是：

$$a_i^Ta_i=1$$

所以，我们期望在约束条件 $a_i^Ta_i=1$ 之下，求解 a_1 令 $Var(Z_1)$ 实现最大，在此基础上 a_1 所得到的随机变量 $Z_1=a_1^TX$ 被称为 X_1，X_2，…，X_p 的第一主成分。

假如上述的 Z_1 还无法全数展现原始变量的全部情况，可考虑引入 Z_2。为了更为高效地展现原变量的信息，Z_1 中已经展现的信息将不再在 Z_2 中出现，换句话说，这两个数值存在不相关的特征。也就是：

$$Cov(Z_1, Z_2)=a_1^T\sum a_2=0$$

因此，在限制条件 $a_2^Ta_2=1$ 及 $a_1^T\sum a_2=0$ 下，求解 a_2 让 $Var(Z_2)$ 实现最大，所以 a_2 所明确的随机变量 $Z_2=a_2^TX$ 被认定为 X_1，X_2，…，X_p 的第二主成分。

通常地，在约束条件 $a_i^Ta_i=1$ 及 $Cov(Z_i,Z_k)=a_i^T\sum a_k=0(k=1, 2, \cdots, i-1)$ 下，求解 a_i 让 $Var(Z_i)$ 实现最大，所以 a_i 所确定的随机变量 $Z_i=a_i^TX$ 被称为 X_1，X_2，…，X_p 的第 i 主成分。

值得注意的是，上文提出的封闭式基金折价率等几种情绪代理变量都在一

定限度上反映了投资者情绪，因此从理论上考虑会出现信息重叠的情况；此外，这些情绪指标从某个层面上还隐藏部分并不属于情绪的要素，如对于封闭式基金而言，折价过程通常都有相应的规律性，也就是在最初的明显溢价转变为明显折价。另外，政府的发行制度也会影响国内新股首日收益率。所以，我们借助主成分分析可以适当降低最初情绪指标维度，提取出第一主成分，用它作为投资者情绪的综合代理变量。

已有不少学者采用主成分分析法构建投资者情绪综合指数。Brown 和 Cliff（2004）使用市场平均换手率、封闭式基金折价率等指标及主成分分析方法构建情绪指数用来测量投资者情绪对股票价格的影响。国内专家提出封闭式基金折价率、新开户数、新股上市首日收益率和创新高比例等作为主成分分析构建综合指标时使用的情绪代理变量。

采用 Eviews 软件对各个情绪代理变量进行主成分分析，得到第一主成分为：

$$IS = 0.571\,432 S_{fund} + 0.563\,781 S_{xf} + 0.428\,977 S_{IPO} + 0.414\,241 S_{IPOR} \tag{3-3}$$

得到碎石图 3-2。

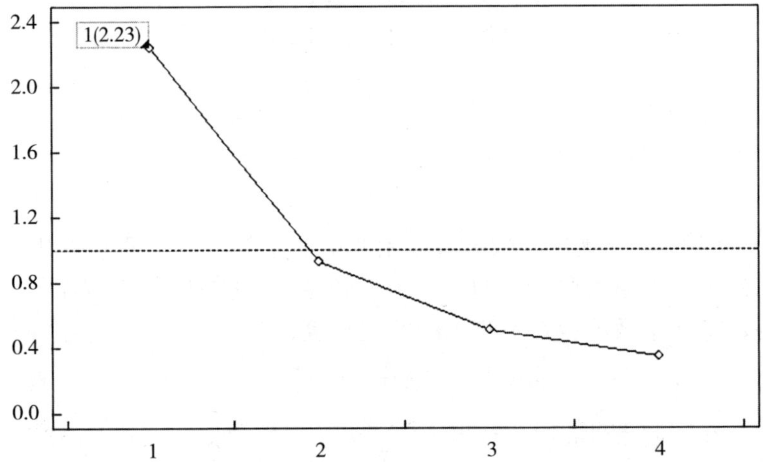

图 3-2　主成分分析

由图 3-2 可以发现，综合情绪指数 IS 具有良好的特点，从统计的角度来看，投资者情绪与 IPO 交易量、消费者信心指数、封闭式基金折价率、IPO 首日收益溢价率正相关。

(四) 基于扩展卡尔曼滤波的投资者情绪指数构建

根据此前分析，由于投资者情绪的特殊属性，因此在进行量化时我们试图剔除掉统计误差以及其他可能存在的因素对情绪的潜在影响，而扩展卡尔曼滤波（EKF）法是一种可以过滤噪声的线性系统状态方程，最优估计理论中的 EKF 法是在误差协方差最小准则下的最优估计方法。目前，该方法使用较少，但 Baker 和 Wurgler（2006）等国外相关学者实证研究认为，此方法更好地度量了投资者情绪。

一般可以建立如下的非线性状态模型：

$$\begin{aligned} x(t) &= f[x(t),\ t] + w(t) \\ y(t) &= h[x(t)] + v(t) \end{aligned} \tag{3-4}$$

其中，$x(t)$ 表示系统状态方程，$y(t)$ 为量测方程，$f[x(t),\ t]$ 和 $h[x(t),\ t]$ 都为状态非线性函数，$w(t)$ 和 $v(t)$ 为高斯白噪声，且平均值为 0。将该状态方程在指定状态处，即 x^* 进行线性化。

$$x(t_k) = x^*(t_k) + \Delta x(t_k) \tag{3-5}$$

对非线性系统 $\Delta x(t)$ 进行泰勒扩展及一次近似，可以得到：

$$x^* + \Delta x = f(x^*,\ t_k) + F\Delta x + w(t_k) \tag{3-6}$$

其中，$F \equiv \left[\frac{\partial f}{\partial x}\right]_{xk=x_k^*}$

同样地，对量测方程进行相同处理，可得

$$y_k = h(x_k^*) + H_k \Delta x_k + v_k \tag{3-7}$$

其中，$H \equiv \left[\frac{\partial h}{\partial x}\right]_{xk=x_k^*}$

这样可利用 KF 的递推方法得到 EKF 计算流程如下：

$$\begin{aligned} & x(t) = f(x,\ t),\ x(t_{k-1}) = \hat{x}_{k-1} \\ & P(t) = F(t)P(t) + P(t)F^T(t) + Q(t),\ P(t_{k-1}) = P_{k-1} \\ & K_k = P_k^- H_k^T (H_k P_k^- H_k^T + R_k)^{-1} \\ & \hat{x}_k = x_k^- + K_k(y_k - h(\hat{x}_k)),\ P_k = (I - K_k H_k)P_k^- \end{aligned} \tag{3-8}$$

对于本文所需要构建的投资者情绪指数，过程为：首先构建状态空间模型，再通过 EKF 方法将其中的噪声筛除，保留真实的无法观察的投资者月度情绪。假定情绪指数 S 服从 $AR(1)$，那么状态方程就能够展示如下：

$$S_t = a + BS_{t-1} + c_{t-1} \tag{3-9}$$

能够观察到的封闭式基金折价率 S_{fund}、首发上市股票的发行数量 S_{IPO}、首发上市股票的首日收益率 S_{IPOR} 以及消费者信心指数 S_{xf}。使用量测方程将这些变量表示为：

$$D_t = E + MS_t + \lambda_t \tag{3-10}$$

其中 a、B 属于待估参数，E、M 则为待估参数向量，

令$E=(E^1, E^2, E^3, E^4)'$，$M=(M^1, M^2, M^3, M^4)'$，

下面必须把上述两个数值转变为状态估计。其主要方法是：

首先假定其扩展状态$X_t=[S_t, a_t, B_t, E_t, M_t]'$，并假定未知参数转变属于相应增量平稳的过程。

则状态方程可表示为如下形式：

$$\begin{aligned} X_t &= f(X_{t-1})+\omega \\ &= [S_t, a_t, B_t, E_t^1, E_t^2, E_t^3, E_t^4, M_t^1, M_t^2, M_t^3, M_t^4]' \\ &= [BS_{t-1}+a, a_{t-1}, B_{t-1}, E_{t-1}^1, E_{t-1}^2, E_{t-1}^3, E_{t-1}^4, \\ &\quad M_{t-1}^1, M_{t-1}^2, M_{t-1}^3, M_{t-1}^4]'+\omega \end{aligned} \tag{3-11}$$

同样扩展量测方程可以表示为如下形式：

$$\begin{aligned} Y_{t-1} &= H(X_{t-1})+\mu \\ &= [E^1+M^1S_{t-1}, E^2+M^2S_{t-1}, E^3+ \\ &\quad M^3S_{t-1}, E^4+M^4S_{t-1}]'+\mu \end{aligned} \tag{3-12}$$

根据式 3-6、3-7 可以得到：

$$\frac{\partial f(X_t)}{\partial X_t}=\begin{Bmatrix} t & 1 & S_t & 0 & 0 & 0 & 0 & 0 & 0 & 0 & 0 \\ 0 & 1 & 0 & 0 & 0 & 0 & 0 & 0 & 0 & 0 & 0 \\ 0 & 0 & 1 & 0 & 0 & 0 & 0 & 0 & 0 & 0 & 0 \\ 0 & 0 & 0 & 1 & 0 & 0 & 0 & 0 & 0 & 0 & 0 \\ 0 & 0 & 0 & 0 & 1 & 0 & 0 & 0 & 0 & 0 & 0 \\ 0 & 0 & 0 & 0 & 0 & 1 & 0 & 0 & 0 & 0 & 0 \\ 0 & 0 & 0 & 0 & 0 & 0 & 1 & 0 & 0 & 0 & 0 \\ 0 & 0 & 0 & 0 & 0 & 0 & 0 & 1 & 0 & 0 & 0 \\ 0 & 0 & 0 & 0 & 0 & 0 & 0 & 0 & 1 & 0 & 0 \\ 0 & 0 & 0 & 0 & 0 & 0 & 0 & 0 & 0 & 1 & 0 \\ 0 & 0 & 0 & 0 & 0 & 0 & 0 & 0 & 0 & 0 & 1 \end{Bmatrix} \tag{3-13}$$

$$\frac{\partial H(X_t)}{\partial X_t}=\begin{bmatrix} M^1 & 0 & 0 & 1 & 0 & 0 & 0 & 1 & 0 & 0 & 0 \\ M^2 & 0 & 0 & 0 & 1 & 0 & 0 & 0 & 1 & 0 & 0 \\ M^3 & 0 & 0 & 0 & 0 & 1 & 0 & 0 & 0 & 1 & 0 \\ M^4 & 0 & 0 & 0 & 0 & 0 & 1 & 0 & 0 & 0 & 1 \end{bmatrix} \tag{3-14}$$

根据式 3-13、3-14 的结果，再根据式 3-4 至式 3-8 描述的计算过程，可以得到情绪指标 S 的估计值，即月度情绪的时间序列。

采用 Matlab2014a. 进行操作，获得的投资者情绪指标的基本描述性统计如表 3-3 所示。

表 3-3　卡尔曼情绪指数的统计量描述

	极小值	极大值	均值	标准差	偏度	峰度
S	0.000 001	1.473 135	0.402 347 96	0.258 360 754	2.296	0.474

从表 3-3 结果可以看出，获得的月度情绪指数相应的峰度值为 2.296，而其偏度值为 0.474，均基本上呈现正态分布。为了继续确定扩展卡尔曼滤波方式得到的情绪状态变量可以当作一个综合情绪指标的可操作性，对它和各个代理变量的主成分之间的相关性进行检验，Pearson 相关分析的结果显示，情绪状态变量与第一主成分呈现显著的正相关关系，其系数等于 0.638。总体分析，借助 EKF 方法能够得到一个更为精确的反映投资者情绪的状态变量。因为投资者情绪变量中包含噪声，所以在很多投资者情绪的构建过程中，回归统计结果 R 的数值较低，而使用卡尔曼滤波方式能够去除市场噪声，获得能够充分展现它信息的状态变量，对于下一步分析投资者情绪对股票收益影响具备重要价值（图 3-3）。

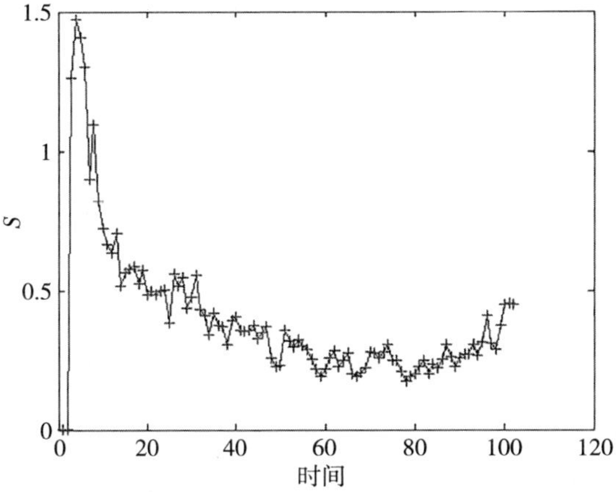

图 3-3　月投资情绪指数

第四节　小　　结

本章首先从理论方面分析了在我国制度下投资者情绪影响新股市场异象的路径，并在此基础上建立了指导后面研究的理论框架。

其次，由于投资者情绪的度量问题是本书的研究前提和关键，本章对该问题进行了深入研究。第一，梳理总结了投资者情绪指标的度量方式，包含直接指标、间接指标和综合指标三种。第二，阐述了本书对投资者情绪度量指标选取的标准。第三，为了便于进行下一步实证研究，本章以 2007—2017 年间我国 A 股市场为样本，选择了封闭式基金折价率、消费者信心指数、IPO 发行数量和首日收益等投资者情绪代理变量，分别使用主成分分析法和 EKF 法构造投资者情绪综合指标并对两种结果进行比较，实证结果认为，EKF 法得到的情绪指数具有较好的衡量能力，将被用来后续研究。

第四章　投资者情绪对新股首日超额收益及热销市场影响研究

第一节　引　　言

1969年Reilly和Hatfield第一次选择1963—1965年在美国上市的53个企业的IPO为样本对象分析，发现这些IPO上市首日超额收益的均值为9.6%，明显超越同一时期市场基准收益率。Mcdnald和Fisher选择1969年美国142个上市企业的IPO为对象研究，结果显示，IPO上市第一天超额收益均值为28.5%。诸多专家针对IPO进行了实证研究，尽管其选择的国家和时间段甚至样本量方面均有不用程度的差异，但是大部分研究结果显示，IPO市场首日超额收益的现象极为普遍，该现象被称为“新股之谜”（new issue puzzles）。

因为我国股票市场建立时间不长，而且最初的新股定价和发行等有关制度并不规范、各项条款不够完善，导致国内针对IPO抑价现象的研究仍不完善。20世纪90年代中期，我国学者开始关注此问题，最初主要是引入国外理论模型来确定这一现象在我国市场的存在性，并以此为前提挑选样本加以验证。研究发现，这种市场异象在我国表现尤为严重，我国新股首日收益率一直居高不下，平均为117%，市场上存在着“新股不败”的神话。市场投资者尤其是中小投资者热衷“打新股”，这会造成一级市场滞留大笔资金，阻碍了资金的高效分配，给资本市场带来严重危害。

在国内，新股首日超额收益又称为新股抑价。目前，我国仍采用政府指导定价的制度，所以普遍认为是由于偏低的定价导致了上市后股价的过度上涨，但这只是直接原因，根据第三章的分析，本书提出根本原因是投资者情绪在新股上市后影响了其价格的抬升。本章第二节已采用实证研究进行检验。

IPO的另一个市场异象——热销市场（hot issue market），是指在新股发行某一些特定时期产生的高发行量和高平均初始收益现象。相对的，在另外一段时期出现的低新股发行数量和低初始收益被称为冷销市场。学者的研究发现欧美成熟的股票市场中的IPO市场通常会在“冷”“热”之间形成周期性循环反复的现象（Jenkinson and Ljungqvist，2001），称为市场周期（IPO cycles）。然而依据有效市场理论分析，IPO的发行有极强的随机性，也就是从长期的角度看，上市企业的数量应该是均匀分布的，但是IPO周期现象却代表着“聚集”（clustering）的存在，因而被认为是IPO市场中的一个异常现象。《证券时报》于2017年6月22日刊题为《扩容节奏与A股市场承受力》的文章称，我国A股市场上平均市净率和市盈率水平远远高于世界上各主要成熟股市，这表明我国的股市潜在风险、抑价程度和市场泡沫明显高于其他市场。同时，由于其他成熟市场更加开放，对IPO的承接力也就较高。美国、中国香港地区等股市在近些年基本保持着每周上市3～4家新股，全年发行150家IPO的节奏。我国股市的新股发行应该向成熟市场学习、借鉴，以期达到更高的市场效率。

由定义可见，热销市场异象主要包含两个方面：一方面，IPO初始收益过高，即新股抑价；另一方面，IPO数量的波动。新股抑价与IPO发行数量被认为有正向相关关系（Ritter，1984；Lowry and Schwert，2002；Benveniste et al.，2003）。在前文的分析中，我国IPO初始收益被认为主要由投资者情绪因素决定和影响，那么需要解决的问题是新股发行数量波动究竟是如何形成的。本章将在检验中国市场是否也存在周期交替现象的基础上，重点分析IPO数量在时间序列上波动的形成原因，并进一步综合两个要素实证研究IPO周期的产生机制。

本章具体结构安排如下：第二节为投资者情绪对新股首日发行抑价影响研究，在研究方法上选用以往较少应用的机器学习法，以2007年1—4月我国A股市场为样本进行实证检验。第三节为投资者情绪对热销市场异象影响研究，首先使用经典统计法对我国新股发行市场所存在的周期性给予验证，之后对投资者情绪对新股发行市场周期的影响机理给予理论分析，提出假说并进行实证检验。第四节为本章小结。

第二节　投资者情绪对新股首日超额收益影响研究

一、研究方法

目前，对于IPO定价的相关研究多采用传统的回归分析法，如多元回归（Jirapun and Andrew，2010）、横截面回归模型（Anna and Duarte，2010）、多变量分析（Manapol and Tulaya，2012）等，而采用机器学习法为定价研究的相对空白。采用数据挖掘工具来进行 IPO 定价研究的，可借鉴的文献是来自 Chen（2012）。他提出了数据挖掘模型来解决股票市场 IPO 收益问题，使用了多种混合的机器学习法，如决策树、特征选择算法、最小熵原理方法、粗糙集理论等。这些混合方法比传统回归方法更加精确。

机器学习指的是让计算机可以模仿人的学习动作，主动依托学习得到知识、掌握技能，并逐步优化性能，取得自我完善的效果。机器学习研究的内容是让它们经过辨识和运用当前知识来获取新知识、掌握新技能。机器学习的任务就是设计某种方法和模型，通过对现有数据的学习，掌握数据内部间的关系，进而对未知数据给予预估和评判，其终极目的是让学习机器具备更强的推广性。

本书重点运用的机器学习方式包含两种：一是决策树模型，二是支持向量机法。多维交互决策树模型属于一类处理多维数据的方式，决策树的构建就是分支形成的过程，任何分支都受到相应规则的影响，是在其限定下对多维空间的区分，运用树形结构图的形式表现。其中，使用频率较高的多维决策树模型包含如下几种：①卡方自动交互检测法（chi-squared automatic interaction detector，简称 CHAID）；②分类和回归树法（classification and regression tree，简称 CART）；③C5.0 算法（commerical version 5.0，简称 C5.0）；④ID3算法（iterative dichotomiser version 3，简称 ID3）等。采用这一模型，能够从统计学的层面明确分支变量、分割值，优化树的分支程序；组建在因果关系探析中，根据目标变量完成对输入变量诸多水平区划。决策树的建立本质就是一个挑选最优分支变量的过程，通常情况下，高层节点在辨识因变量价值方面的效用要优于低层节点。因此，决策树能够作为用来辨识变量价值的大小的工具。

国外对决策树模型的应用主要在市场细分上，广泛应用于医学、旅游业和交通业。Zhang 和 Yu（2014）采用 CHAID 法对影响生活满意程度的 80 多个因素进行流动特征分析。Kristof（2014）等将 RPM（recency frequency monetary）、回归分析和决策树模型等几种细分方法进行比较，并认为在市场营销中可以使用决策树模型对客户进行细分，准确性更高。Murphy 和 Comiskey（2013）使用卡方自动交互效应检测方法非常适用于辨别客户满意度较低的情况。Do Valle（2012）采用卡方自动交互效应检测模型区分不同群体的葡萄牙游客对于支付环境保护税的意愿。Joh 等（2011）使用决策树方法对首尔市民对旅游资料的检索方式给予识别，提出上下文变量在检索旅游资料的过程中有极大影响。Schultz 和 Block

（2011）运用决策树方法分析对于美国消费者哪些种类的促销手段更能引起他们的关注。

国内在决策树模型的运用方面多是体现在经济行业和医疗行业，更为倾向于用来判断发展走向、分析影响要素。熊丽芳（2013）等在CHAID决策树方法的基础上得出南京市民通勤交通工具的选择是影响城市居民通勤时间的最主要影响因素。杨胜刚（2013）等将决策树方法与BP神经网络模型结合为一个两阶段组合模型来对个人信用指标进行筛选。郭英之（2015）等采用多维交互决策树模型，对我国居民的赴日旅游感知意愿进行卡方自动交互检测，来区分不同群体的旅游意愿。徐晓萍和马文杰（2011）为分析非上市中小企业违约风险，采取决策树模型判断企业的违约率并得出导致企业违约的核心要素。徐斌（2012）等运用CHAID方式得出主导医疗组织传染病报告质量的要素是直报人数。刘海霞（2011）将决策树与回归技术结合应用于居民就医服务研究中的效果，了解城市和乡村居民就医的主要影响因素。

支持向量机（support vector machine，简称SVM），1995年由Cortes和Vapni第一次提出。该方法在针对小样本、非线性和高维模式辨识问题中有极为明显的优势，而且可以将之运用于函数拟合等其他机器学习过程中。它是针对机器学习研究的一个主要成果。支持向量机方法的建立基础是统计学习理论和结构风险最低化，它依据有限的样本资料，在复杂的模型和最佳的学习能力中找到最好的平衡点，以获取最好的推广空间。决策树尽管可运用的空间较多，但是其理论基础不佳，而支持向量机在拒识区域问题上没有较好的解决方案。因此，国内外的诸多专家提出了支持向量机和决策树融合的算法，得到了不错的效果。但值得注意的是，任何分类方式都不可能在全部数据集层面得到最理想的结果，对不同的方法都有着许多对比研究成果。

本书首先将选用C5.0、CART、SVM决策树等几种模型进行评估，选择适合的模型进行实证。步骤为：

（1）交叉验证法（cross validation）来对学习器的泛化误差进行评估。为此，需使用一个“测试集”（testing set）来测试学习器对新样本的判别能力，然后以测试集上的“测试误差”（testing error）作为泛化误差的近似。交叉验证法首先要将数据集 D 区分为 k 个规模接近的互斥子集，也就是 $D = D_1 \cup D_2 \cup \cdots D_k$，$D_i \cap D_j = \varnothing (i \neq j)$。在子集之内，$D_i$ 均最大限度地维持数据分布的一致性，也就是从 D 内借助分层采样获得。之后，每次挑选 $k-1$ 个子集进行合并当作训练集，剩下的子集当作测试集；如此就能

够得到 k 个训练（测试）集，进而开展 k 次训练和测试，最终得到的结果就是 k 个测试结果的平均数。很明显，交叉验证法评估结果的稳定性和保真性在很大限度上取决于 k 的取值，为突出这一要素，通常将交叉验证法定义为“k 折交叉验证法”（ k-fold cross validation ）。其中，多数情况下，k 会取值为 10，则此时它会被称为 10 折交叉验证。图 4-1 给出了 10 折交叉验证的示意图。

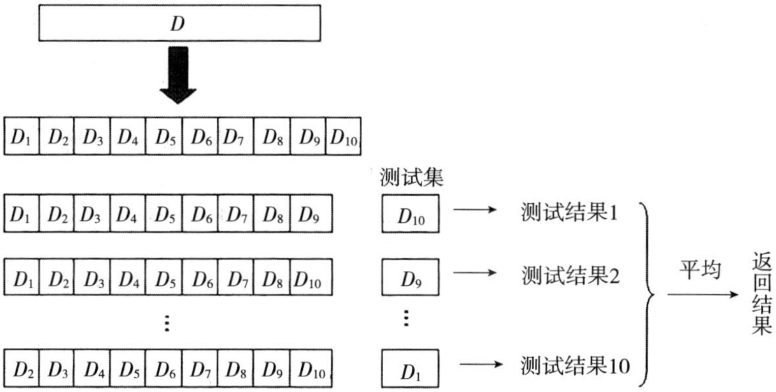

图 4-1　10 折交叉验证

（2）性能度量。对学习器的泛化性能给予评估，不但要求高效可用的实验评估办法，还要求有度量模型泛化能力的评估准则，也就是性能度量（ performance measure ）。性能度量反映了任务需要，在比较各个模型能力的过程中，运用差异化的性能度量通常会得到不同的评估结果；这表明模型的“优劣”是相对的，哪种模型比较优秀，不但受算法和数据的影响，还要看任务需求如何。常用的性能度量方法如下。

①错误率与精度。错误率指的是划分类别错误的样本数量在总量中所占的比重，后者则是指划分准确的样本数量在总量中所占的比重。对样例集 D，分类错误率定义为：

$$E(f;D)=\frac{1}{m}\sum_{i=1}^{m}\mathbb{I}(f(x_i)\neq y_i) \tag{4-1}$$

精度则定义为：

$$acc(f;D)=\frac{1}{m}\sum_{i=1}^{m}\mathbb{I}(f(x_i)=y_i)=1-E(f;D) \tag{4-2}$$

②查准率（precision）、查全率（recall）与 $F1$。错误率与精度虽然常用，但并不能满足所有任务需求。查准率和查全率是更好的性能度量方法。

可以将样本依据真实种类和学习器预测种类的标准将之区分为如下四个组合：真正例（true positive）、假正例（false positive）、真反例（true negative）、假反例（false negative）。令 TP、FP、TN、FN 一一对照相对的样例数，那么很明显有 $TP+FP+TN+FN=$ 样例总数，分类结果的"混淆矩阵"（confusion matrix）如表 4-1 所示。

表 4-1　分类结果混淆矩阵

真实情况	预测结果	
	正例	反例
正例	TP（真正例）	FN（假反例）
反例	FP（假正例）	TN（真反例）

查准率 P 与查全率 R 分别定义为：

$$P=\frac{TP}{TP+FP} \tag{4-3}$$

$$R=\frac{TP}{TP+FN} \tag{4-4}$$

$F1$ 是一种综合考虑查准率、查全率的性能度量，是基于两者的调和评价（harmonic mean）：

$$F1=\frac{2\times P\times R}{P+R}=\frac{2\times TP}{\text{样例总数}+TP-TN} \tag{4-5}$$

③AUC（area under ROC curve）。ROC 全称是"受试者工作特征"（receiver operating characteristic）曲线，其源于第二次世界大战中用于敌机检测的雷达信号分析技术，20 世纪六七十年代该曲线开始被用于一些心理学、医学检测应用中，此后被引入机器学习领域。针对的应用任务不一样，我们能够依据任务需要使用不一样的截断点。假如更为关注"查准率"，那么就挑选排序比较靠前的位置给予截断；假如更关注"查全率"，则挑选相对靠后的地点截断。因此，排序自身质量的优劣，表现出正常情形下泛化性能的优劣。ROC 曲线正是选择这一切入点来分析学习器泛化性能的最佳手段。在展开学习器对比时，假如一个学习器的数值被另一个比对对象的此类曲线全部"围住"，那么就表明后者的性能更加优越；假如两个学习器的这一曲线彼此交叉，那么就无法分辨出哪一个学习器更为适用。此时假如要展开对比，那么相对合理的评判根据是对比 ROC 曲线下的面积，也就是 AUC。

$$AUC=\frac{1}{2}\sum_{i=1}^{m-1}(x_{i+1}-x_i)\times(y_i+y_{i+1}) \tag{4-6}$$

（3）敏感性检验（sensitivity analysis）。该步骤目标是衡量自变量的重要性。Davis（1989）认为，在机器学习算法中，因变量（输出变量）和自变量（输入变量）的因果关系是由敏感性分析来确定的。刘太安（2012）指出，敏感性值的正负可以反映因变量与自变量的正反向相关关系，并且敏感性值越大，说明自变量影响因变量的程度越大。王国勋（2009）指出，在数据挖掘模型中，决策者可以对决策结果的敏感性进行分析，以判断评价指标的权重。

二、研究样本及变量设定

本书认为，市场化改革前的发行情况与现在的研究意义不大，所以不予考虑。因此，本书选取 2006 年 IPO 重启之后上市的股票进行研究。自从 2006 年 6 月之后，我国政府对股票市场的股权分置改革告一段落，而股票的定价形式也转为询价制，这样有利于避免制度变化对 IPO 定价研究造成干扰。同时，2006 年 6 月之后，新上市的股票所面对的市场环境比较接近，而它们的投资者结构也表现出一定的相似性。本书主要论述对象为我国沪深两市 A 股中的企业，因此在研究中的样本选取方面主要采用公司层面的数据。样本区间设置为 2007 年 1—4 月，本书研究中获得的初始数据进行下列处置：①排除运用非询价体制上市企业；②排除数据残缺的公司，最后余下 1 817 个股票。在这些 IPO 中，90.05%为发行价格低于收盘价格。

本章所有数据来源于 Resset 数据库、Wind 数据库、中国证监会网站、巨潮网，以及有关上市公司招股说明书的手动收集。

本章分析变量设定如下：

（1）因变量。对 IPO 首日超额收益 AIR（abnormal initial return，简称 AIR）进行度量，目前的度量方法主要有两个：一是和发行价相比，新股在收盘的时候价格的上涨幅度，这一指标没有参照发行日和上市日的环境变化；二是参照大盘有关指标调整之后，IPO 首日超额收益率的变化趋向，该指标更能体现首日收益的变化情况。本书选择第二种方法来求取 IPO 首日超额收益。公式为：

$$AIR=\frac{P_2-P_0}{P_0}-\frac{M_2-M_0}{M_0}=\frac{P_2}{P_0}-\frac{M_2}{M_0} \tag{4-7}$$

其间，P_0代表新上市股票发行时的价格，P_2代表新上市股票首日收盘价格，M_0代表上市日上证指数开盘时的价格，M_2代表上市日上证指数收盘时的价格。

（2）自变量。本部分设定自变量汇总如表 4-2。

表 4-2　自变量的定义

序号	自变量定义	说明
1	投资者情绪	基于 EKF 法的投资者情绪指数
2	公司年龄	首次交易日时间减去成立时间
3	总资产	来自资产负债表
4	总权益	来自资产负债表
5	销售额	来自年度损益表
6	营业利润	来自年度损益表
7	净利润	来自年度损益表
8	经营业务现金流	来自年度损益表
9	资产收益率	净利润或总资产
10	负债率	负债或负债+权益
11	发行价格	来自锐思数据库
12	股票发行数量	来自证监会网站
13	内部留存股本比例	1-IPO 发行比例

根据对文献的研究，本书选取的对首日收益的影响因素主要分为三个方面：投资者情绪、IPO 发行公司的特征、上市前公司的财务状况和运行业绩。其中，发行价格、股票发行数量、内部留存股本比例等变量反映了 IPO 发行公司的特征；反映财务和运行表现的变量是：公司成立时间、总资产、总所有者权益、销售情况、营业利润、净利润、经营业务现金流、资产收益率和负债率。

成立时间越长的公司更容易让投资者觉得安全，因此可以推断，成立时间长的公司会面临的抑价情况不会那么严重。但是，没有明显的证据表明公司成立时间与抑价水平有相关关系（M. Ekkayokkaya and T. Pengniti，2012；P. I. Vong and D. Trigueiros，2010）。因此，本书将公司成立时间作为一个解释变量进行实证研究。

一些学者使用总资产作为发行公司的规模因素来进行实证研究，认为发行公司总资产与新股抑价水平呈反向关系（T. Loughran and J. Ritter，2004）。

年销售额在之前的研究中同样被作为规模因素来解释 IPO 的抑价问题（T. Loughran and B. McDonald，2013；T. Loughran and J. Ritter，2004），认为发行公司年销售额与新股抑价水平呈反向关系。

Grammenous 和 Papapostolou（2012）等学者使用资产收益率来研究 IPO 抑价，他们采用回归分析方法，认为总资产收益率越高，公司发行价相应较高，即发行公司资产收益率与新股抑价水平呈反向关系。该指标主要衡量公司的获利能力。

资产负债比率也是一个解释变量，与抑价之间有着正向关系。学者提出负债率高的企业会让承销商认为他们有更高的风险，因此会在发行时定价偏低，我们预计负债率高的公司会有较低的初始收益（E. W. T. Ngai，Yong Hu，Y. H. Wong，et al.，2011）。

信号理论以及市场反馈理论都认为内部留存比例与新股抑价存在正向关系（D. J. Bradley and B. D. Jordan，2002；D. B. Kennedy，R. Sivakumar，K. R. Vetzal，2006；S. X. Zheng，J. P. Odgen，F. C. Jen，2005）。所谓内部留存比例即首次总股本减去本次发行流通股的比例。

对于投资者而言，新股的发行价格是他们进行投资决策的最为直接的指标，发行价格不高，更容易引起投资者的注意。同时，发行的价格不高，意味着下跌的空间更小，所以其发行价和 IPO 的溢价幅度负向关联（J. R. Booth and L. Chua，1996；R. G. Ibbotson，J. Sindelar，J. Ritter，1994）。

IPO 发行数量是依据其发行总股数的对数得到的。Beatty 和 Ritter（1986）分析认为，新股发行的总数量越低，它的折价率就越高。而且，发行规模越大，投资者炒作的难度随之增高，操作股价的难度也就越大。所以，发行规模和上市首日收益率呈负向相关关系。

本部分所使用分析软件为 Matlab2014a 和 SPSS Modeler 18.0。

三、研究结果及分析

（一）变量相关性分析

所有变量的相关性分析结果如表 4-3 所示。从相关性分析结果可以看出，首日超额收益与投资者情绪变量存在正向相关关系。

表 4-3　变量的相关性检验

	X_1	X_2	X_3	X_4	X_5	X_6	X_7	X_8	X_9	X_{10}	X_{11}	X_{12}	X_{13}	Y
X_1	1													
X_2	0.012	1												
X_3	0.009	0.995*	1											
X_4	0.062	0.400*	0.313**	1										
X_5	0.028	0.558*	0.476**	0.955**	1									
X_6	0.029	0.544*	0.461**	0.955**	0.999**	1								
X_7	0.079*	0.883*	0.853**	0.623**	0.714**	0.700**	1							
X_8	0.013	−0.002	−0.002	−0.002	−0.002	−0.001	−0.002	1						
X_9	0.028	0.118**	0.122**	0.049	0.026	0.028	0.125**	−0.027	1					
X_{10}	0.006	−0.043	−0.043	−0.016	−0.019	−0.018	−0.040	−0.036	−0.092**	1				
X_{11}	−0.029	0.395**	0.387**	0.257**	0.282**	0.288**	0.311**	0.012	0.189**	−0.132**	1			
X_{12}	−0.024	−0.014	−0.013	−0.017	−0.016	−0.400	−0.018	−0.002	0.060	−0.025	−0.010	1		
X_{13}	0.027	0.078*	0.075*	0.061	0.070*	0.311**	0.125**	0.004	0.142**	−0.204**	0.046	0.141**	1	
Y	0.058	0.006	0.013	−0.070*	−0.054	−0.057	−0.016	0.021	−0.037	0.017	0.018	−0.001	−0.443**	1

注：*，**表示分别在 5%，1%水平上显著相关。

（二）交叉验证结果

表 4-4　交叉验证结果

			精确度
CART 模型算法	correct	671	74.89%
	wrong	225	
C5.0 模型算法	correct	649	72.43%
	wrong	247	
SVM 模型算法	correct	601	67.08%
	wrong	295	

表 4-4 显示了三种算法分别进行 10 折交叉验证的结果，可以看出，通过 10 折交叉验证法，几种算法中 CART 模型的预测精确度数值为 74.89%，效果最好。

图 4-2、图 4-3 和图 4-4 分别显示了 CART 算法、C5.0 算法和 SVM 算法的交叉验证运行结果。

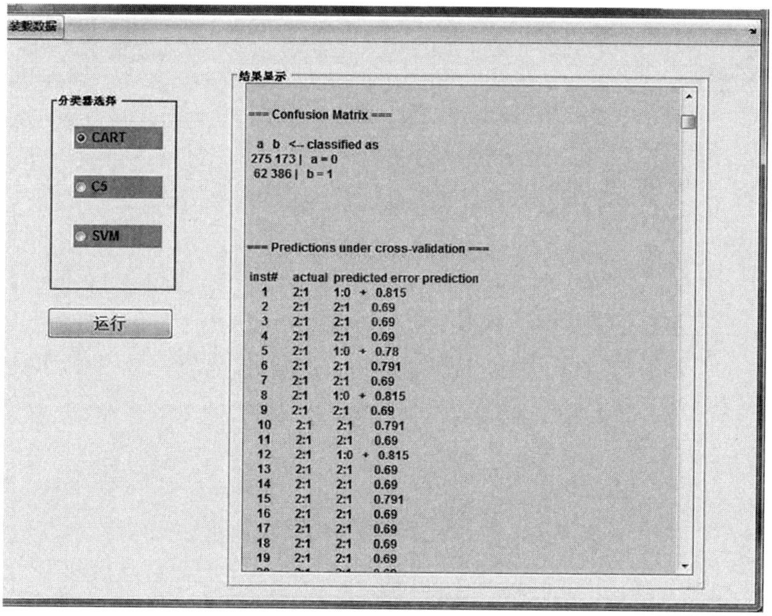

图 4-2　CART 算法交叉验证运行结果

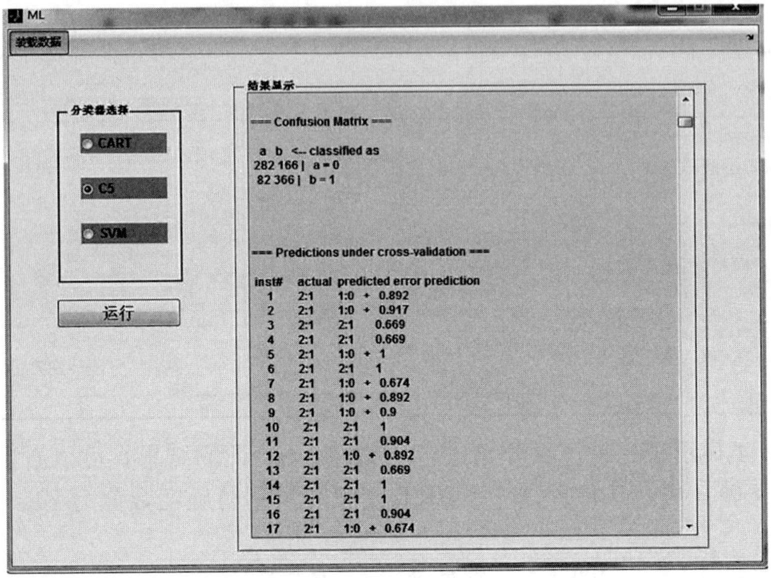

图 4-3　C5.0 算法交叉验证运行结果

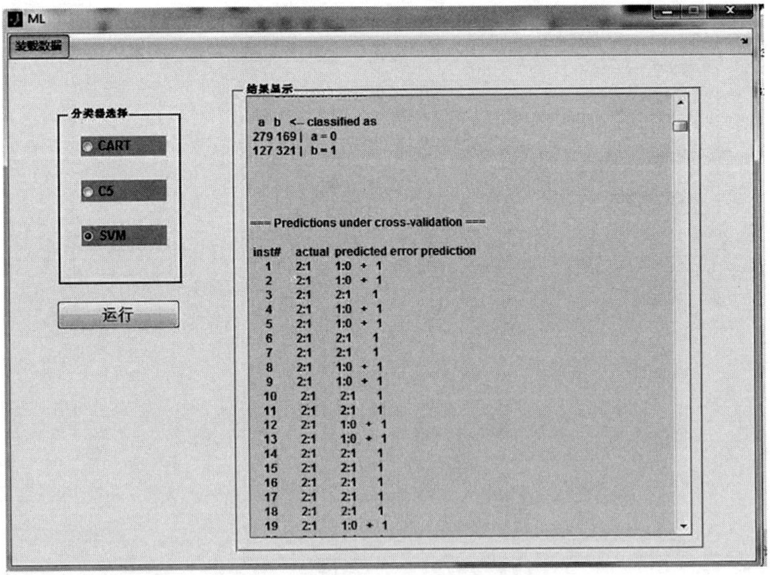

图 4-4　SVM 算法交叉验证运行结果

（三）性能分析

表 4-5　三种算法性能分析结果

	真正例 *TP*	假正例 *FP*	查准率	查全率	*F* 检验	ROC 曲线
CART 模型算法	0.738	0.262	0.753	0.738	0.734	0.743
C5.0 模型算法	0.723	0.277	0.731	0.723	0.721	0.729
SVM 模型算法	0.670	0.330	0.671	0.670	0.669	0.670

表 4-5 分别显示了几种算法性能分析的结果，可以看出，几种算法中 CART 模型的预测精确度较好，在查准率、查全率、*F* 检验和 ROC 曲线等几个衡量指标中都取得最高的数值。综合以上分析，本部分将选取 CART 法进行敏感性分析。

图 4-5、图 4-6 和图 4-7 分别显示了 CART 算法、C5.0 算法和 SVM 算法的性能分析的运行结果。

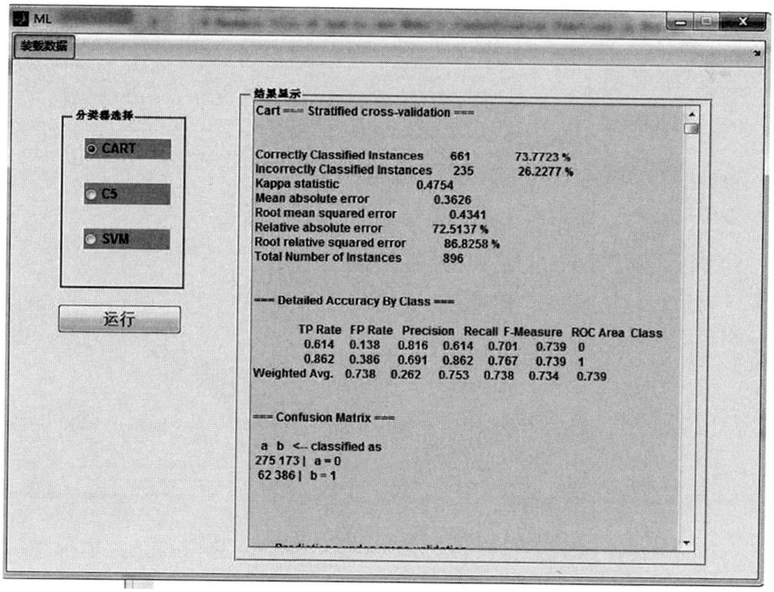

图 4-5　CART 算法性能分析运行结果

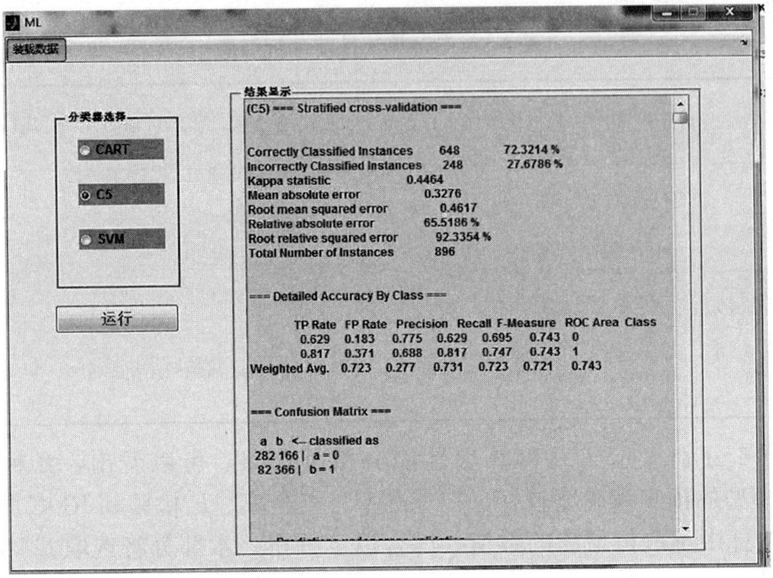

图 4-6　C5.0 算法性能分析运行结果

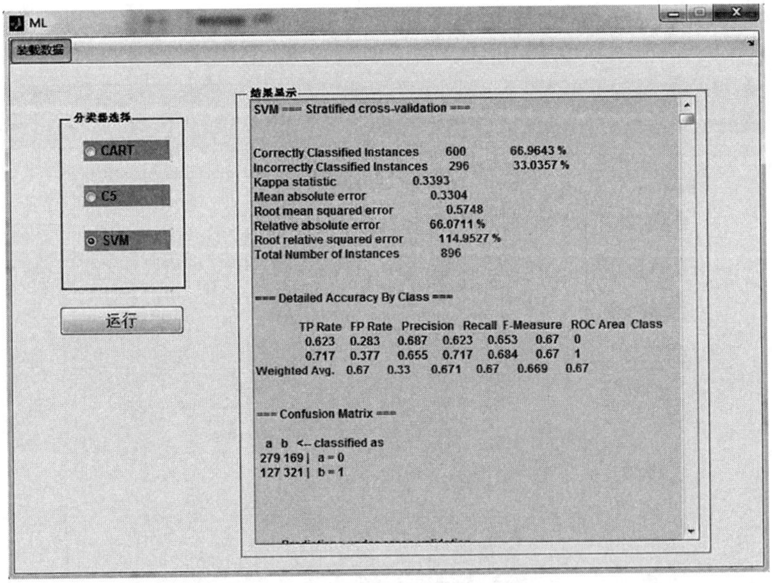

图 4-7　SVM 算法性能分析运行结果

(四) 敏感性分析

自变量 X_1 至 X_{13} 分别代表了公司成立时间、总资产、总权益、销售额、营业利润、净利润、经营业务现金流、资产收益率、负债率、发行价格、股票发行数量、内部留存股本比例及投资者情绪。

采用 SPSS Model 18.0 的 CART 进行操作，图 4-8 显示了计算结果。可以看到各个自变量的重要性程度排序，即对因变量——首日超额收益的影响程度的排序。其中，投资者情绪变量（X_{13}）明显的是最重要的影响因素；自变量公司成立时间（X_1）、内部留存股本比例（X_{12}）、资产收益率（X_8）、总资产（X_2）、总权益（X_3）、经营业务现金流（X_7）、股票发行数量（X_{11}）、营业利润（X_5）、净利润（X_6）的影响程度分列第二到第十位；其余的自变量没有能够显示，表示对于因变量影响程度相对微小。

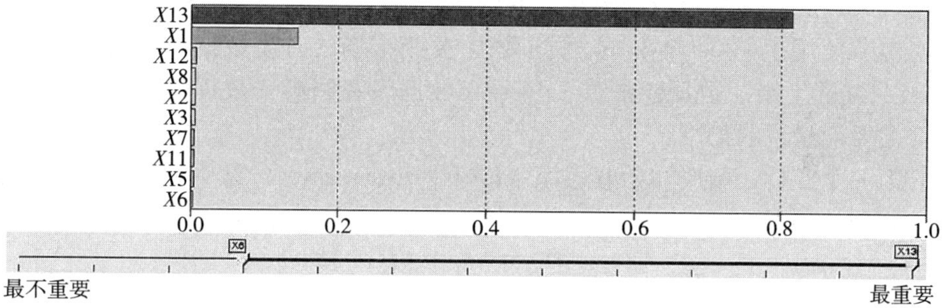

图 4-8　自变量的重要性排序

因此，实证检验结果可以证实，在我国，投资者情绪是影响首日超额收益的最主要因素，理论分析成立。

第三节　投资者情绪对热销市场影响研究

根据上一节的研究，可以认为影响我国新股首日超高收益的主要是投资者情绪因素。本节将在检验我国新股热销市场存在性的基础上，从投资者情绪的视角继续挖掘驱动我国热销市场异象的另一个因素——新股发行数量波动的原因。

一、我国新股热销市场存在性检验

Ibbotson 和 Jaffe 于 1975 年最早提出了热销市场的概念，他们以 20 世纪六七十年代美国新上市的股票为对象进行实证分析，其结果显示 IPO 发行数量和首日收益率的变动存在周期性，而且两者呈现正相关关系。此种现象被两位专家定义为热销市场。Ritter（1984）以五年为期对美国市场新上市的股票有关数据进行时间排序后得出结论，在美国市场上，热销市场确实存在。Lowry 和 Schwert（2002）提出，在初始回报率特别高的时期后，新股发行量往往较高，他们的研究表明，初始回报收益和 IPO 成交量之间存在“领先—滞后”（lead-lag）关系；Polona 和 Ales（2016）将中东欧等新兴股市作为研究对象，发现其存在显著的市场周期，且 IPO 数量和新股抑价呈现正相关关系。Lowry（2003）采用 1960—1996 年美国样本数据研究发现，新股发行量随时间大幅波动，并且其一阶自相关系数达到 0.87，但是不同于其他研究，他认为，新股超额收益与数量之间不存在相关关系，而新股发行量与 IPO 发行后市收益率呈显著负相关关系。本书根据以上学者的研究方法，通过检验样本期间的新股初始收益率和发行数量的一阶自相关性和两者的“领先—滞后”关系，来判断我国热销市场的存在性。

本节使用了 2007 年 1—4 月间我国 A 股市场的月度数据，在此期间共有 1 817只新股上市。数据皆来源于 Resset 数据库和国泰安数据库。研究涉及的两个主要变量说明如下：

第一个变量，新股初始收益率（initial return rate）。某个新股的初始收益率计算公式如下：

$$AIR = \frac{P_2 - P_0}{P_0} - \frac{M_2 - M_0}{M_0} = \frac{P_2}{P_0} - \frac{M_2}{M_0} \tag{4-8}$$

其间，P_0代表新上市股票发行时候的价格，P_2代表新上市股票首日收盘价格，M_0代表上市日上证指数开盘时的价格，M_2代表上市日上证指数收盘时的价格。那么，月度 IPO 的平均初始收益率为当月上市的所有新股的初始收益的平均值，即：

$$IR_t = \frac{1}{N}\sum_{i=1}^{N_t} AIR_{it} \tag{4-9}$$

其中，i 表示某个 IPO，t 表示上市时间，N 为 t 期上市的新股个数。

第二个变量，IPO 数量。由于市场客观存在规模差异，因此选用上市公司的发行新股个数作为度量指标缺乏可比性，因此本书选择月度上市新股的融资金额之和作为 IPO 数量变量。

图 4-9 和 4-10 分别描述了 2007 年 1 月我国新股初始收益率和上市数量的时间序列。由于我国新股发行受政策影响，会有暂停关闭的时段，图中缺失的数据即表示没有新股上市。可以看出，新股数量和首日收益率基本保持着同样的发展趋势，几个热销市场时期分别为：2007 年 6—11 月、2008 年 9 月至 2009 年 11 月、2012 年 5—10 月、2015 年 11 月至 2016 年 4 月。发行数量和初始收益率较低的时间段，即冷销时期，为 2011 年 12 月至 2012 年 5 月、2016 年 4—9 月。并且从图中可初步观察到，上市的首日较高收益率往往跟随着较高的新股发行量，即两者存在一定的“领先—滞后”关系。由于根据图像观察

较为粗略，下面将根据统计方法检验周期现象，即采用计算两个变量时间序列的自相关系数来观察是否存在集聚性，同时确认两者是否存在“领先—滞后”关系。

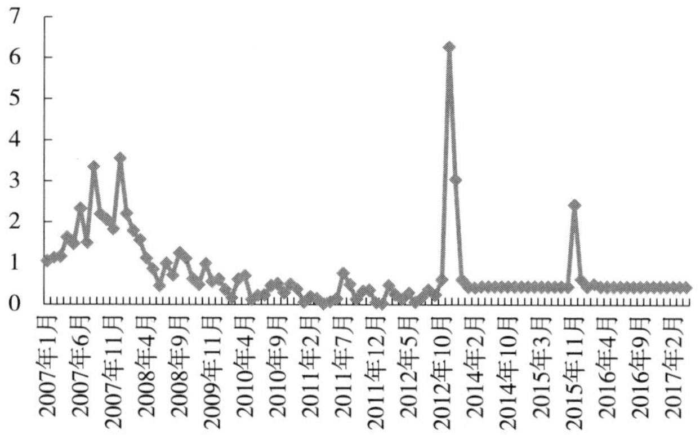

图 4-9　2007 年 1 月至 2017 年 2 月我国新股上市初始收益率时间折线

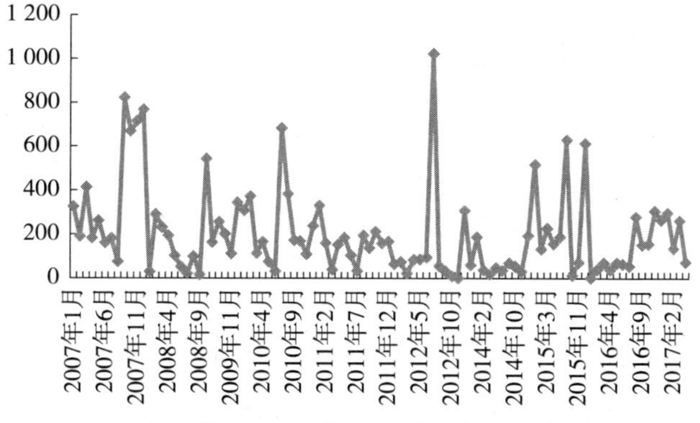

图 4-10　2007 年 1 月至 2017 年 2 月我国新股上市数量时间折线

相关的计算结果总结在表 4-6。表中第 2 列显示了新股初始收益率的一阶至十二阶自相关系数，从一阶到四阶皆为正数，可以认为该变量统计上存在集聚性；第 3 列显示了新股发行数量的相关系数，一阶自相关系数高达 0.712，且前五阶自相关系数在统计上都具有显著性，同样可以认为此变量存在集聚性；为了判断两个变量是否存在“领先—滞后”关系，将新股初始收益率与滞后一期的新股发行量进行相关系数计算，从第 4 列显示的结果可见，前三期的系数都为正数，具有统计显著性，与折线图反映的相一致，可以认为两个变量存在“领先—滞后”关系，即新股发行量倾向于跟随较高的初始收益出现。

表 4-6　市场周期检验统计数据

阶数	新股初始收益率	新股发行数量	两者相关系数
1	0.683***	0.712***	0.408***
2	0.573***	0.505***	0.345***
3	0.389***	0.306***	0.267***
4	0.285**	0.223**	0.173
5	0.147	0.219**	0.087
6	0.189	0.079	0.047
7	0.098	0.091	0.002
8	0.010	0.138	−0.039
9	0.007	0.044	−0.220
10	−0.034	0.024	−0.148
11	−0.060	−0.070	−0.129
12	−0.010	−0.031	−0.001

注：***代表该系数在 1%的水平上具有统计显著性；**代表该系数在 5%的水平上具有统计显著性；*代表该系数在 10%的水平上具有统计显著性。

二、我国新股热销市场形成原因分析

通过上文计算可以发现，我国存在明显的市场周期，即新股的首日超高收益和发行数量存在波动性，且两者的波动存在“领先—滞后”的规律。由第二节的实证检验，可以得出投资者情绪是影响上市初期交易价格的最主要因素的结论，而对于市场周期的另一个要素新股发行量而言，本书同样假设投资者情绪驱动了其波动。这是由于投资者情绪会对二级市场的运行形成冲击，但是由于缺乏卖空机制，以及政策存在对企业发行股票的严格管制，在面对情绪冲击以及高水平的初始收益率的局面时，希望上市的企业数量会增多，但市场自发的股票供给创造机制无法立即自动发挥作用，市场缺乏自我调节稳定的能力，因此产生了发行上市的时滞。根据分析，提出可供实证检验的假说如下。

H1：投资者情绪是驱动新股发行量波动的重要因素。

目前，有关于 IPO 的文献很多，但是针对 IPO 数量方面的较少，因此业界对于该方面的了解非常有限。Lowry 和 Schwert（2002）提出，IPO 数量会跟随在较高的初始收益率之后出现。Rajan 和 Servaes（1997，2003）、Lee 等（1991）、Lerner（1994）、Pagano 等（1998）认为，IPO 数量与市场上的种种非理性行为有关。其中，Michelle Lowry（2003）系统研究了 IPO 数量的几种决定因素，他采用了 37 年间的美国 IPO 数量为样本研究了市场上有效和非有效因素对于数量波动的影响程度。本书借鉴其研究内容并结合我国市场实际情况，提出了新股数量波动的几个可能的影响因素以便对 H1 进行实证检验。

第一个变量为宏观经济发展状况。当经济基本面情况较好，经济增长较快时，企业往往会有扩大经营的需求，因此对于资金的需求也会更高，而发行新股通常被认为是最好的融资方式（Choe，1993），也就是说，IPO 数量的波动是由公司资本总需求的变化所驱动的。在实证检验中，本书选取国内生产总值（GDP）的实际增长率和上市公司的销售额增长率为该因素的代理变量。

第二个变量为信息不对称因素。Lucas 和 McDonald’s（1990）认为，信息不对称将会导致股票发行的集聚。在我国，由于市场仍是不完全有效的，因此发行者与投资者对于市场信息的了解不一致，即投资者对公司的真实价值的不确定性会导致较高的逆向选择的成本。当信息不对称程度较高时，发行股票的逆向选择成本越高，选择上市的公司越少，会引起新股发行数量的浮动。这是“柠檬市场”的一种反映。由于信息不对称是较难观察和量化的变量，因此选取上市公司盈余公告发布前后的超额报酬率和上市公司分析师预测的分散性两者为代理变量。Dierkins（1991）指出，公司盈余公告发布前后强烈的市场反应表明了市场对于信息透明的渴求程度。她计算了上市公司在过去五年中每个盈余公告的超额收益，这些报酬的标准偏差代表了该公司的信息不对称程度。盈余公告的超额收益率分散程度与信息不对称正相关，与 IPO 发行量负相关。对于分析师所预测的情况，能够在一定限度内表明市场之内信息使用者对上市企业披露的信息所认可的程度，也就是市场内信息使用者和公司信息中间的不对称情况。分析师给出的预测准确度越小，离散程度就越大，这就表明信息不对称程度更高。其与新股发行量呈负相关关系。

第三个变量为投资者情绪。如同上文分析，如果投资者情绪表现为相对乐观，会相对高估公司价值，以谋取价值最大化为目的的发行者倾向于投资者情绪较高的时期发行股票。

该假说的时间序列回归结果将在第三节阐述。

根据 H1，新股发行数量与投资者情绪呈正相关关系，新股首日收益又受投资者情绪决定，因此可以推断新股发行数量与新股首日收益呈现正向关联关系。邵新建（2010）曾提出一个最优新股发行数量模型：

$$Q^{*}=\frac{\lambda}{2\rho^{2}}+\frac{\nu}{\rho}\times IR$$

其中 Q^{*} 为发行数量，IR 为首日收益率，该模型显示两者呈现正相关关系。因此，提出可供检验的 H2。

H2：新股发行数量与新股首日收益呈现正相关关系，高水平的新股初始收益率发行数量会引起较高的新股发行数量。

H2 将采用向量自回归模型进行实证检验。

三、研究设计及结果分析

(一) 对 H1 的检验

自变量的选取总结如表 4-7 所示。

表 4-7　H1 的自变量汇总

	变量名称	代理变量	代理变量符号	计算方法
1	宏观经济状况（*M. E.*）	国内生产总值实际增长率	$GDP\%$	根据国家统计局公布宏观经济数据可得
		上市公司的销售额增长率	$Sales\%$	根据上市公司年报可得
2	信息不对称（*In. Asy.*）	盈余公告产生的超额收益	$BHAR$	盈余公告产生的价格反应以购买持有超额收益来衡量。通过两个指数来划分，一是市值规模，二是账面规模。其中，市值规模选择每年年中的股票总市值作为标准，账面市值比通过前一年度股票所有者权益账面价值除以总市值得到，将市值和账面市值比进行五等均分，并等分点相交，把全部股票划分为 25 组。公式为：$BHAR_{i,t}^{[h,H]}=\prod_{d=h}^{d=H}(1+R_{i,d})-\prod_{d=h}^{d=H}(1+R_{p,d})$
3	投资者情绪	分析师预测离散程度	$Dsp.$	分析师预测数值的方差除股票收盘价格。公式为：$Dsp_t=STD(Forecast_t)\div Shareprice_t$
			IS	基于 EKF 的算法

以上所有变量的描述性统计量列示在表 4-8，数据频率为月度数据。

表 4-8　变量的描述性统计量

自变量	均值	中位数	标准差
$GDP\%$	9.693	9.300	1.893
$Sales\%$	1.141	1.648	1.053
$BHAR$	−0.122	−0.140	−0.141
$Dsp.$	−0.001	0.020	0.240
IS	0.613	0.701	0.251

对于线性多元回归模型而言，要求对变量造成随机影响的要素没有相关性，而自相关则要求在此模型之内的误差项中间不能完全独立，需要有一定相关性。这就会导致获得的估计量失去效用；对于回归系数而言，其最小二乘估计量显著性检验不准确；t 和 F 检验均不准确。下面，本书运用 D-W 法进行自相关检测，得到的 DW 的数值等于 1.328 4。经过统计学检验，在这一数值介于 0～4 之间时，代表误差项有着自相关性，而在这一数值 2 上下浮动时，代表误差项没有自相关，所以能够得知，这一模型内残差中间没有严重的自相关性。

接下来使用 SPSS 对自变量和因变量——新股发行数量（*IPO _ volume*）进行回归分析。结果见表 4-9。

表 4-9　时间序列回归模型

	IPO 发行数量与宏观经济的回归系数	IPO 发行数量与信息不对称的回归数据	投资者情绪与新股发行数量回归数据	联合回归数据
Constant	7.49***	10.54	10.99***	12.13***
	(1.89)	(2.78)	(3.09)	(4.56)
GDP%	0.09	—	—	−0.06
	(0.09)			(0.08)
Sales%	46.40***	—	—	15.25
	(16.74)			(11.51)
BHAR	—	−29.55	—	−59.80*
		(28.76)		(19.41)
Dsp.	—	7.28	—	—
		(20.30)		
IS	—		10.34***	7.84***
			(2.94)	(2.55)
AR（1）	0.78***	0.82***	0.85***	0.78***
	(0.05)	(0.06)	(0.05)	(0.08)

注：R^2=77.0%，Adjusted R^2=43.1%；***，**，* 分别代表在 1%，5%，10%的水平显著；第一行为回归系数的平均值，第二行括号内为检验 t 统计量。

表 4-9 列示了时间序列回归模型及其变化形式的系数估计值的算术平均值和方差倒数加权平均值，相应的 t 统计值以及滞后一阶的相关值。其中，第二列的数据为 IPO 发行数量与宏观经济代理变量的单独回归系数，结果显示，两个代理变量与因变量呈正相关关系，且销售增长率在 1%水平上有显著性。第三列为 IPO 发行数量与信息不对称代理变量的回归数据，由统计结果显示，两个代理变量与因变量相关性不大。第四列为投资者情绪与新股发行数量的回

归数据，可见两者呈正向的显著相关。第五列显示了结合所有自变量与因变量的联合回归数据，可以得到 R^2 值为 77%以及调整后的 R^2 值为 43.1%，说明模型拟合程度较好。

从上述统计结果可以得出结论如下：投资者情绪和宏观经济状况与 IPO 发行数量呈现显著正相关关系，且投资者情绪是最为重要的影响因素；但在我国股市，信息不对称因素与新股发行数量相关性不大。因此，H1 成立。

（二）对 H2 的检验

根据 H2，本书使用向量自回归模型（VAR）检验 IPO 发行量和初始收益率之间在时间序列上的相关关系。VAR 模型是以数据的统计本质为基础而构建的，将系统之内的所有内生变量当作其全部内生变量的滞后值的函数来组建模型，进而把单变量回归模型推延到多元时间序列变量组成的向量自回归模型。这一模型是处置多个相关指标，对之进行解析和预测最简单的工具。1980 年，西姆斯（C. A. Sims）把这一模型运用到经济学领域，用它来预测彼此关联的时间序列体系和分析随机干扰对变量系统的动态冲击，进而诠释各类经济冲击所能够带来的影响。

VAR（p）模型的求解公式为：

$$y_t = \Phi_1 y_{t-1} + \cdots + \Phi_p y_{t-p} + Hx_t + \varepsilon_t \text{ , } t = 1,\ 2,\ \cdots,\ T$$

其中，y_t 代表 k 维内生变量的相应列向量，x_t 代表 d 维外生变量的列向量，p 属于滞后阶数，T 代表样本数量。$k \times k$ 维矩阵，Φ_1，…，Φ_p 和 $k \times d$ 组建的矩阵 H 是等待估测的系数矩阵。ε_t 是 k 维干扰列向量，它们能够与同期相关，但不能和自身的滞后值有关，而且和等式右边的变量没有联系，假定 $\sum$ 是 ε_t 组建的协方差矩阵，它是 $k \times k$ 的正定矩阵。其数学公式如下：

$$\begin{pmatrix} y_{1t} \\ y_{2t} \\ \vdots \\ y_{kt} \end{pmatrix} = \Phi_1 \begin{pmatrix} y_{1t-1} \\ y_{2t-1} \\ \vdots \\ y_{kt-1} \end{pmatrix} + \cdots + \Phi_p \begin{pmatrix} y_{1t-p} \\ y_{2t-p} \\ \vdots \\ y_{kt-p} \end{pmatrix} + H \begin{pmatrix} x_{1t} \\ x_{2t} \\ \vdots \\ x_{dt} \end{pmatrix} + \begin{pmatrix} \varepsilon_{1t} \\ \varepsilon_{2t} \\ \vdots \\ \varepsilon_{kt} \end{pmatrix} \text{ , } t = 1,\ 2,\ \cdots,\ T \quad (4\text{-}10)$$

这就表示其包含 k 个时间序列变量组建而成的 VAR（p）模型之内，存在 k 个方程。

对于传统的 VAR 模型，任何一个变量都需要是平稳的，对于非平稳时间序列，需要实施差分，将之转变为平稳序列，然后才能够用于组建模型。但这样就会导致水平序列数据遗失。伴随协整理论的完善，针对非平稳时间序列，只要其变量内部能够实现协整，也能够直接组建 VAR 模型。

本部分借助于 Eviews8.0 软件分析含有新股发行数量（*IPO _ volume*）和初始收益率（*IR*）两个变量的 VAR 模型。步骤为：平稳性检验 → 协整检验 → 格兰杰因果检验 → VAR 模型建立与检验。

具体操作如下：

首先，对变量进行单位根检验，确定两者是否为同阶单整。运用 ADF 检验和 PP 检验法对两序列进行平稳性检验，结果显示检验值 p 在 5%水平上均小于 0.05，两者均为平稳时间序列，结果见表 4-10。

表 4-10　变量的单位根检验结果

变量	ADF 检验		PP 检验	
	t 值	*P* 值**	*t* 值	*P* 值**
IPO _ volume	1.265 8	0.018 7	1.192 1	0.023 0
Δ*IPO _ volume*	3.598 3	0.009 0	1.436 4	0.012 7
IR	3.021 7	0.032 6	0.043 4	0.021 7
Δ*IR*	3.041 2	0.004 2	0.054 1	0.018 4

注：Δ 表示一阶差分；**表示在5%的水平显著。

根据单位根检验结果，认为所有变量均服从同阶单整，可以进行协整检测。假设部分经济指标在某个经济体系之内存在关联，那么从长期的角度看，变量中间应当具备均衡关系。在短时间内，受到季节的影响，或者随机要素的扰动，它们也许会和均值出现偏差，假设此偏差的存在是短暂的，伴随时间改变，它们会逐渐恢复均衡样态；假如此种偏差长时间存在，那么它们中间就不存在均衡关系，协整可以被认为是此种均衡关系的统计表示。本书采用基于回归系数的 Johansen-Juselius 检验法（JJ）对两个变量进行协整检验，检验结果如表 4-11 所示。

表 4-11　标准化后的协整向量

	C	新股发行数	初始收益率
	−0.11	0.53	0.27
		(32.798 0)	(18.764 2)
似然率	45.786 2		

标准化后的协整向量检验结果表明，在样本选取的时间段内，新股发行数量和新股首日收益存在长期稳定的均衡关系，但是两变量之间的相关性是否存在因果关系还需要进一步采用格兰杰因果分析来检验。

在经济变量中会有部分经济变量存在明显相关的情况，不过不一定都有意义。评判一个变量会不会引起另一个变量改变，是经济计量学的主要内容，最早由 Granger 提出了一个检验方式，即格兰杰因果检验（Granger causality tests）。该方法解决了 x 是不是造成 y 的问题，通过观察当下的 y 多大范围内被之前的 x 解释，添加了 x 的滞后值是不是能够让解释程度提高。假如 x 在 y 的预测中有影响，或者 x 与 y 的相关系数有明显的统计学联系，那么就能够说“y 是由 x 引起的”。两变量的格兰杰检验结果见表 4-12。

表 4-12　格兰杰因果关系检验

零假设	F 计算值	P 概率值	结论
新股发行数量不是初始收益率的 Granger 原因	1.991 6	0.542 6	接受
初始收益率不是新股发行数量的 Granger 原因	9.625 2	0.026 7	拒绝

从结果可以看出，新股初始收益率是新股发行数量的格兰杰原因，但是反之不成立，发行数量不是首日收益的格兰杰原因。

接下来本书选择以上两个变量建立 VAR 模型，并根据确定 SC 准则和 AIC 准则最小值的方法，认为模型应选取滞后期为 12。模型方程如下：

$$
\begin{bmatrix} IPO\_volume_t \\ IR_t \end{bmatrix} = \begin{bmatrix} 3.1733 \\ 49.2410 \end{bmatrix} + \begin{bmatrix} 0.6758 & 0.7625 \\ 0.4654 & 0.0561 \end{bmatrix} \begin{bmatrix} IPO\_volume_{t-1} \\ IR_{t-1} \end{bmatrix}
+ \begin{bmatrix} 0.0627 & -0.0735 \\ -0.0874 & 0.1261 \end{bmatrix} \begin{bmatrix} IPO\_volume_{t-2} \\ IR_{t-2} \end{bmatrix} + \begin{bmatrix} -0.2971 & 0.0651 \\ -0.0187 & 0.0371 \end{bmatrix}
\begin{bmatrix} IPO\_volume_{t-3} \\ IR_{t-3} \end{bmatrix} + \begin{bmatrix} -0.0482 & -0.0019 \\ 0.1981 & -0.0841 \end{bmatrix} \begin{bmatrix} IPO\_volume_{t-4} \\ IR_{t-4} \end{bmatrix} +
\begin{bmatrix} 0.1829 & 0.0470 \\ -0.1387 & 0.1812 \end{bmatrix} \begin{bmatrix} IPO\_volume_{t-5} \\ IR_{t-5} \end{bmatrix} + \begin{bmatrix} 0.1638 & -0.0109 \\ 0.0281 & 0.0167 \end{bmatrix}
\begin{bmatrix} IPO\_volume_{t-6} \\ IR_{t-6} \end{bmatrix} + \begin{bmatrix} -0.0831 & -0.0082 \\ -0.2068 & -0.0616 \end{bmatrix} \begin{bmatrix} IPO\_volume_{t-7} \\ IR_{t-7} \end{bmatrix} +
\begin{bmatrix} 0.0866 & -0.0161 \\ -0.0572 & -0.2435 \end{bmatrix} \begin{bmatrix} IPO\_volume_{t-8} \\ IR_{t-8} \end{bmatrix} + \begin{bmatrix} 0.0218 & -0.0569 \\ 0.1052 & -0.0241 \end{bmatrix}
\begin{bmatrix} IPO\_volume_{t-9} \\ IR_{t-9} \end{bmatrix} + \begin{bmatrix} -0.1236 & 0.0913 \\ -0.3202 & -0.0089 \end{bmatrix} \begin{bmatrix} IPO\_volume_{t-10} \\ IR_{t-10} \end{bmatrix} +
\begin{bmatrix} 0.5358 & -0.0622 \\ 0.1423 & 0.0748 \end{bmatrix} \begin{bmatrix} IPO\_volume_{t-11} \\ IR_{t-11} \end{bmatrix} + \begin{bmatrix} -0.2379 & 0.0487 \\ -0.1382 & 0.0478 \end{bmatrix}
\begin{bmatrix} IPO\_volume_{t-12} \\ IR_{t-12} \end{bmatrix} + \begin{bmatrix} \varepsilon_{1t} \\ \varepsilon_{2t} \end{bmatrix}
$$

整个模型的拟合度为 0.948 3，拟合程度较好；回归系数显示，初始收益率各阶段滞后项系数多数为负，且不具有统计显著性，可以推断当新股初始收益率较大时，后期发行数量相应会增加。

进一步使用脉冲响应函数方法分析新股发行量和首日收益率之间的动态关系。在现实运用中，因为 VAR 模型具备一定的非理论性特征，它不用对变量进行先验性限制，所以在解析此模型的过程中，通常不分析一个变量的改变对另一个变量的影响，而是分析在误差出现变动时，即模型被冲击时对系统的动态影响，此种方法被定义为脉冲响应函数法（impilse response function)。

图 4-11 为两变量的脉冲响应图。横向轴代表脉冲响应的滞后期数，其中实线代表脉冲响应函数，而虚线代表正负双倍标准差。面对新股首日收益率的一单位的冲击，新股发行数量在第 2 期响应为 40 亿元，第 3 期响应达到 50 亿元，达到顶峰。此后出现负效应，即缓慢的下降趋势，逐渐趋向于零，在统计上失去显著性。面对发行数量对初始收益的冲击，收益率在－0.3～0.2 间波动，在统计上也不具备显著性。

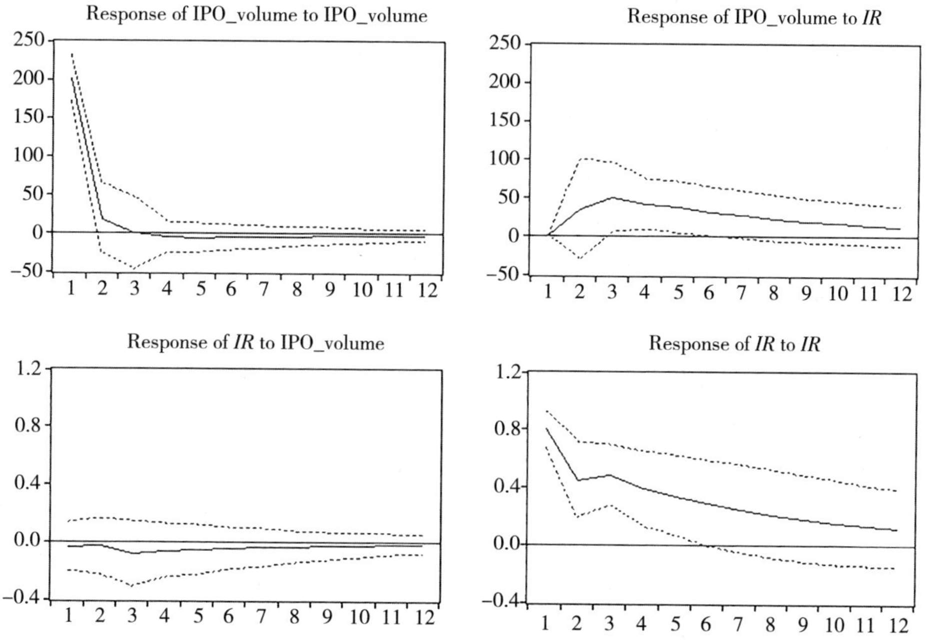

图 4-11　新股发行数量与初始收益率之间的脉冲响应

因此，从上述实证研究可以认为，新股发行数量与新股首日收益呈现正相关关系，高水平的新股初始收益率发行数量会引起较高的新股发行数量，即假说 2 成立。

第四节 小　　结

本章从我国实际出发，针对我国新股市场上的两大异象——新股首日超额收益和热销市场进行分析和实证检验，并希望从投资者情绪的视角系统解释这些异象产生的原因。

第一，针对我国股市IPO的超高首日收益率，本章采用EKF法得到的时间序列数值作为投资者情绪的代理变量，在比较SVM决策树、CART和C5.0等几种机器学习法后，选用精确度较高的CART算法对影响新股首日收益率的几种因素进行排序，得到投资者情绪是影响初始收益的最重要因素的结论。实证验证的结果印证了第三章的理论分析，认为在卖空限制和政府管控的前提下，新股初始收益率包含投资者情绪因素，过度乐观的投资者情绪推高了我国IPO的首日收益率。

第二，对我国股市另一个异象——热销市场进行了实证研究。首先，采用统计方法验证了我国新股市场周期性的存在，即新股发行量与新股首日收益率分别存在集聚性并且两者存在“领先—滞后”关系。其次，采用时间序列法检验了投资者情绪同样对新股发行数量的波动有正向影响作用；结合前文研究，提出新股初始收益率对新股发行数量有正向预测能力，并使用向量自回归模型以及脉冲函数验证了这一假说。

综上，过度乐观的投资者情绪推高了我国新股初始收益率，同时又进一步地影响了新股发行数量，造成了热销市场的形成。

从现实出发分析原因，可以认为，在我国不完全市场化的发行制度下，承销商和发行者为了自身利益最大化考虑，在发行时存在主动抑价，新股发行价不能完全反映其内在价值。当过度乐观的投资者情绪出现时，股票收益势必被推高偏离其自身价值，造成初始收益的波动。投资者情绪对二级市场的运行形成冲击后，由于缺乏卖空机制，以及政策存在对企业发行股票的严格管制，在面对情绪冲击以及高水平的初始收益率的局面时，希望上市的企业数量会增多，产生了发行数量的集聚，但市场自发的股票供给创造机制无法立即自动发挥作用，市场缺乏自我调节稳定的能力，因此产生了发行上市的时滞，造成初始收益率与发行数量的“领先—滞后”现象。

第五章　投资者情绪对新股长期收益影响研究

第一节　引　　言

第四章在第三章理论分析的基础上，从投资者情绪角度，对我国新股市场上的首日超额收益和热销市场两个异象进行了原因剖析和实证检验。本章将继续在行为金融理论下，对市场异象中的长期现象——新股长期收益不佳异象进行实证研究。

所谓"新股长期收益不佳"又称"新股长期表现弱势"，即以上市的首日交易股价为初始点，新股上市后1～3年内的收益率低于市场平均收益率的现象。1970年，Stoll和Curley最早对该现象进行了关注和检验，他们以美国资本市场上的205支小公司的股票为样本进行研究，发现新股虽短期表现良好，但长期表现弱势。表5-1是近年国外学者对全球各主要市场新股长期走势的研究结果汇总，可见，这些市场相对收益率均为负，它们普遍存在长期业绩低迷的局面。

表5-1　全球主要股市新股长期业绩汇总

国家或地区	学者	样本数（个）	样本期间（年）	时间窗口（个）	相对收益率（%）
美国	Loughran等	4 753	1970—1990	5	−30.0%
加拿大	Shaw等	105	1956—1963	5	−32.3%
日本	Cai and Wei	172	1971—1990	3	−27.0%
中国香港	McGuinness	72	1980—1990	2	−18.3%
新加坡	Hin and Mahmood	45	1976—1984	3	−9.2%
英国	Levis等	712	1980—1988	3	−8.1%
德国	Ljungqvist	145	1970—1990	3	−12.1%
澳大利亚	Lee等	266	1976—1989	3	−51.0%
巴西	Aggarwal等	62	1980—1990	3	−47.0%

现有文献对于我国股市是否存在长期弱势的研究结论存在分歧，本章首先以我国A股市场为样本在上市后的几个关键时间点采用实证方法检验其长期收益情况，检验我国是否存在至少三年期的新股弱势。随后，从理论角度分析投资者情绪因素对新股长期收益不佳的影响，同时，考虑到我国经济制度、市场环境、股票分配制度与西方成熟市场的差异，将投资者情绪分为个人投资者情绪和机构投资者情绪，并将两种情绪中的理性和非理性成分加以区分，而后进一步研究在二级市场上投资者各部分情绪对新股在短期、中期、长期表现的影响。本章后续部分安排如下：第二节为我国新股长期表现检验；第三节为理论分析，提出研究假说；第四节是投资者情绪对新股长期表现的检验结果与分析；第五节为本章小结。

第二节　新股长期表现检验

一、研究设计

邹高峰等（2012）提出，判断新股的长期表现的重点在于运用哪一种市场基准法。已有文献中常见的研究方法有两个：①事件时间法，包括两个指标：一是累计超额收益率（cumulative abnormal returns，简称CAR），二是买进持有超额收益率（buy-and-hold abnormal returns，简称BHAR）。②日历时间法，如CAPM定价模型和Fama-French三因子模型，两种方法均能形成正常收益率并运用于计算过程中。然而，这一方式在判断时间决策的过程中易产生失误，进而引起错误地估计了超额收益。从概念上看，BHAR更加适用于反映投资者的经验，但因为其存在日期混合效果，会让股票的弱势体现得更加明显，引起虚假超额收益产生。Fama（1998）提出，在长期事件研究中，应当使用CAR而非BHAR，前者对应的是月度收益率，相对于后者对应的年度收益率来说具有较短的时间间隔，对异常收益的常规检验应该选择用于估计期望收益的模型所要求的收益尺度。而且，后者存在极高的偏态分布水平，不利于进行统计推断。由于IPO的股票收益数值与其使用的计算方法密切相关，所以，从计量经济学视角分析，CAR方式更为适用。

依据Ritter（1991），CAR方法计算公式为：

$$AR_{i,t}=R_{i,t}-R_{m,t} \tag{5-1}$$

$$AR_t=\sum_{i=1}^{N}w_{i,t}\times AR_{i,t} \tag{5-2}$$

$$CAR=\sum_{t=1}^{T}AR_t \tag{5-3}$$

$$t_{CAR} = \frac{CAR}{\sqrt{T \times Var + 2(T-1) \times Cov} / \sqrt{N}} \tag{5-4}$$

其中，$R_{m,t}$ 是第 i 个 IPO 上市后第 t 月份的市场基准收益率，$AR_{i,t}$ 是第 i 个 IPO 在上市后第 t 月份得到的超额收益率；$w_{i,t}$ 代表在求取市值加权均值时，第 i 个 IPO 在上市后第 t 月份所代表的市值权重；CAR 是全部 IPO 在持有阶段 [1，T] 的累计超额收益率；t_{CAR} 代表 CAR 的 t 统计量；Var 代表 $AR_{i,t}$ 横截面方差在持有阶段 T 内的均值，Cov 代表 AR_t 序列内一阶的自协方差。

本章样本数据均来自 Resset 金融研究数据库和国泰安数据库，搜集了国内 2007 年 1 月至 2014 年 4 月上市的全部股票，排除存在数据缺失的，总共包含 1 215 个 IPO。国外学者提出，IPO 弱势至少会维持三年左右，所以，在选取样本的过程中，需要保留三年的时间窗口。

二、研究结果

本文的样本都为月度数据，因为需要检验短期、中期、长期的新股表现，根据 Samer（2015）的研究，对新股上市之后的月度累计超额收益率进行计算，并对第 12 月、第 24 月和第 36 月的三个数据给予重点分析。结果展示如表 5-2 所示。

表 5-2　基于 CAR 方法的 IPO 长期表现计算结果

月份	超额收益率	累计收益率	累计收益率 t 统计量
1	−0.028 988	−0.028 997	−5.371
2	−0.025 948	−0.054 936	−6.088
3	−0.031 125	−0.090 516	−8.572
4	−0.008 823	−0.097 699	−8.778
5	−0.009 564	−0.105 724	−9.825
6	−0.013 942	−0.121 667	−10.154
7	−0.013 979	−0.134 663	−10.800
8	−0.003 094	−0.138 267	−10.791
9	0.004 422	−0.133 845	−10.994
10	−0.010 985	−0.144 841	−10.052
11	−0.000 076	−0.144 903	−10.031

（续）

月份	超额收益率	累计收益率	累计收益率 t 统计量
12	0.004 949	−0.139 958	−10.446
13	−0.003 801	−0.147 392	−10.672
14	−0.000 142	−0.143 689	−10.731
15	0.002 685	−0.140 999	−10.644
16	−0.000 103	−0.141 072	−10.844
17	0.000 698	−0.140 104	−10.364
18	−0.000 390	−0.140 493	−10.395
19	0.001 421	−0.139 078	−10.323
20	−0.001 720	−0.140 975	−10.420
21	0.001 327	−0.139 523	−10.490
22	−0.000 594	−0.140 127	−10.525
23	−0.000 491	−0.140 614	−10.245
24	−0.000 382	−0.140 996	−10.258
25	−0.000 390	−0.141 386	−10.267
26	0.000 649	−0.140 736	−10.187
27	0.000 674	−0.140 037	−10.051
28	−0.000 719	−0.140 775	−10.028
29	−0.002 334	−0.143 106	−10.178
30	0.000 525	−0.142 588	−10.171
31	−0.001 155	−0.143 769	−10.187
32	0.001 046	−0.142 725	−10.078
33	−0.000 483	−0.143 194	−10.083
34	−0.001 059	−0.144 256	−10.139
35	−0.000 920	−0.145 176	−10.179
36	−0.000 849	−0.146 025	−10.281

表 5-2 展示的是样本在上市后三年间的超额收益率，可以看到，结果均为负数的情况共有 26 个月。IPO 上市的首个月就呈现出极大的弱势，且 $CAR_{i,t}$

和 t_{CAR} 都是负值。其中，t_{CAR} 在半年后达到－10.154%，并持续维持到第三年年末。图 5-1 直观地表达了检验结果，可见，在我国市场上，新股在统计学上呈现出显著的、持续三年的长期弱势。与 Loughran 和 Ritter（2000）的结果不一样，国内 A 股市场表现为开始早和整体弱势的特点。

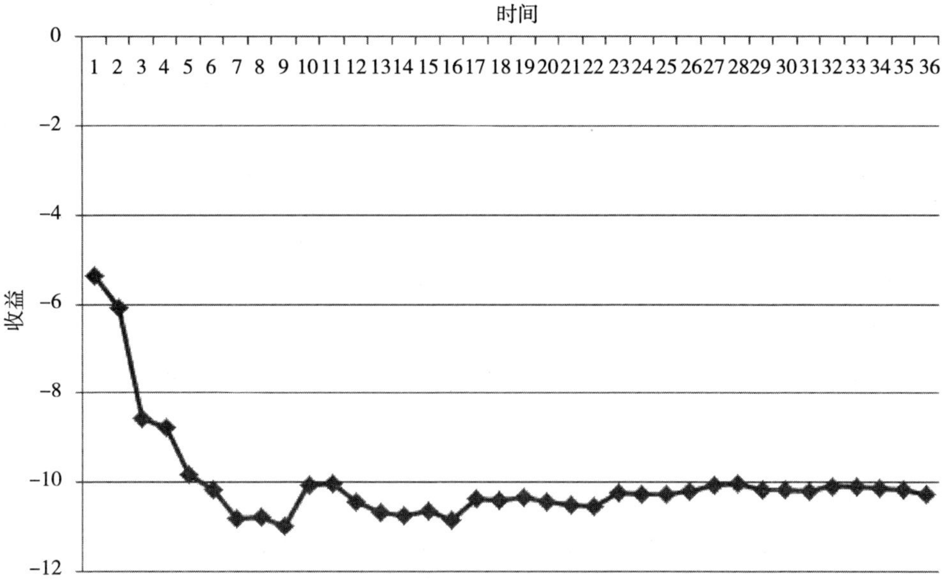

图 5-1　长期收益率测度

第三节　投资者情绪与新股长期表现的理论分析与假说提出

一、理论分析

以往学者的研究将新股长期表现不佳归结为以下几个原因：Ritter（1991）使用美国股市 1975—1984 年的 1 526 个样本数据研究三年期内新股的收益情况，认为发行者有利用“机会窗口”选择新股发行时机从而获得初始超高收益的动机，导致新股逐渐收益回落。Loughran（1995）的研究证明了上述观点，并指出除了发行者，投资者本身的动量反应亦可考虑为影响新股长期表现较弱的因素。Loughran 和 Ritter（2000）使用 Fama-French 三因子模型研究股票收益问题，指出定价效率过低会造成股票长期收益较弱，Jain 和 Kini（1994）的研究验证了该说法。Ritter 和 Welch（2002）认为，一段时期内热销市场的缺失造成了股票收益表现不佳的现象。Shiller

（1990）和 Aggarwal（1990）的研究认为，投资者的跟风行为（fads）是引起市场波动的主因。

从新兴的行为金融理论的角度看，过度乐观的投资者情绪是引起新股上市之后长期表现不佳的根源所在。投资者在企业发行新股时往往对其上市后发展保持乐观态度，因此在其发行之后会呈现出首日超额收益，但是一段时间后，随着过度乐观的情绪逐渐趋向理智，此时投资者会倾向于将股票卖出，少量持有，这就导致了股票长期弱势的现象。一些学者的研究印证了这一学说：Brown 和 Cliff（2005）发现，投资者情绪正向影响短期回报，反向影响随后三年的长期回报。Ben-Rephael（2012）的研究也认为，投资者情绪与股市当期的超额收益有正向联系，与长期收益反向相关。事实上，回顾之前学者的研究，"动量反应""跟风行为"等均为投资者的非理性行为，这都是投资者情绪的一部分。因此，可以认为，情绪是引起新股长期表现异象的主要原因。

假设投资者情绪过度乐观是引起新股上市之后具有较长时期的弱势情况的主要根源。Ljungqvist 等（2006）认为，上市企业的股票市值通常会被两类投资者情绪所影响：一是个人投资者情绪，二是机构投资者情绪。前者相对的非理性，是新股长期异象的主导原因，而后者相对理性，可以适度纠正前者的行为，让资本价值回归到自然状态。然而，个体投资者是不是就一定属于非理性，而机构投资者是否一定属于理性，在我国这个特殊制度背景的资本市场中，两种投资者角色应当如何理解，是值得思考的问题。

将我国这个新兴市场作为研究对象时，发行制度的特殊性应予以考虑。我国当前的相关法规规定，股份公司首次公开发行股票及其上市之后向社会公开筹集股份的过程中，采取的是对个人投资者网上发行和对机构投资者配售相结合的发行方式。当前，国内的新股发行分配制度使得机构投资者和个人投资者有不同的申购方式和信息获取渠道，下面将分别进行介绍。

根据《证券发行与承销管理办法》的规定，符合中国证监会条件的特定机构投资者（询价对象）及其管理的证券投资产品（股票配售对象）可以参与网下配售。询价对象是指符合中国证监会条件的证券投资基金管理公司、证券公司、信托投资公司、财务公司、保险机构投资者和合格境外机构投资者、主承销商自主推荐的具有较高定价能力和长期投资取向的机构投资者，以及其他经中国证监会认可的机构投资者，并且主承销商应当向询价对象提供投资价值研究报告。询价对象可以自主决定是否参与股票发行的初步询价，发行人及其主承销商应当向参与网下配售的询价对象配售股票，但未参与初步询价或虽未参与初步询价但未有效报价的询价对象，不得参与累计投标询价和网下配售。股票配售对象只能选择线下或者网上一种方式进行新股申购，所有参与该只股票线下报价、申购、配售的股票配售对象均不再参与网上申购。累计投标询价完成后，发行价格以上的有效申购总量大于拟向询价对象配售的股份数量时，发行人及其主承销商应对发行价格以上的全部有效申购进行同比例配售。

发行人及其主承销商应在线下配售的同时对社会公众投资者进行网上公开发行。网上公开发行方式是指利用证券交易所的交易系统，主承销商在证券交易所开设股票发行专户并作为唯一的卖方，投资者在指定时间内，按照现行委托买入股票的方式进行申购的发行方式。沪深两个交易所现行的做法是采用资金申购网上公开发行股票方式。公众投资者可以使用其所持有的沪深两交易所证券账户在申购时间内通过与交易所联网的证券营业部，根据发行人公告规定的发行价格和申购数量全额存入申购款进行申购委托。单个投资者只能使用一个合格账户申购新股。申购结束后，根据实际到位资金，由证券交易所主机确认有效申购数。主承销商根据有效申购量和该次股票发行量配号，若出现超额认购情况，以摇号抽签方式决定中签的证券账户。

这种制度决定了机构投资者较个人投资者具有较多的市场信息，信息不对称程度较高，因此可以认为，机构投资者情绪越高的股票收益率越高，是“聪明的钱”（smart money）。Schmeling（2008）使用2001年2月至2005年2月美国市场的199个样本数据研究发现，机构投资者能正确预测股票收益，而个人投资者是噪声交易的代表，并不能做出正确的判断。余佩琨和钟瑞军（2009）探究了中国资本市场内，个体投资者情绪对于股票收益的影响，提出与机构投资者相比，个人投资者不具有信息优势，投资行为非理性化严重，不能正确预测市场收益率。但也有学者指出，机构投资者是股市暴涨暴跌的助推器，并非先前认为的那样理性（Dennis，2015）。本书也倾向于机构投资者可以认为是具有专业能力和规模优势的聪明投资者，但是并非完全理性，这是由于我国常年来的首日超额收益较高，机构投资者有“打新股”的习惯，因此在申购过程中调拨大量资金，甚至利用自身专业优势融资大量增加配号数量，以获得更多的中签率。满足大量申购新股的任务后，机构投资者不愿意承担二级市场股价风险，就会造成上市后大量抛售，导致长期收益不佳的后果。

那么，对于个人投资者，是否就一定被认为是非理性的呢？虽然现行制度下，个人投资者拥有市场信息不够透明，但是按照Hofstede的文化维度理论，我国投资者具有较强的集体主义倾向和较强的不确定性回避性（表5-3），能够得知，个体投资者在交易的过程中，自我归因偏差不明显，为了规避风险，能够做出一定程度理性的评判。

表 5-3　各国文化维度数值

	中国	俄罗斯	英国	美国
权利差距（power distance）	79	88	36	39
个人主义（individualism）	19	40	90	88
不确定性规避（UA）	29	94	36	47
男性化社会（masculinity）	65	37	65	61
长期导向（long-term）	86	82	49	27
纵容、自制指数（indulgence/restraint）	24	20	69	68

资料来源：Geert Hofstede，Gert Jan Hofestede，Michael Minkov，2010. Cultures and Organizations-Software of the Mind［M］. New York：McGraw-Hill.

根据以上判断，在长期收益研究中，并不能只将投资者情绪笼统作为一个整体对象考虑。我国实行新的股票发行体制改革，即询价制确立之后，机构投资者在资本市场上的地位越来越重要，机构投资者和个人投资者各自的交易行为会对整个股票市场的运行和价格的形成及波动产生不可忽视的影响，需要分别给予研究。Brown（2005）、Baker（2006）指出，投资者情绪包含两个方面：理性部分和非理性部分。理性部分是指可以被宏观经济要素所解释的部分，剩下的均属于非理性部分。本章将选择从这一视角探究我国投资者情绪如何影响二级市场上股票的表现。本章借鉴 Verma 和 Soydemir（2009）的研究，将个体和机构两种投资者情绪分别划分为理性和非理性成分，分别研究其对新股长期表现的影响。

二、假说提出

依据对文献的分析，新股上市之初，投资者因为对企业未来发展有比较理想的预估，情绪比较乐观，因此股票上市之后，其交易价格要超出基本价值。吕东锴等（2013）也提出，我国对于卖空交易有严格限制，投资者情绪比较乐观的时候会高估股票的市场价值。经过一定时间之后，其虚高的价格将会逐渐回落，进而会呈现长期弱势的状态。根据上文针对个体投资者特性的解析，本书提出有待检验的假说 1。

H1：个人投资者情绪中的非理性的成分，在股票上市后短期、中期和长

期都反向影响新股的表现。

个体投资者情绪内包含的噪声将会给机构投资者带来一定干扰。因此，即便机构投资者持有相对乐观的情绪，也会为了防止新股长期收益不佳而表现得更为理性，直到价格平稳。另一层面，Delong（1990）提出，机构投资者拥有更多的经验，对市场发展做出的评判更为理性，所以，其情绪内的理性要素将会正向影响新股长期收益。因此，依据对机构投资者的特点的解析，指出需要检测的假说2。

H2：机构投资者情绪中的理性成分正向影响新股的长期表现。

根据第三章中对于投资者情绪代理变量的介绍，可以有直接、间接和综合三种方法来度量投资者情绪。第四章中选用的即为综合代理变量。目前，国外学者在研究个人和机构投资者情绪时，多运用直接指标法。比如，运用美国个体投资协会（AAII）及投资者情报（II）所做的问卷调研获得的投资者情绪指数。我国当前发布时间延续最久的投资者情绪指数当属耶鲁-CCER中国投资者信心指数，这一指数以月度为周期对投资者展开问卷调研而汇总得出，其不仅具有可得性，而且具备连续性，且同时包含个人和机构两种投资者情绪指数。本章采用该指数进行研究具有一定创新性和探索性。

第四节　研究设计及结果分析

一、变量设定

（一）投资者情绪变量

根据上文，投资者情绪可以被分解为理性部分和非理性部分，因此选取2007年1月至2014年4月的个人投资者（IND）和机构投资者（INS）情绪指数，同时收集相应时间内的宏观经济数据，采用Baker和Wurgler（2006）的研究方法，通过回归的方法计算出两个部分的值。根据对温彬等（2011）的已有研究成果的总结，确定了8个宏观经济变量，分别为货币供应量（*M2*）、工业增加值增长速度（*LAVGR*）、固定资产投资总额增长率（*FAIGR*）、居民价格指数（*CPI*）、利差期限结构（*TS*）、商品零售价格指数（*RPI*）、社会消费品零售总额月度增长率（*RSCG*）和IPO时的市场收益率（*MR*）。以上变量的数据来源于国家统计局网站及东方财富网。在进行拟合前，首先采用格兰杰因果检验法研究上述宏观经济变量是否能够解释投资者情绪。具体步骤如下。

第一步是采用ADF检验法对上述变量序列进行平稳性检验，检验结果如表5-4所示。

表 5-4　单位根 ADF 检验结果

变量	ADF 检验值	临界值（1%，5%，10%）	单位根检验结果
$M2$	−4.535 4***	−3.535 4 −2.907 6 −2.591 3	平稳
$LAVGR$	−6.285 8***	−4.411 0 −3.482 7 −3.169 3	平稳
$FAIGR$	−3.446 0*	−4.110 4 −3.482 7 −3.169 3	平稳
InCPI	−3.452 0*	−4.110 4 −3.482 7 −3.169 3	平稳
TS	−3.356 7*	−4.107 9 −3.481 5 −3.168 6	平稳
InRPI	−3.262 9*	−4.107 9 −3.481 5 −3.168 6	平稳
$RSCG$	−7.490 2***	−4.107 9 −3.481 5 −3.168 6	平稳
MR	−7.890 1***	−4.107 9 −3.481 5 −3.168 6	平稳
InIND	−6.306 3***	−4.107 9 −3.481 5 −3.168 6	平稳
InINS	−5.910 5***	−4.107 9 −3.481 5 −3.168 6	平稳

注：表中的变量为数据的一阶差分值；*、**、***分别表示所在行的变量序列在 10%、5%和 1%。

ADF 检验结果显示，以上变量都服从同阶单整，可以进行下一步检验。第二步采用 Johansen 协整检验方法进行检验，结果证明，在样本选取年份内，这些变量间存在长期稳定均衡关系。因此，可以继续通过格兰杰因果验证变量间是否有因果关系，检验显著性水平取 5%，滞后期取 1。如果 P 值大于 0.05，则说明两者之间存在因果关系。检验结果如表 5-5 和 5-6 所示。

表 5-5 格兰杰因果分析（个人投资者）

零假设	F 统计量	P 值	决策
货币供应量不是个人投资者信心的格兰杰原因	0.457 8	0.501 2	是
工业增加值增长速度不是个人投资者信心的格兰杰原因	1.163 7	0.284 9	是
固定资产投资总额增长率不是个人投资者信心的格兰杰原因	2.923 5	0.092 4	是
居民价格指数不是个人投资者信心的格兰杰原因	1.330 4	0.253 2	是
利差期限结构不是个人投资者信心的格兰杰原因	0.391 0	0.534 0	是
商品零售价格指数不是个人投资者信心的格兰杰原因	1.218 8	0.273 9	是
社会消费品零售总额月度增长率不是个人投资者信心的格兰杰原因	3.242 0	0.076 7	是
IPO 时的市场收益率不是个人投资者信心的格兰杰原因	0.154 3	0.695 9	是

表 5-6 格兰杰因果分析（机构投资者）

零假设	F 统计量	P 值	决策
货币供应量不是机构投资者信心的格兰杰原因	0.102 9	0.749 6	是
工业增加值增长速度不是机构投资者信心的格兰杰原因	0.183 6	0.669 6	是
固定资产投资总额增长率不是机构投资者信心的格兰杰原因	1.252 3	0.267 4	是
居民价格指数不是机构投资者信心的格兰杰原因	1.731 5	0.193 2	是
利差期限结构不是机构投资者信心的格兰杰原因	0.391 1	0.533 9	是
商品零售价格指数不是机构投资者信心的格兰杰原因	1.498 3	0.226 5	是
社会消费品零售总额月度增长率不是机构投资者信心的格兰杰原因	0.665 1	0.418 0	是
IPO 时的市场收益率不是机构投资者信心的格兰杰原因	2.836 4	0.097 4	是

根据检验结果，可以认为在显著水平为 5%的情况下，这些宏观变量是个人投资者和机构投资者的格兰杰原因。

最后，通过上文分析，提出式 5-5 和式 5-6 进行拟合检验。

$$IND_0 = \alpha_0 + \alpha_1 \times (set\ of\ fundamentals) + \varepsilon_1 \tag{5-5}$$

$$INS_0 = \lambda_0 + \lambda_1 \times (set\ of\ fundmentals) + \varepsilon_2 \tag{5-6}$$

其中，α_0 和 λ_0 为常数，ε_1 和 ε_2 代表残差。计算结果如表 5-7 所示。

表 5-7　投资者情绪指标分解

	Panel A-个人投资者		Panel B-机构投资者	
	系数	标准差	系数	标准差
constant	−673.907	1 188.241	−886.011	833.324
M2	3.289	1.236	1.806	0.867
LAVGR	0.539	0.905	−0.510	0.635
FAIGR	−3.417	1.442	−1.248	1.011
InCPI	624.150	1 560.412	174.241	1 094.331
TS	−12.756	5.108	−3.410	3.482
In*RPI*	−252.857	1 383.893	307.569	970.536
RSCG	0.713	1.252	−0.625	0.878
MR	−1.302	0.971	−0.953	0.681
R^2	25.19		13.31	
F-statistic	2.347		1.078	

表 5-7 显示了两个公式的最小二乘回归结果，结果表明在样本期间内，13.31%的机构投资者情绪可以被宏观经济所解释，25.19%的个人投资者情绪可以被宏观经济所解释，这表明在我国个人投资者情绪相对于机构投资者而言，更容易受宏观经济情况影响。宏观经济因素是影响投资决策的一个相对重要的因素。此外，结果显示，在本书这种直接采用调查问卷代替投资者情绪的方法的前提下，不论个人投资者还是机构投资者情绪都包含较大比重的非理性的成分。这一结论与 Baker 和 Wurgler（2006）的结论相似。此外，根据式 5-5 和式 5-6 的分析结果，可以计算出投资者情绪的理性成分值（拟合值）和非理性成分值（残差）。

（二）控制变量

根据对以往文献的研究，选取以下 5 个相关控制变量。

1. 家族成员参与管理

我国学者研究认为，家族成员参与管理的企业 IPO 抑价程度会比较低，长期表现较好。本书从企业招股说明书中收集了企业实际控制人以及控股家族成员担任董事、监事和高级管理人员的情况，选取实际控制者为某个以血缘和姻亲为联结的家族并至少有两名或以上的家族成员参与经营的企业定义为家族参与管理的企业，并将其取值为1，不是家族成员参与管理的取值为0。

2. 公司成立时间

Samer（2015）等学者认为，投资者对于成长型公司有较高的乐观情绪，因此收集样本中每个公司成立和上市的时间作为控制变量，该变量计算公式为In（1+*age*），*age*表示公司成立到上市之间的年数。

3. 是否风险投资参与

通常有风投背景的公司被认为有更好的长期收益。对于判断该公司是否具有风险投资背景，本书借鉴吴超鹏等（2012）的研究方法，数据从各个公司的招股说明书中手动收集，具有风投背景的设定为1，没有的设定为0。

4. 第一大股东及关联方持股比例

Leland等（1977）认为，投资者可以通过该公司股东留存股份比例的多少判断公司价值，留存比例越高说明内部人对公司价值越有信心。IPO公司第一大股东及其关联方的持有股份占IPO后总股本的比例手动从招股说明书中收集。

5. 承销商声誉

承销商作为资本市场上的重要中介机构，对发行者能否顺利上市并募集到经营所需要的资金都起着不可或缺的作用。研究认为，承销商声誉对IPO长期回报有显著影响。沈哲和林启洪（2013）通过对创业板的检验，认为其抑价程度随着承销商声誉的提高而降低。已有较多研究发现，承销商的声誉与IPO抑价程度相关联。目前，学术界常用的承销商声誉度量方法为C-M法，即美国金融学家卡特和曼纳斯特以IPO墓碑公告（tombstone announcement）中承销商的排名次序作为衡量承销商声誉的一个重要参考依据。本书即借鉴该方法，数据取自中国证券业协会和巨潮网公布的每年券商承销股票金额及个数排名榜，经对两项排名的结果做合并统计后得到的前十名承销商作为本书的高声誉承销商，取值为1，其余设为0。①

二、研究模型及结果

为研究投资者与我国新股长期表现，根据上文的分析，借鉴Samer

① 以2010年为例，前十名承销商分别为：广发证券、中信证券、平安证券、国信证券、海通证券、中信建投、华泰联合、招商证券、国泰君安、安信证券。

（2015）方法，提出公式 5-7 并采用多元回归法以检验假说。个人投资者情绪理性成分（*RatIND*）、个人投资者情绪非理性成分（*IrIND*）、机构投资者情绪理性成分（*RatINS*）和机构投资者非理性成分（*IrINS*）为自变量，长期收益情况为因变量。

$$CAR_m = \beta_0 + \beta_1 \times IrIND + \beta_2 \times RatIND + \beta_3 \times IrINS + \beta_4 \times RatINS + \beta_5 \times Family + \beta_6 \times \text{In}(1 + Age) + \beta_7 \times VC + \beta_8 \times Firstholding + \beta_9 \times Underwriter + \varepsilon_3 \tag{5-7}$$

其中，m 分别选取 12 个月、24 个月、36 个月。

（一）变量的描述性统计及相关分析

表 5-8 显示了主要变量的定义及描述性统计情况。从表 5-8 可见，我国企业采用风险投资的比例尚不到一半；公司在上市前的设立时间相对较短；上市公司家族成员参与经营程度较高，为 0.550；第一大股东及关联方持股比例为 0.452；有超过一半的企业由具有高声誉的承销商作为保荐人；机构投资者情绪的理性部分较个人投资者情绪理性部分相对乐观。

表 5-8　主要变量的定义及描述性统计

变量	变量符号	均值	最大值	最小值	标准差
是否风险投资	*VC*	0.380	1	0	0.486
公司成立时间	*Age*	10.340	45	1	4.699
家族成员参与	*Family*	0.550	1	0	0.500
第一大股东及关联方持股比例	*Firstholding*	0.452	0.771	0.002	0.137
承销商声誉	*Underwriter*	0.510	1	0	0.501
个人投资者情绪理性成分	*RatIND*	56.969	74.052	41.791	7.647
个人投资者情绪非理性成分	*IrIND*	0	32.204	−32.439	13.205
机构投资者情绪理性成分	*RatINS*	65.969	76.274	58.421	3.634
机构投资者非理性成分	*IrINS*	0	19.763	−25.521	9.261

表 5-9 显示了主要变量的相关系数情况，个人投资者情绪的非理性成分与 *CAR* 之间呈现微弱的负相关关系；机构投资者理性成分与 *CAR* 表现呈现正相关关系；但机构投资者非理性成分与 *CAR* 呈现较弱的反向相关性关系。

表 5-9　主要变量的相关分析

	变量	1	2	3	4	5	6	7	8	9	10	11	12
1	*VC*	1											
2	*Age*	−0.063	1										
3	*Family*	0.039	0.025	1									
4	*Firstholding*	−0.108	−0.031	0.143*	1								
5	*Underwriter*	−0.028	0.119	−0.094	0.036	1							
6	*RatIND*	−0.010	0.242	−0.068	−0.062	0.242	1						
7	*IrIND*	0.034	−0.240	0.096	−0.057	0.017	0	1					
8	*RatINS*	0.054	0.216	−0.064	0.006	0.156	0.769**	0	1				
9	*IrINS*	0.032	−0.222	−0.009	−0.006	−0.159	0	0.448**	0	1			
10	*CAR*12	−0.024	−0.206	−0.534	0.074	0.556	−0.152	−0.153	0.217	−0.094	1		
11	*CAR*24	−0.063	−0.073	−0.323	−0.046	0.173	−0.066	−0.099	0.140	−0.079	1	1	
12	*CAR*36	0.112	−0.170	−0.187	−0.019	0.054	−0.077	−0.080	0.106	−0.043	1	1	1

注：*、**分别表示变量序列在5%和1%水平显著相关。

（二）模型检验结果及分析

表 5-10　模型 5-7 检验结果

	Panel A 系数	Panel B 系数	Panel C 系数
C	−0.781	−0.246	−0.205
VC	−0.227	−0.129	0.066
Age	−1.116	−0.401	−0.395
Family	−0.348	−0.435	−0.243
Firstholding	0.166	−0.066	−0.015
Underwriter	0.639	0.172	0.168
RatIND	0.443	−0.192	−0.291
IrIND	−1.007	−0.264	−0.140
RatINS	0.757	0.321	0.347
IrINS	0.583	0.058	0.042
R^2	0.984	0.290	0.198
F-statistic	13.945	0.634	0.713

表 5-10 显示了各个变量对新股表现的影响情况。A 部分显示了新股在上市 12 个月末时的检验结果，个人投资者情绪中的理性成分正向影响新股短期表现，个人投资者情绪中的非理性成分反向影响新股短期表现，结论支持 H1；机构投资者情绪中的理性和非理性成分都正向影响短期内新股表现，支持 H2。B 部分显示了新股在上市 24 个月后的检验结果。个人投资者情绪中的理性与非理性成分反向影响新股中期表现，结论支持 H1；机构投资者情绪中的理性与非理性成分都正向影响新股中期表现，结论支持 H2。C 部分显示了新股在上市 36 个月后的检验结果。个人投资者情绪中的理性与非理性成分反向影响新股长期表现，H1 成立；机构投资者情绪中的理性与非理性成分都正向影响新股长期表现，H2 成立。

总之，检验结果支持本书提出的假说，认为投资者情绪影响股票二级市场的表现。非理性乐观的个人投资者负向影响股票的表现，这种影响具有动量效应，不仅表现在短期，同时也体现在中期和长期，这对以往的研究结论有补充作用。同时，结论显示机构投资者的理性乐观情绪不会减弱新股长期表现。对控制变量的研究显示，风险投资者对公司的支持在短期和中期会反向影响新股表现，与以往的研究结论不同；家族成员参与管理会反向影响新股表现；公司成立时间较短也许会利于新股表现；承销商的好声誉会正向影响新股长期表现；第一大股东及关联方持股比例在短期内正向影响新股表现，中长期反向影响新股表现。

三、稳健性检验

为了检验上述实证的结论，本书进行了两方面的稳健性检验。

（1）选取我国创业板市场中的上市企业为样本进行稳健性检验。Baker 和 Wurgler（2006）曾指出，投资者的乐观情绪是与技术的进步状况呈现正相关关系的。20 世纪 60 年代，最热的 IPO 市场集中了代表着当时最进步技术的电子类和计算机类公司，投资者们对这类新兴的、成长型的企业有着高涨的热情。然而好景不长，1962—1968 年，成长型的股票逐渐走低，那些一度被看好的投资者遭受了巨大的经济损失。20 世纪 80 年代，能源、生物技术类公司发展迅速，在一段时间非常火爆，但随后也经历了一段时间的低潮。到了 20 世纪 90 年代，随着互联网经济的发展，互联网企业在股市表现优异，但看涨的情绪随着 2000 年的互联网泡沫的破裂而消散。可见，相对于一些传统行业，那些刚刚起步、具有良好前景的科技进步企业在进入股市时会伴随着更加乐观的投资者情绪。对于我国来说，创业板市场上集中着科技类和成长型公司，可以说，被吸引到我国创业板市场上的投资者应是具有强烈的前期乐观情绪的。Baker 和 Wurgler（2006）的证据表明，成立时间短、规模小、波动性强的公司股票对投资者情绪更加敏感。因此，选取吸引大批非理性投资者的创业板作情绪对新股长期表现的研究具有代表性。稳健性检验的结果见表 5-11，回归的结果没有显著差异，结论依然成立。

表 5-11　采用创业板为样本的检验结果

	Panel A 系数	Panel B 系数	Panel C 系数
C	−0.719	−0.274	−0.216
VC	−0.272	−0.131	0.081
Age	−2.216	−0.422	−0.491
Family	−0.384	−0.535	−0.234
Firstholding	0.181	−0.166	−0.025
Underwriter	0.683	0.183	0.172
RatIND	0.424	−0.194	−0.292
IrIND	−1.007	−0.264	−0.143

（续）

	Panel A 系数	Panel B 系数	Panel C 系数
RatINS	0.726	0.312	0.373
IrINS	0.629	0.062	0.051
R^2	0.894	0.292	0.201
F-statistic	12.991	0.642	0.721

（2）我国学者曾使用一些间接指标来代理个人和机构投资者情绪变量进行实证研究，如李雪峰（2010）、鹿坪（2015）使用交易所 A 股散户新增开户数和机构新增开户数分别作为个人投资者情绪指标和机构投资者情绪指标。张强（2012）选取网下累计超额认购倍数作为机构投资者情绪的代理变量等。本书借鉴李雪峰等的研究，使用新增开户数度量投资者情绪，检验对 IPO 长期表现的影响，检验结果见表 5-12。稳健性检验结果与前文结论没有显著差异，因此认为结论成立。

表 5-12　投资者情绪指标分解

	Panel A-个人投资者		Panel B-机构投资者	
	系数	标准差	系数	标准差
constant	−663.907	1 288.124	−890.011	833.532
M^2	3.299	1.263	1.800	0.849
LAVGR	0.540	0.949	−0.521	0.653
FAIGR	−3.146	1.423	−1.284	1.010
In*CPI*	619.015	1 640.412	171.721	1 049.311
TS	−13.056	5.201	−4.010	3.284
In*RPI*	−243.957	1 438.983	317.965	790.365
RSCG	0.722	1.225	−0.651	0.875
MR	−1.210	0.982	−0.934	0.672
R^2	27.2		15.3	
F-statistic	3.341		1.087	

第五节　小　　结

本章研究了我国新股市场上的一个长期异象——发行后长期表现不佳现象，即为什么在首日收益超高的局面下，反而在上市的半年后，甚至三年后收益率逐渐回落。

本章以 2007 年 1 月至 2014 年 4 月我国股市为样本数据，首先检验了我国新股的三年期内表现，证实确实存在长期收益不佳的现象。然后，通过理论分析，认为在我国股票发行分配制度影响下，个人和机构投资者情绪是影响二级市场表现的主要因素。具体以耶鲁-CCER 中国投资者信心指数为个人和机构投资者情绪指数，通过分解个人和机构投资者情绪中的理性和非理性成分，研究对 IPO 长期表现的影响。研究发现：通过对个人和机构投资者情绪的分解，认为个人投资者情绪相对机构投资者更容易受宏观经济因素影响，机构投资者非理性情绪比个人投资者更明显；个人投资者情绪中的非理性的成分，在股票上市后短期、中期和长期都反向影响新股的表现；机构投资者情绪中的理性成分正向影响新股的长期表现。

第六章　投资者情绪对IPO企业经营业绩的影响研究

第一节　引　　言

第五章研究了股票长期收益弱势的异象，本章将继续关注新股发行后长期表现的另一个异象——我国企业上市后经营绩效下滑，即“业绩变脸”现象。所谓“业绩变脸”，指的是大量首次公开发行的企业在上市后经营业绩大幅下滑，净利润出现负增长的现象。表1-1总结了询价制改革后我国上市企业经营业绩的变化，可见，上市后的第二年，上市公司的营业利润指标同比下降率在15％～65％之间，而利润总额指标的“变脸”率在16％～76％之间，根据公司上市后首个年度的经营情况，“业绩变脸”现象较为普遍。IPO企业经营绩效下降不仅打击了上市公司和投资者的信心，而且使得重要的金融资源没有得到有效使用，无法完全发挥稀缺资金的价值。

目前，国内外关于上市公司“业绩变脸”的研究数量不多，较集中于对该现象的描述和验证方面。如Tech、Wong和Rao（1998）等以美国市场为样本研究了新股发行后公司存在经营业绩下降的事实。Pierre（2000）和Allen（2000）分别以法国和澳大利亚为研究对象验证了公司上市后经营业绩显著下降的现象。我国学者张征（2014）、杨敏等（2016）、逯东等（2015）、尹自永等（2014）将IPO公司“业绩变脸”作为研究对象，探讨在我国制度下该异象出现的原因。

总结目前造成新股发行后经营业绩下滑的理论解释主要分为两类：一是从承销商和投资者的行为角度考虑，认为具有良好声誉的承销商利用保荐制度“只荐不保”，为了自身利益最大化而没有发挥对新股质量的认证作用，使得发行人能够拔高业绩；在询价制度下，机构投资者能够识别出新股的真正价值，对于上市后营业利润下降的企业有选择的申购，而个人投资者不能事先识别“业绩变脸”的公司进而遭受到“赢者诅咒”的损失。二是从盈余管理的角度，认为企业在上市前会有为了获得超额收益的目的而采用盈余管理行为调高业绩，但是这种机会主义的行为无法长期维持，在新股发行后由于操纵性应计利润的反转导致经营业绩下滑，且发行前盈余管理程度越高反而发行后“业绩变脸”程度越大。

本书认为，从承销商和投资者角度的理论解释似乎不能作为“业绩变脸”的原因。首先，我国证监会在 2011 年后对保荐机构“荐而不保”的行为加强了监管力度，包括启动了保荐信用监管系统和新股发行财务专项检查，加大对承销商的惩处措施等。但是从近几年企业经营数据的分析可以发现，这种对企业和承销商行为的规范起到的效果不大。其次，根据第五章对于我国发行和分配制度下个人投资者与机构投资者特点的分析，可以认为，机构投资者并不是真正的所谓的“聪明的钱”，其对上市企业的甄别能力有限，不能对“业绩变脸”现象负责。从盈余管理角度的理论解释较为合理，企业通过盈余管理行为对盈余信息进行粉饰和包装，取得上市资格，同时获得较高的股票发行价格，能够带来发行收入最大化、经理人职业声誉、股权收益等众多利益。因此，IPO 企业管理者总是有强烈的动机通过盈余管理行为对盈余信息进行调整。这可以认为是“业绩变脸”产生的直接根源，那么，管理者是怎样进行盈余管理的呢？盈余管理时机的差别对于“业绩变脸”影响有何差异？本章试图从行为金融视角研究投资者情绪影响下公司管理者是如何利用盈余管理行为影响公司长期经营绩效的。

本章后续部分安排如下：第二节为理论分析与研究假说提出；第三节为研究方法介绍、指标与样本数据选取、研究结果分析；第四节为本章小结。

第二节 理论分析与假说提出

一、投资者情绪与盈余管理

虽然国内外学术界对盈余管理相关问题已经进行了深入研究，但可惜的是仍没有一个统一的概念。Schipper 在 1989 年最早对盈余管理进行定义，指出其是企业管理者有目的的干预和控制对外财务报告的行为，并以此获取私人利益（而不是保持外部报告中立性）的“披露管理”。Scott（1997）也认为，盈余管理是在公认会计原则的许可范围内，通过一些会计手段实现私人利益化的行为。这些最早的解释被认为是对盈余管理的狭义理解。随着研究的深入，盈余管理的定义更加宽泛。Healy 和 Wahlen（1999）提出的盈余管理概念更加广义，超出了会计的范畴，他们认为，一些规划交易的方式也应理解为盈余管理行为。同时，盈余管理的目的不仅局限为获得私人利益，还有达到效用最大化或者企业价值最大化的目标。Dechow 和 Skinner（2000）亦指出，盈余管理是在不违背会计原则的前提下，为了满足管理者各种意图的会计选择行为。

在国外学者研究基础上，我国学者，如宁亚平（2004）、孙铮（1999）、顾兆峰（2000）等都对盈余管理行为的概念进行阐述，但是内核都差异不大。因此，借鉴前人研究成果，结合我国实际情况，盈余管理的概念可以定义为：盈余管理是企业管理者为了实现自身效用最大化或企业价值最大化，在公认会计原则范围内进行会计选择或安排真实交易行为来调整或安排真实交易行为来调整、粉饰企业财务报告进而影响财务报告使用者决策的合法行为（张征，2014）。

那么，投资者情绪对于管理者的盈余管理行为有什么影响呢？从理论角度分析，首先，蒋玉梅（2010）曾提出，投资者情绪对信息公告市场有影响。Barberies、Shleifer 和 Vishny（1998）提出了用投资者过度反应或反应不足来解释盈余公告市场反应的模型，模型认为，在投资者情绪低落时间段，投资者受到谨慎性心理偏差的作用，所以会出现盈余消息的积极市场反应相对较小，负盈余消息的积极市场反应相对较大的局面；而在投资者情绪乐观时，投资者则会受到代表性启发心理偏差的作用，出现正盈余消息的积极市场反应相对较大，负盈余消息的消极市场反应相对较小的局面。因此，可以认为，投资者情绪对于盈余公告效应具有系统性影响，市场在情绪乐观时期对于利好盈余反应更为积极，对于利空盈余反应较为消极。其次，根据 Tech、Welch 和 Wong（1998）以及其他大量的研究证据表明，由于企业管理者的自身薪酬和声誉与公司股票收益呈现紧密的正相关关系，并且利好的盈余市场消息会带来积极的市场反应，因此，他们有强烈的动机采用盈余管理行为达到提高公司股价的目的。综合上述两点，可以认为，由于投资者情绪对盈余公告的市场反应有影响，因此企业管理层会选择有利的时机进行盈余管理行为，以达到增强盈余管理的股价效应的目的。当发布盈余消息时，企业的管理者会选择在市场情绪乐观时调增盈余，以利用投资者情绪高涨的时间段和相对更高的盈余反应系数实现股价的上涨；反之，当公布负的盈余消息时，企业管理层往往选择市场情绪较悲观时调增盈余，以避免投资者情绪低落时高盈余反应系数导致的股价下降现象出现。

图 6-1 描述了投资者情绪影响盈余公告市场反应并进一步影响企业盈余管理行为的理论分析路径。

在已有文献中，所谓盈余管理大多指的是应计盈余管理，即管理者在运用会计职业判断编制财务报告时，蓄意规划交易，其目的就是为了影响那些以公司经营业绩为决策依据或者以财务报告为决策基础的利益相关者的行为和决策。但根据 Cohen 等（2008）的研究，企业管理者也会通过适时的构建、调整或者改变实际经营、投资和筹资活动等来干预会计信息，进行基于真实交易的盈余管理（简称为真实盈余管理）。目前，逐渐有学者采用真实盈余管理代

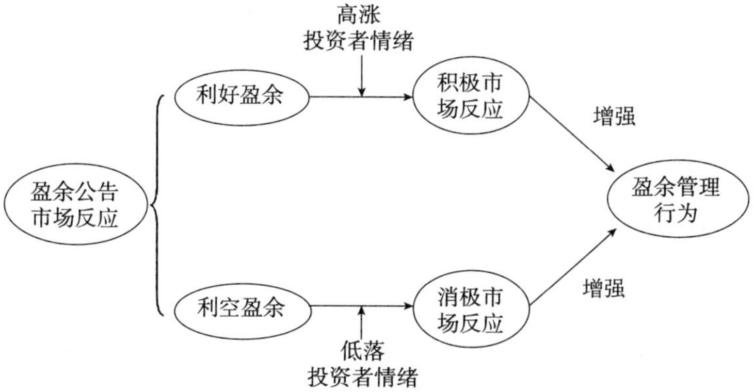

图 6-1　投资者情绪影响盈余管理分析

替应计盈余管理进行实证研究，更重要的是，在盈余管理行为对经济后果的研究中，一些学者认为，企业的真实盈余管理行为会带来公司未来业绩的下降。Graham 等（2005）、Beatriz（2008）、Cohen（2010）的实证研究认为，真实盈余管理行为会导致公司未来业绩变少，我国学者李增福（2011）亦认为，盈余管理会带来公司未来业绩的短期下降，并且从长期看，真实盈余管理所带来的业绩下降明显。因此，本书将真实盈余管理作为盈余管理的代理变量。综上分析，提出有待检验的假说 1。

H1：投资者情绪与企业盈余管理（真实盈余管理）呈正相关关系，即投资者情绪越高涨，管理者越会进行盈余管理迎合乐观投资者。

二、盈余管理与企业“业绩变脸”

根据代理人理论，企业管理者有强烈的动机通过盈余管理行为对盈余公告消息进行一定的粉饰包装，以达到获得上市资格并取得较高股票收益的目的。这样可以使得企业获利的同时带来管理者声誉和薪酬的提升，并且通过调整盈余影响股票的价格，取得更多筹资额，这又实现了股东短期利益的最大化。但是从长期来看，发行前的盈余管理行为在新股发行后会出现一定反转，企业真正的盈利能力和内在价值会逐渐显现，通过盈余管理行为得到的业绩必然会出现下滑。学者们的实证研究也认同盈余管理行为对于企业上市后经营业绩有影响。Xie（2001）的研究认为，企业发行新股前的应计利润反向影响新股发行后的经营绩效，即高的发行前应计利润会带来企业经营业绩下滑。张征（2014）采用应计盈余管理变量研究对企业上市后经营业绩的影响，结果表明，盈余管理行为是发行后“业绩变脸”的重要原因，并且主要导致了发行当年的业绩下降，但对长期业绩的影响不显著。陈祥有（2010）使用 2001—2005 年我国A股市场上新股发行企业为研究样本，发现盈余管理能够预测企业上市后的经营业绩，盈余管理程度越大将会导致IPO后经营业绩下降。因此，根据以上分析，提出待检验的假说2。

H2：新股发行前的企业盈余管理行为对上市后的企业经营业绩有显著的反向影响，即盈余管理程度越高，企业“业绩变脸”程度越大。

三、投资者情绪与企业“业绩变脸”

根据前文针对投资者情绪、盈余管理行为对企业经营业绩几个变量关系的分析，可以假设在投资者情绪乐观时，企业管理者倾向于进行盈余管理，但该行为会导致企业上市后经营业绩在短期内出现一定程度下降。因此提出待检验的假说3。

H3：投资者情绪与发行后企业短期内经营业绩呈现负相关关系，即投资者情绪程度越高，短期内“业绩变脸”程度越大。

综上所述，构建投资者情绪对企业上市后经营业绩影响的理论模型，具体如图6-2所示。

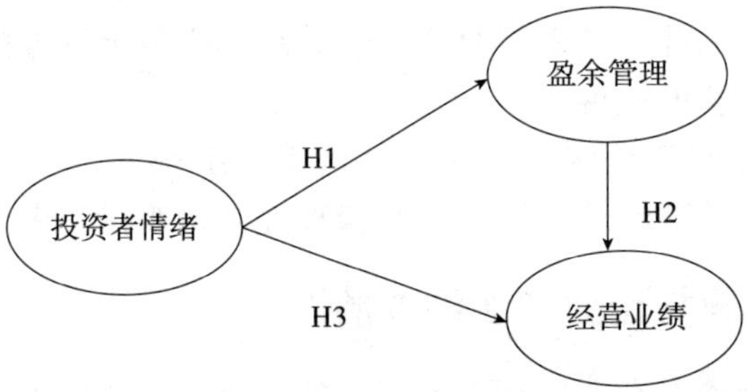

图6-2　假设模型

第三节　研究设计及结果分析

一、研究方法

目前，用以研究经济问题的方法主要有计量经济学模型、统计学模型及其他衍生性模型。这些方法各有特点和优势，可以适合从不同角度解决不同层面的经济问题。如回归分析的优点是加入了滞后变量，可以用来计量具有时间滞后效应的模型，但是该方法对于包含多变量和多层次关系的模型不适用；典型的统计模型——聚类分析法的特点是直观且结论形式简明，但是当样本量较大的时候，获得聚类结论比较困难；再如，借助于生物学神经信号处理传递理论的神经网络分析方法因为是从输入输出的多层次分析角度着手，因此可以比较容易地研究具有投入产出效应的相关问题，但这种方法因为变量之间的先后性，因此很难用来分析具有路径依赖效应的经济问题。考虑到适用性和针对性，对于本章第二节提出的研究模型自身所具备的多元性、多关系性、潜伏性、路径依赖性及复杂性，使得以上任何一种方法都显得太过单薄、顾此失彼。因此，这里需要运用另外一种方法，即社会学研究方法——结构方程模型。

结构方程模型常见于针对社会学问题的研究，尤其在定性研究方面具有一定适用性。这种方法最早在分析通过调研问卷获得的统计数据时显示出了其优越性，后来越来越多的学者借助这种方法研究了很多社会问题，包括人口问题、生态问题、教育问题等。如吴林海（2011）以 241 个分散农户为样本，采用结构方程模型研究了影响农户对农药残留认知的主要因素。王酉石（2011）认为，相对于传统的多变量统计法，结构方程模型应用于生态学的数据分析中不仅能够判别各因素之间的路径系数，还能对整体模型进行拟合判断，对于全面了解自然系统具有独特优势。

结构方程模型的优点主要有三：一是能够处理的样本量较大，二是可以处理复杂关系结构，三是能够自动生成关系系数。结构方程模型可以非常容易地将涉及多变量、多关系的问题融入一个非常简单清晰的框架中来构建一个抽象化、理论化、模拟化的实证模型，正是这种优势使得结构方程模型逐渐从社会学问题研究向经济学问题研究转变。尽管研究对象不同，但研究的核心是一致的，即潜在路径依赖性探索。将结构方程模型从社会学过渡到经济学，并具备另一番优势。首先，这种模型可以构建由多个观测指标所衍生出来的潜变量以研究经济变量之间的潜在关系。其次，这种模型可以深入分析众多变量之间的载荷效应及路径效应以替代多方程回归的局限性。再次，结构方程模型最大的优势就是能够充分模拟实际经济运行环境，在不背离经济理论的前提下，将经济问题转化为统计问题，将复杂关系转变为路径关系，从而使研究更具客观性。目前，应用结构方程模型研究的经济问题不多，包括：惠晓峰等（2013）通过构建结构方程模型寻找导致美国次贷危机向中国金融体系蔓延的主要因素；李涛（2014）建立了科技创新能力与国家位势关系的结构方程模型，分析科技创新的构成要素对国家位势的影响路径。

因此，本章采用结构方程模型进行实证研究较为合适：第一，由于投资者情绪对上市企业“业绩变脸”的影响路径并无前人研究成果，因此可以借助该方法验证本章第二节的理论分析是否正确。第二，结构方程模型是应用线性方程系统表示观测变量与潜变量以及潜变量之间关系的一种统计方法，而潜变量则是指那些心理学、社会学等研究中不能准确和直接测量的变量。对于本书中的投资者情绪这种较难度量的变量，结构方程模型解决了研究该变量的特性及与其他变量的关系的障碍。第三，在模型计算中往往不可避免的会产生误差，包括因为不准确测量产生的随机误差，也会包含引入潜变量造成的系统误差，两种误差统称为测量误差（measurement error），而在结构方程的参数估计中，测量误差同路径系数一样被视为参数估计的直接对象。第四，本章研究的我国股市样本数据量较大，而结构方程模型是基于渐进理论而建立起来的，面对样本的要求也比较大。综上分析，结构方程模型适合应用于本章的实证研究。

下面具体介绍结构方程模型。完整的结构方程模型（structural equation modeling，简称 SEM）、包含测量模型（measurement model）与结构模型（structural model），测量模型中作为指标变量者称为测量变量（或观测变量、指标变量、显性变量），测量模型中的指标变量通常都是量表的题项，而量表是采总加量表的形式。因素构念称为潜在变量（latent variables）（或构念），模型图中以圆形或者椭圆形对象表示，测量模型的潜在构念是量表在探索性因素分析中萃取的因素，这些因素构念无法直接被观察测量，而是借由各指标变量来反映。模型适配度判断标准是 χ^2 检验统计量，当 χ^2 统计量未到达 0.05 显著水平时表示假设模型是个可接受的模型。在结构方程模型中，用单箭号直线表示变量间的因果关系，箭头所指的变量为“果”变量（effect variable），直线起始处为“因”变量，双箭头符号表示两个变量间有共变关系但是没有因果关系（causal relation），即没有直接效果。路径分析即是检验联结的观察变量间的因果关系。一般来说，SEM 分为六个阶段：第一阶段，确定模型中要探究的潜在变量。第二阶段，发展及界定测量模型，在已有的合适的变量前提下，研究者须进一步界定测量模型，模型中的潜在构建必须可以被识别，测量指标被分派至相对应的潜在构念，测量模型的潜在构念通常指向多个测量指标变量。第三阶段，设定研究并得出实证结果。第四阶段，评估测量模型的效度，主要从测量模型的适配度（goodness-of-fit）是否可以达到可接受的范围这个向度考察。第五阶段，界定结构模型，测量模型表示的是因素构念与指标变量的关系，而结构模型表示的是因素构念与因素构念之间的关系。第六阶段，评估结构模型的效度，评估包括结构路径系数统计显著性检验及路径系数的方向性。

二、研究样本及变量设定

本章的理论模型主要涉及三个潜变量：盈余管理、经营业绩、投资者情绪，表 6-1 汇总了所有潜变量和观测指标。

表 6-1　观测指标体系

潜变量	观测指标
盈余管理	真实盈余管理（*RDA*）
经营业绩	净资产收益率（*CH _ ROE*）
投资者情绪	封闭式基金折价率（*DCEF*）、新股发行量（*IPO _ volume*）、消费者信心指数（*xf*）、新股首日收益（*IPOR*）

以上的观测指标，如消费者信心指数（xf）可以直接得到，其余的需要一些计算公式才能获取。指标的计算方法介绍如下。

1. 盈余管理

对于真实盈余管理变量，采取 Cohen 等（2008）和范经华（2013）的研究方法，使用异常经营活动现金流（R_CFO）、异常费用（$R\_DiscExp$）和异常生产成本（R_PROD）三个指标之和来度量。步骤为：首先，采用 Dechow 等（1998）的模型，计算出正常的经营活动现金流、费用以及生产成本；然后，再通过公式获得异常经营活动现金流、异常费用和异常生产成本。

第一，经营活动现金流。正常的经营活动现金流是一个与销售额变化相关的线性函数，可以使用公式 6-1 通过回归的方法计算。

$$\frac{CFO_t}{Assets_{t-1}}=k_{1t}\frac{1}{Assets_{t-1}}+k_2\frac{Sales_t}{Assets_{t-1}}+k_3\frac{\Delta Sales_t}{Assets_{t-1}}+\varepsilon_{t\,*} \tag{6-1}$$

再用实际经营活动现金流减去正常经营活动现金流即可得到异常经营活动现金流。

第二，生产成本计算。生产成本是指销售生产成本（$COGS$）与存货变动的总和。销售生产成本是一个当期销售的线性模型，可以使用公式 6-2 计算。

$$\frac{COGS_t}{Assets_{t-1}}=k_{1t}\frac{1}{Assets_{t-1}}+k_2\frac{Sales_t}{Assets_{t-1}}+k_3\frac{\Delta Sales_t}{Assets_{t-1}}+\varepsilon_{t\,*} \tag{6-2}$$

存货增长率的计算公式如公式 6-3 所示。

$$\frac{\Delta INV_t}{Assets_{t-1}}=k_{1t}\frac{1}{Assets_{t-1}}+k_2\frac{\Delta Sales_t}{Assets_{t-1}}+k_3\frac{\Delta Sales_{t-1}}{Assets_{t-1}}+\varepsilon_{t\,*} \tag{6-3}$$

根据公式 6-2 和公式 6-3，正常生产成本计算方法如公式 6-4 所示。

$$\frac{PROD_t}{Assets_{t-1}} = k_{1t}\frac{1}{Assets_{t-1}} + k_2\frac{Sales_t}{Assets_{t-1}} + k_3\frac{\Delta Sales_t}{Assets_{t-1}} + k_4\frac{\Delta Sales_{t-1}}{Assets_{t-1}} + \varepsilon_{t*} \tag{6-4}$$

异常生产成本通过实际公司产品成本减去正常生产成本即可得到。

第三，费用计算。正常费用计算方法如公式 6-5 所示，公司实际的费用减去正常费用，就是异常费用。

$$\frac{DiscExp_t}{Assets_{t-1}} = k_{1t}\frac{1}{Assets_{t-1}} + k_2\frac{Sales_t}{Assets_{t-1}} + \varepsilon_{t*} \tag{6-5}$$

在上述公式中，CFO_t是当期来自经营活动的现金流量净额，$Sales_t$是指当期的销售收入，$\Delta Sales_t$是当期和上一期销售收入的变化额，$\Delta Sales_{t-1}$是上期和上上期销售收入的变化额，ΔINV_t是当期和上期存货变化额。$COGS_t$是当期的产品销售成本。$PROD_t$指当期的产品成本，由当期的销售产品成本和存货变化额组成。$DiscExp_t$是当期的销售费用和管理费用之和。

最后，由于公司通常采用异常经营活动现金流、异常费用和异常生产成本中的一个或全部方式进行盈余管理，因此为了达到全面衡量真实盈余管理变量的目的，将三个单独的指标加总得到总的真实盈余管理指标（*RDA*）。

$$RDA = R\_CFO + R\_PROD + R\_DiscExp \tag{6-6}$$

2. 投资者情绪

根据本书第三章中对于投资者情绪代理变量的研究，认为封闭式基金折价率、新股发行量、新股首日收益率和消费者信心指数等指标可以作为度量投资者情绪的变量，因此选取这四种变量作为投资者情绪潜变量的观测指标。它们的计算方法在第三章中有所提及，在此不再赘述。

3. 经营业绩

借鉴 Cohen 等（2010）和张征（2014），采用净资产收益率（*ROE*）的变化率指标来衡量上市公司经营业绩变量。

净资产收益率的变化率的计算公式为：

$$\Delta ROE_t = \frac{ROE_t - ROE_{t-1}}{ROE_{t-1}} \tag{6-7}$$

因此，根据公式 6-2，可以得出具体的待检验结构方程模型，如图 6-3 所示。

本书认为，我国市场化改革前的发行情况与现在的研究意义不大，所以不予考虑，因此本书选取 2006 年 IPO 重启之后上市的股票进行研究。自 2006 年 6 月之后，我国政府对股票市场的股权分置改革告一段落，而股票的定价形

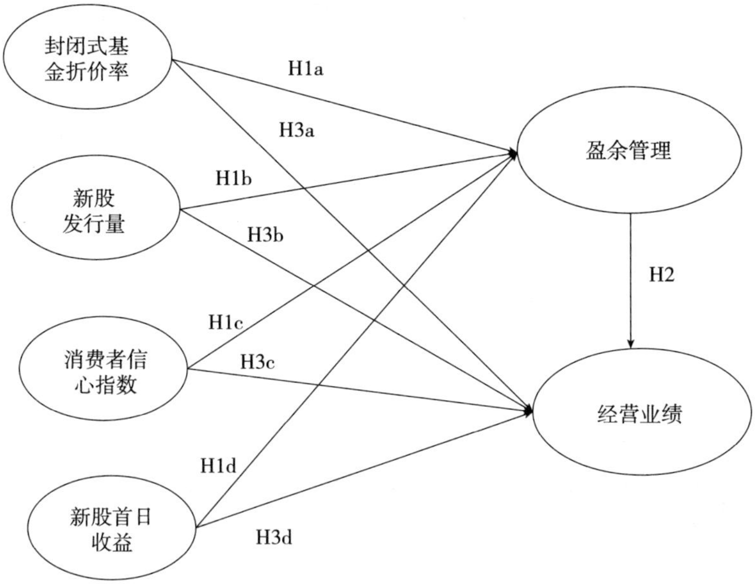

图 6-3　结构方程模型

式也转为询价制，这样有利于防止制度变化对 IPO 定价产生的影响，并且在 2006 年之后进入市场中的股票会在市场环境和投资者结构两种因素上表现出一定的相似性。同时，本书主要论述我国沪深两市 A 股中的企业，因此在研究中的样本选取方面主要采用公司层面的数据。样本区间设置为 2007 年 1—4 月，本书对本次研究中获得的初始数据做了如下处理措施：①剔除非询价机制上市公司。②将数据不全或缺失严重的公司剔除，最终剩余 1 817 只股票。数据主要来源于锐思（Resset）数据库和国泰安数据库。本书主要采用 AMOS 22.0 软件进行模型分析。

三、研究结果及分析

（一）结构方程模型适配度分析

SEM 的适配度检验一般从整体模型拟合度、模型基本拟合标准和模型内在拟合度三个方面进行。分析结果如表 6-2 所示，可以看到，各观测变量的因子载荷均大于 0.5，且通过了显著性水平检验，测量误差均大于 0，累计方差贡献率均大于 0.5，可以认为，该模型总体上符合基本拟合标准和模型的内在拟合度。在整体模型拟合度方面，各指标情况为：$p=0.201>0.05$，$AGFI=0.928>0.9$，$GFI=0.986>0.9$，$RMSEA=0.072<0.08$，$CFI=0.934>0.9$，数据显示假设模型的整体拟合程度较好。

表 6-2　评价指标

潜变量	指标	因子	Cronbach's α	方差贡献率（%）	KMO 值
盈余管理	真实盈余管理	0.716	0.832	87.67	0.876
投资者情绪	封闭式基金折价率	0.935	0.854	75.32	0.853
	新股发行量	0.882	0.730		
	消费者信心指数	0.687	0.748		
	新股首日收益	0.763	0.772		
经营业绩	净资产收益率变化率	0.797	0.842	84.64	0.776

（二）假设检验

模型的几个待检验的假说结果汇总在表 6-3。可见，在提出的 9 个假设中，有 7 个假设都得到了支持，其中 H3c、H3d 检验不显著。假设 H1a、H1b、H1c、H1d 均通过了显著性检验，可以认为投资者情绪对盈余管理变量有显著的正向影响；H3a、H3b 也通过了显著性检验，表明封闭式基金折价率和新股发行量对经营业绩有负向直接影响；H2 通过检验，表明盈余管理对企业经营业绩有直接的负向影响。假设 H3c 和 H3d 没有通过显著性检验，表明消费者信心指数和新股首日收益率对企业经营业绩没有直接的显著负向影响。

表 6-3　假设检验结果

路径	标准化路径系数	T 值	对应假设	检验结果
封闭式基金折价率→真实盈余管理	0.900	11.211***	H1a	支持
新股发行量→真实盈余管理	0.192	3.150***	H1b	支持
消费者信心指数→真实盈余管理	0.283	3.877***	H1c	支持
新股首日收益→真实盈余管理	0.529	2.393**	H1d	支持
封闭式基金折价率→净资产收益率变化率	−0.449	−2.276**	H3a	支持
新股发行量→净资产收益率变化率	−0.100	−2.019**	H3b	支持
消费者信心指数→净资产收益率变化率	−0.200	1.210	H3c	不支持
新股首日收益→净资产收益率变化率	−0.122	1.585	H3d	不支持
真实盈余管理→净资产收益率变化率	−0.864	−2.540**	H2	支持

（三）结果分析

投资者情绪对盈余管理的影响：投资者情绪对盈余管理有显著的正向影响，假设 H1a、H1b、H1c、H1d 的检验都为显著，其中封闭式基金折价率对盈余管理的影响程度最大，路径系数为 0.900。该证据表明，在投资者情绪高涨期，管理者通过调增报盈余以迎合投资者对公司未来业绩的乐观预期；在投资者情绪低落期，管理者则倾向于不调增甚至调减盈余以缓解悲观情绪所导致的披露成本的增加，H1 成立。

1. 盈余管理对经营业绩的影响

从假设检验结果来看，盈余管理行为对企业上市后经营绩效有显著的反向影响作用，假设 H2 通过了显著性检验，路径系数为－0.864。盈余管理行为是发行后企业经营绩效下滑的重要原因，盈余管理程度越高，发行后企业经营绩效下滑程度越大，H2 成立。

2. 投资者情绪对经营业绩的影响

根据假设检验结果，假设 H3c 和 H3d 没有通过显著性检验，路径系数分别为－0.200 和－0.122；假设 H3a 和 H3b 通过显著性检验，路径系数分别为－0.449 和－0.100。可以认为，以封闭式基金折价率和新股发行量为代理变量的投资者情绪对企业发行后经营业绩有负向直接影响。由于在投资者情绪乐观时，企业管理者倾向于进行盈余管理，但该行为会导致企业上市后经营业绩在短期内出现一定程度下降，H3 成立。

第四节　小　　结

本章以 2007—2017 年我国 A 股市场新上市企业为研究样本，采用结构模型方程，就投资者情绪对企业发行后“业绩变脸”的影响进行了实证研究。结果表明：①投资者情绪与企业盈余管理呈正相关关系，即投资者情绪越高涨，管理者越会进行盈余管理迎合乐观投资者；②新股发行前的企业盈余管理行为对上市后的企业经营业绩有显著的反向影响，即盈余管理程度越高，企业“业绩变脸”程度越大；③投资者情绪与发行后企业短期内经营业绩有负相关关系，即投资者情绪程度越高，短期内“业绩变脸”程度越大。

该结论不同于以往从承销商和投资者角度解释企业上市后“业绩变脸”的理论，而是放松了管理者理性和投资者理性假设，从行为金融视角出发，提出了“投资者情绪 → 盈余管理 → 经营‘业绩变脸’”的分析路径。先是分析了投资者情绪会对盈余公告的市场反应造成系统性的影响，因此管理者可以利用时机选择盈余管理行为以达到增强股价效应的目的。然后，企业在发行新股的过程中所进行的调增利润提高盈余的行为会在发行后出现反转进而造成企业短期内经营业绩下滑。通过理论分析和实证检验，可以认为，投资者情绪能够通过盈余管理行为影响企业的经营业绩。

第七章　结　　论

第一节　研究结论

正如研究背景中所述，新股市场异象是世界各国金融市场普遍存在的现象，但是在我国表现尤为突出。通过对样本数据的搜集和统计分析，证实我国新股市场在询价制改革后仍存在以下异象：①首日超额收益，平均初始收益率达到 117%，远高于美国市场的 18.8%。②显著的热销市场，新股数量和首日收益率基本保持着同样的发展趋势，存在“领先—滞后”关系，在 2007—2017 年间具有明显热销市场的时间段为五个。③新股长期收益弱势，我国市场上新股的表现在统计学上为明显的、至少为三年的长期弱势，与 Loughran 和 Ritter（2000）研究的不同，我国 A 股市场具有开始时间早、整体弱势的特点。④IPO 企业业绩不佳，对数据的分析发现上市后的第二年，上市企业的营业利润指标同比下降率在 15%～65%之间，而利润总额指标的变脸率在 16%～76%之间，根据公司上市后首个年度的经营情况，“业绩变脸”现象较为普遍。

不同于西方发达市场，我国新股发行具有鲜明的自身特点：一是处于新兴起步阶段，保留明显的计划经济制度痕迹，属于弱有效市场。二是聚集大量个人投资者，非理性情绪极易影响股票价格。三是存在卖空交易限制。因此，我国股票市场异象的产生有区别于国外市场的内在机理，且相互存在一定的联系。

目前，关于我国新股市场异象产生的问题缺乏系统的研究。本书系统剖析了投资者情绪对新股价格的显著作用，在分析我国股票市场发行制度的基础上，将政府窗口指导作为一个外生变量，从新股首日超高收益、热销市场、新股长期表现不佳和 IPO 企业“业绩变脸”等方面全面构建了我国市场上投资者情绪对 IPO 后市场异象影响的理论分析框架，通过投资者情绪对市场异象的作用机理和影响路径的研究，深入揭示了市场异象产生的根源。主要研究内容和结论总结如下。

（1）投资者情绪是政府发行所面临的约束变量，其对二级市场股票尤其是新上市时期股价有重要驱动影响。从现实出发分析原因，可以认为，在我国不完全的市场化发行制度下，承销商和发行者出于自身利益最大化考虑，在发行时候存在主动抑价，新股发行价不能完全反映其内在价值，当过度乐观的投资者情绪出现时，股票收益势必被推高并偏离其自身价值，造成初始收益的波动。目前，对于新股定价的相关研究多采用传统的回归分析法，如多元回归法、横截面回归模型、多变量分析法等，而采用机器学习法进行定价研究的相对空白。本书将支持向量机和决策树算法结合，使用 SVM 决策树、CART 和 C5.0 等数据挖掘算法作为衡量变量价值大小的工具，针对影响新股首日收益的众多因素来选择对因变量来说价值（影响力）最大的那一个变量，得出推高 IPO 首日收益的主要因素是投资者情绪的结论。

（2）对于市场周期的另一个要素新股发行量，本书首先通过理论分析认为它的波动性由投资者情绪造成。原因是：在二级市场上投资者情绪会驱动股价的运行，但是由于缺乏卖空机制，以及政策存在对企业发行股票的严格管制，在面对情绪冲击以及高水平的初始收益率的局面时，希望上市的企业数量会增多，但市场自发的股票供给创造机制无法立即自动发挥作用，市场缺乏自我调节稳定的能力，因此产生了发行上市的时滞。本书首先采用时间序列法检验了投资者情绪对新股发行数量的波动有正向影响作用；并结合前文研究提出新股初始收益率对新股发行数量有正向预测能力的假说，使用向量自回归模型以及脉冲函数进行了验证。实证得出了过度乐观的投资者情绪推高了我国新股初始收益率，同时又进一步地影响了新股发行数量，造成热销市场形成的结论。

（3）目前，针对新股长期表现弱势的研究较集中于我国长期收益状况的测度上，且样本期间多在 2000 年前后。本书对我国在询价制度建立后新股长期收益情况进行了验证，提出投资者情绪是影响二级市场表现的主要因素。本书从我国市场现实出发，结合目前新股发行制度，认为在长期收益研究中，并不能只将投资者情绪笼统作为一个整体对象考虑，而应该分为个人投资者和机构投资者两个方面，并将两种情绪中的理性和非理性成分加以区分，而后进一步研究在二级市场上两种投资者的各部分情绪对新股在短期、中期、长期表现的影响。

（4）企业上市后"业绩变脸"是我国新股发行中的最新研究领域，目前，对于此现象的探讨较少，缺乏对该市场异象产生原因的分析。本书从交易行为出发在该方面进行了有益的探索，提出了新的研究思路，即"投资者情绪 → 盈余管理 → 经营'业绩变脸'"的分析路径，认为投资者情绪会对盈余公告的市场反应造成系统性的影响，管理者可以利用时机选择盈余管理行为以达到增强股价效应的目的。因此，企业在发行新股的过程中所进行的调增利润提高盈余的行为会在发行后出现反转进而造成企业短期内经营业绩下滑。该角度的观点具有独创性。针对本书中提出的投资者情绪影响企业经营业绩模型所具有的多元性、多关系性、潜伏性、路径依赖性及复杂性等特点，引入了一种社会学研究方法——结构方程模型。该方法不仅适合度量模型，同时也适用于投资者情绪这个较难度量的主观指标。

(5) 目前，关于投资者情绪指标并不存在非常权威和确定的度量方法。因此，本书尝试选用多种方法选取适合的投资者情绪代理变量进行实证研究。在第四章投资者情绪对新股首日收益和发行数量影响研究中，使用了扩展卡尔曼滤波法构建情绪综合代理指标。在第五章需要将个人和机构投资者情绪分别进行研究的情况下，选用了色诺芬投资者信心指数作为情绪直接代理指标。

以上方法皆具有一定的创新性和探索性。

第二节　研究启示

根据本书的研究结论，可以深刻地认识到投资者情绪对股价特别是上市初期新股有重要的影响作用，是导致我国新股发行市场异象产生的重要原因。因此，在未来如何减少投资者情绪对市场的影响，保证新股的定价效率，不仅是政府更是各市场参与主体应该共同努力的方向。

一、市场监管者

（一）坚持市场化改革

新股发行制度改革势在必行，注册制是未来我国 IPO 市场的发展方向。虽然目前仍存在市场不成熟、异象频发等问题，但这也是吸取经验教训的改革阵痛过程，应采取正确的态度面对。但是在市场化过程中，应注意秉持“方案完善，步伐有序”的方针，切勿急躁冒进。一旦完全放弃了对新股发行时机和发行价格的管制，可能会出现市场情绪过于狂热的现象，造成首日价格虚高和短期内破发的后果。因此，可在逐步放开私营企业新股定价管制的基础上，在承销商积累丰富市场经验后逐步完成制度改革。

卖空制度的存在往往会造成投资者情绪有更加明显的起伏。一旦卖空限制不存在，可以使得市场消息，特别是看空消息迅速在市场中表现出来。已有文献显示，西方成熟市场中卖空制度的存在有助于提高市场流动性、使市场平稳发展甚至能够完善股票价格发现机制。同时，卖空机制对于投资者的异质信念也能有所缓解，进而一定程度减少股市异象的产生。不过值得注意的是，中国 A 股市场卖空机制的改革不是短时期就能完成，在融资融券方式、风险管理制度和监管模式等方面还需要多加探索，才能建立适合我国国情的股票卖空制度。

此外，在分配制度改革中应适当提高个人投资者的新股数量获配数。目前的分配制度“资金为王”，机构投资者成为新股的主要获配者，个人投资者需求得不到满足，一定程度造成了“打新股”现象的出现。随着个人投资者的不断成熟，应考虑更为公平的分配制度。

（二）加强对上市公司信息披露和对虚假披露的监管力度

证券市场监管者可以要求上市企业披露更多的历史经营信息，尤其是未来经营可能要面对的风险因素评估，并对未来的一段时间内的关键财务指标进行审慎的预测，由此降低其股票估值的难度，削弱过度乐观情绪产生的客观基础。值得注意的是，上市企业的正常盈余管理行为是允许存在的。在监管时，除了要求加大信息披露程度外，还应对虚假披露采取严厉惩罚手段；对拟上市企业盈余管理的成本有所约束，引导其尽量公开能够反映真实盈利水平和经营情况的财务信息，减少信息不对称，使投资者们能够得到较为完整和真实的企业信息以便进行投资判断。

（三）加大对投资者的金融知识教育和风险警示

一是要提高个人投资者自身投资水平。当前，我国资本市场上存在相当规模的个体投资者，年龄、学历和工作背景差异化极大，其中不乏投机心态且不了解金融知识的人士。由于我国股市散户投资者普遍成熟度低，所以加强投资者教育应是工作的重中之重。可以采用媒体、投资者组织和证券协会等多种方式全方位的宣传并做好知识普及工作，切实提高投资者的金融知识水平和风险意识。二是要通过提高机构投资者的创新能力来增强自身实力，使其在制度改革中始终保持较强的竞争实力。

（四）进一步规范承销商行为

规范承销商行为是新股发行市场定价效率提高的重要环节。为此，必须要有强制的法律约束，同时还要促进承销商自律机制的形成。政府监管部门应对证券行业协会加大支持力度，使行业协会在行业建设方面树立权威，强化行业协会规范行业行为的职能，如根据行业发展的要求制定行规行约和职业道德准则并组织实施完善行业管理，促进行业发展，建立和完善行业自律管理约束机制，奖优罚劣，规范会员行为，协调会员关系，维护公平竞争环境等。

二、发行企业

为了投资者能够更好估计新股的价值，发行企业应该加强信息披露和经营风险提示。上市企业信息披露相对较少，其价值不确定性程度相对较高，估值难度大，这正是新股在上市初期股价容易受到投资者情绪影响的重要原因。

（一）加大对违法披露的惩处力度

刚性原则是弹性管理的质量保证，加强对违法行为的惩处力度则是信息披露监管刚性原则的体现。财务造假、内幕交易等信息披露违法行为一直是A股市场的顽疾，随着市场规模的持续壮大，这一问题并未得到缓解，反而有愈演愈烈之势。据统计，2013—2017年共有59家上市公司牵涉财务造假，同时，近年泽熙投资、龙薇传媒等影响巨大、性质恶劣的内幕交易案件也不断出现，给投资者特别是中小投资者造成巨大损失。值得警惕的是，这些已暴露的案例很可能只是冰山一角。目前，A股市场的信息披露制度体系日趋完善，建立了以《中华人民共和国公司法》《中华人民共和国证券法》《中华人民共和国会计法》等为代表的顶层法律，建立了以《公开发行证券的公司信息披露内容与格式准则》《公开发行证券的公司信息披露编报规则》《企业会计准则》等为代表的部门规章或规范性文件，还建立了以沪深两市《证券交易所股票上市规则》等为代表的行业自律规则，这一系列法规从制度上构建了一套完整的信息披露约束机制。A股市场的信息披露监管主体也已经非常明确，除证监会和沪深交易所共同对上市公司信息披露进行日常监管之外，交易所还负责对市场信息和所有证券交易活动进行实时监测，及时发现内幕交易以及市场操纵等违法行为。然而，整个监管体系的薄弱环节在于两个方面：一方面，监管力量严重不足；另一方面，对违法披露行为的惩处力度不足。

面对3 500余家A股上市公司，证监会提出了“精准立案、精准查处、精准打击”的信息披露监管原则，这从一定程度上反映了监管力量薄弱、无法全面从严打击所有违法行为的客观现实。必须承认的是，基于资源与条件的限制，在A股市场逐步发展壮大的过程中，监管力量不足的问题尚无良好的解决方案。因此，唯有从行政、民事和刑事责任三个方面加大对违法行为的惩处力度，提高违法成本，才能形成威慑效应，促进市场信用环境的改善。当前的现实情况却不容乐观，亟待改善。从行政责任来看，现行《中华人民共和国证券法》第一百九十三条规定，对于信息披露违法行为主体的罚款最高为60万元，与违法披露所带来的巨大利益相比，违法的经济成本显得微不足道。从民事责任来看，尽管《中华人民共和国证券法》第六十九条明确了信息披露违法行为主体的赔偿责任，但根据最高法的司法解释《最高人民法院关于审理证券市场因虚假陈述引发的民事赔偿案件的若干规定》，赔偿范围为投资者的实际损失，并没有像英美国家一样引入惩罚性赔偿。从刑事责任来看，《中华人民共和国刑法》第一百六十条、第一百六十一条和第一百六十二条规定，对涉及信息披露严重违法的公司直接责任人，视情况分别处以三年或五年以下的有期徒刑或者拘役，与违法行为给广大投资者带来的巨大损失相比，这一量刑仍然较轻。综合起来，以上三个方面的处罚力度都难以形成威慑力，在一定程度上助长了披露主体的机会主义动机。因此，加大对违法披露行为的惩处力度势在必行，也刻不容缓。

（二）激发上市公司自主披露动力

留有自主选择余地是弹性管理的典型特征。自愿性披露是上市公司适应市场环境变化与需求多样性的一种自主选择，对缓解证券市场信息不对称，提升市场效率具有积极作用。A 股上市公司业绩快报的自愿性披露行为并不普遍，导致这一现状的原因，除了我国证券市场欠成熟、竞争效应不明显之外，可能还在于缺少监管部门的引导和鼓励。作为成熟的证券市场，美国早在 1978 年、1979 年就分别颁布了《揭示预测经营业绩的指南》和《保护盈利预测安全港规则》，鼓励公司自愿披露盈利预测信息。FASB 于 2001 年再次发表《改进企业报告：对加强自愿性披露的见解》一文，提出改进自愿性披露的政策建议，之后美国证券交易委员会（SEC）列出了一系列上市公司可以自愿披露的具体信息项目，进一步对自愿性披露行为进行引导。与之相比，A 股至今没有出台一套系统全面的自愿性信息披露指引，只在相关法规中出现一些零散的提示和原则性要求。身处 A 股的“年轻”上市公司，欠缺披露经验是毋庸置疑的客观事实，一些公司，特别是具备核心竞争力、发展前景向好的上市公司，并非不愿进行自愿披露，而是不会进行自愿披露。因此，建立一套符合 A 股市场特点，具有前瞻性和战略眼光的完整自愿性披露指引是监管部门不容推脱的责任。

面对自愿性披露动机弱、披露水平低的现状，在加强引导的基础上应进一步放松管制。例如，取消沪深两市《证券交易所股票上市规则》中关于业绩快报数据出现偏差时要求董事会发表致歉公告并说明内部责任人认定情况的相关条款，从而减轻公司披露行为的潜在成本和压力，减少公司管理层的后顾之忧。自愿性披露生来就是市场自由竞争的产物，较少的制度干预有利于市场竞争机制充分发挥作用，激发这一行为的原始生命力，更高效地实现供需均衡。现有的理论与实证研究成果都表明，自愿性披露行为具有“与生俱来”的可靠性。

（三）建立动态监管机制

证券市场信息披露监管的最终目标在于实现市场效率，而正如行为金融领域的普遍共识——投资者情绪是导致市场失效的关键原因，经历了近年多次大起大落之后，这一共识也在 A 股市场得到了验证。因此，建立一套适应投资者情绪变化的信息披露动态监管机制，通过适时调整监管策略，避免情绪波动期市场信息不对称程度的加剧，是实现监管目标的内在要求。

三、承销商

根据以往研究，应该注意到，作为新股发行中的重要一环，承销商的声誉似乎并没有发挥明显的作用。原因可能有二：一是政府管控下承销商声誉作用不明显；二是狂热的投资者不在意此消息。当然最大的可能是承销商们在自身的发行承销环节的服务并没有表现出非常大的差异性。因此，未来如何在发行业务水平和绩效方面提升和体现自身的能力和声誉，是每一个承销商重点关注的课题。承销商内部应严格其各业务环节的管理，提高公司治理水平，强化其社会责任意识。

四、投资者

根据经典的金融理论，投资者应该在共同市场基金和无风险资产之间按照风险承受能力进行资产配置。然而现实中，按照理论配置资产的投资者并不多，大多数投资者按照“经验法则”进行交易和资产配置。投资者的过度自信会使其对信息的关注不够全面。过度自信产生的过于相信自身判断的后果，常常会导致对与其判断不一致的信息的忽略。当市场信息存在不确定时，投资者往往不会根据对股票内在价值的判断而进行股票买卖的交易行为，而是更倾向于观察其他市场投资者的交易行为并以此作为自己交易决策的判断依据。也就是说，当个人投资者通过了解他人交易决策后改变自己决策，采取与别人一致的交易行为，从而导致“羊群行为”的产生。因此，投资者特别是个人投资者应该在新股上市时放弃盲目跟风的从众心理或者是博傻的投机心理。从历史的教训看，这样做的结果就是造成新股出现首日收益过高等市场异象，从而损害了二级市场的效率和投资者的投资收益。值得注意的是，除个人投资者，机构投资者的投资策略也逐渐依赖于基本面分析，对投资者情绪的利用也成了机构投资者的一项研究课题，这足见行为金融在投资领域的重要性。

另一方面，对于个人投资者而言，如果不想通过委托代理的方式投资，而又没有分析基本面信息的能力，那么，依据投资者情绪是一个可行的方法。

随着信息技术和计算机网络的普及，经验分析越来越便利。显然，在市场异象的解释方面，理论上还有很长的路要走，但这并不妨碍投资者利用当下已有的规律进行盈利。事实上，诸多的研究也为经验投资方法给予了足够的实证支持。比如市场中的尖峰厚尾分布这一现象，就说明在现实中，小概率事件比理论上的估计要大得多。正是因为这一现实，使得通过各种衍生工具获取超额收益成为可能，比如次债危机时，就有投资者通过与银行签署对赌协议做空获取暴利。再如波动集聚现象，也引起了投资者足够的重视。当下针对波动率的投资者越来越流行，美国的VIX成为重要的投资标的，我国的中国波指（iVIX）也渐渐成为国内投资者的参考依据。可以预见，会有更多的投资者利用市场的金融异象来进行投资或投机。投资者在利用“经验法则”进行投资时，需要注意两个问题：第一，要明确“经验法则”的使用范围。“经验法则”背后的经济学或心理学机制并非投资者要考虑的问题，但有些“经验法则”只在某些品种或某段时间是有用的，因此就需要投资者在进行策略选择时要有数据回测作为依据，避免想当然的拿来主义。第二，投资者应对自己的风险承受能力有充分的认识，并施行有效的资金管理。从经济学的角度，也只有依赖一批聪明的投资者，市场才能变得越来越有效率。

第三节　研究展望

本书基于行为金融理论，构建了投资者情绪影响我国新股发行市场异象的研究框架，并通过了实证检验，为该领域的已有研究做出了一定补充。但是受作者能力和时间精力等影响，本书的研究内容和研究方法还有待进一步的改进、深入和完善。在本书的基础上，后续相关可能的研究方向如下。

（1）投资者情绪指标的量化是进行该领域实证研究的关键步骤，Baker和Wurgler（2006）提出，目前关于投资者情绪指标的衡量方法并不统一，每种方法都有一定的争议。本书分别选用了直接指标、间接指标和综合指标三种度量情绪的方法，有适用之处，当然也存在一定缺点。由于近年大数据的兴起，除了以上三种情绪指标，出现了一种新的情绪指标测量方法。随着我国互联网快速发展，投资者们（特别是中小投资者）常常会使用一些网络社交媒体，如微博、股吧和微信或者网络搜索引擎等搜索或发表对于股市的相关信息，这就提供给研究者们许多一手资料。研究人员利用这些大数据，结合先进的计算机技术，开发了一些计算投资者情绪指标的方法，这些指标比传统的问卷和访谈方式更加精确和快速，并且成本也更低。如孟雪井等（2016）运用文本挖掘技术确定我国投资者相关的网络搜索关键词，并运用算法过滤最能反映投资者情绪倾向的一些关键词，最后选择因子分析法来构建综合情绪指数。目前，这方面的研究还很少，未来可以继续进行研究。

（2）我国股票发行制度改革的方向是更加市场化的注册制，这意味着未来我国证券市场上的卖空机制约束将会逐渐放松甚至取消。本书基于目前的询价制度进行研究，卖空限制是考虑在内的。因此，在未来的研究中，可以跟随市场脚步，试图构建卖空机制放松或完全放开的模型。

（3）在研究议题上，有可以纳入研究范围的新对象。一是交叉上市公司的

IPO 首日抑价和长期趋势等相关问题，可以将投资者情绪影响资产定价的研究从单一市场扩展到交叉上市的两个市场。二是“新股破发”问题，中国西电上市首日破发，成为我国资本市场上首只“首日破发”的新股，此后也出现了多只类似的股票，成为新的市场异象，值得引起学术界的关注。以上研究由于数据等原因限制没有完成，这都是本书未来可以努力的方向。

参 考 文 献

巴曙松，朱虹，2016. 融资融券、投资者情绪与市场波动 [J]. 国际金融研究 (8)：82-96.

白仲光，张维，2003. 基于随机边界定价模型的新股短期收益研究 [J]. 管理科学学报 (1)：51-59.

曹凤岐，董秀良，2006. 我国 IPO 定价合理性的实证分析 [J]. 财经研究 (6)：4-14.

陈工孟，高宁，2000. 中国股票一级市场发行抑价的程度与原因 [J]. 金融研究 (8)：1-12.

陈国进，陶可，2011. 机构投资者的拥挤效应与蓝筹股泡沫 [J]. 系统工程 (2)：1-8.

陈军，陆江川，2010. 基于 DSSW 模型投资者情绪与股价指数关系研究 [J]. 预测 (4)：53-57.

陈其安，赖琴云，陈亮，等，2010. 基于噪音交易者的风险资产定价模型及其应用 [J]. 系统工程理论与实践 (3)：385-395.

陈祥有，2010. A 股发行公司 IPO 前盈余管理与 IPO 后经营业绩的实证研究 [J]. 财经理论与实践 (163)：62-65.

陈艳丽，曹国华，2010. 基于随机前沿分析的创业板 IPO 抑价来源研究 [J]. 技术经济 (12)：32-35.

陈展辉，2004. 股票收益的截面差异与三因素资产定价模型——来自 A 股市场的经验研究 [J]. 中国管理科学 (12)：12-17.

池丽旭，张广胜，庄新田，2013. 投资者情绪指标与股票市场——基于扩展卡尔曼滤波方法的研究 [J]. 管理工程学报 (3)：122-128.

董志勇，2009. 行为金融学 [M]. 北京：北京大学出版社.

杜莘，梁洪昀，宋逢明，2001. 中国 A 股市场首日收益率研究 [J]. 管理科学学报 (4)：55-61.

段云龙，王帅杰，杨玮玮，2015. 基于投资者情绪的 IPO 首日超额收益和长期绩效研究 [J]. 云南财经大学学报 (6)：90-101.

高秋明，胡聪慧，燕翔，2014. 中国 A 股市场动量效应的特征和形成机理研究 [J]. 财经研究 (2)：97-108.

高伟，王宁，2008. 浅海混响时间序列的支持向量机预测 [J]. 计算机工程 (6)：25-27.

韩立岩，伍燕然，2007. 投资者情绪与 IPOs 之谜——抑价或者溢价 [J]. 管理世界 (3)：51-61.

何威风，刘启亮，刘永丽，2012. 管理者过度自信与企业盈余管理行为研究 [J]. 投资研究 (11)：73-92.

贺刚，2018. 二元市场结构下投资者情绪对股市收益波动影响研究［D］. 上海：东华大学．
胡志强，陈钰君，王一竹，2013. 新股发行周期影响上市公司质量吗？［J］. 经济评论（4）：124-134.
胡志强，王一竹，2013. 新股发行周期波动的 Markov 三区制转换模型研究［J］. 统计研究（5）：76-82.
花贵如，刘志远，许骞，2010. 投资者情绪、企业投资行为与资源配置效率［J］. 会计研究（11）：49-55.
惠晓峰，杨川，刘斯旸，2013. 基于结构方程的金融危机传染的影响因素分析——以次贷危机影响中国为例［J］. 经济问题探索（6）：120-129.
贾丽娜，扈文秀，章伟果，2015. 基金“拥挤交易”对 A 股股价泡沫的影响研究［J］. 运筹与管理（5）：237-244.
贾新明，刘亮，1998. 结构方程模型与联立方程模型的比较［J］. 数理统计与管理（3）：439-446.
江洪波，2007. 基于非有效市场的 A 股 IPO 价格行为分析［J］. 金融研究（8）：90-102.
蒋玉梅，王明照，2002. 投资者情绪、盈余公告与市场反应［J］. 管理科学（3）：70-78.
蒋玉梅，王明照，2010. 投资者情绪与股票收益：总体效应与横截面效应的实证研究［J］. 南开管理评论（3）：150-160.
李爱梅，田婕，李连奇，2011.“易得性启发式”与决策框架对风险决策倾向的影响［J］. 心理科学（4）：920-924.
李博，吴世农，2001. 中国股市新股发行的初始收益率研究［J］. 南开管理评论（5）：31-35.
李国平，2006. 行为金融学［M］. 北京：北京大学出版社．
李双杰，王林，范超，2007. 统一分布假设的随机前沿分析模型［J］. 数量经济技术经济研究（4）：84-91.
李翔，阴永晟，2004. 发行管制变迁下的中国股市 IPO 首日回报率研究［J］. 经济科学（3）：43-53.
李学峰，曹晨旭，2010. 个人和机构投资者情绪及其与市场收益的互动影响研究［J］. 河北经贸大学学报（5）：64-69.
刘博，皮天雷，2007. 惯性策略和反转策略：来自中国沪深 A 股市场的新证据［J］. 金融研究（8）：154-166.
刘京军，苏楚林，2016. 传染的资金：基于网络结构的基金资金流量及业绩影响研究［J］. 管理世界（1）：54-65.
刘力，李文德，2001. 中国股票市场首次发行长期绩效研究［J］. 经济科学（9）：49-56.
刘维奇，刘新新，2014. 个人和机构投资者情绪与股票收益——基于上证 A 股市场的研究［J］. 管理科学学报（3）：70-87.
刘晓亮，丁世飞，2010. SVM 用于文本分类的适用性［J］. 计算机工程与科学（6）：106-108.

刘晓明，胡文伟，李湛，2009. 中国股票市场 IPO 折价实证研究［J］. 管理科学（4）：32-37.

刘煜辉，熊鹏，2005. 股权分置、政府管制和中国 IPO 抑价［J］. 经济研究（5）：85-95.

鲁臻，邹恒甫，2007. 中国股市的惯性与反转效应研究［J］. 经济研究（9）：145-155.

陆江川，陈军，2012. 投资者情绪对股票横截面收益的非对称影响研究［J］. 预测（5）：52-57.

陆江川，陈军，2013. 极端投资者情绪对股价指数影响的非对称研究［J］. 系统工程（2）：13-22.

陆正飞，魏涛，2006. 配股后业绩下降：盈余管理后果与真实业绩滑坡［J］. 会计研究（8）：52-59.

鹿坪，田甜，姚海鑫，2015. 个人投资者情绪、机构投资者情绪与证券市场指数收益——基于 VAR 模型的实证分析［J］. 上海金融（1）：65-70.

鹿坪，姚海鑫，2014. 投资者情绪与盈余错误定价［J］. 金融经济学研究（3）：98-106.

吕东锴，蒋先玲，2013. IPO 发行价溢价异象与投资者情绪研究［J］. 经济与管理（1）：32-36.

马若微，张娜，2015. 我国股票市场投资者情绪 SENT 指数的构建——基于上证 A 股公司的面板数据［J］. 中央财经大学学报（7）：42-49.

孟雪井，孟祥兰，胡杨洋，2016. 基于文本挖掘和百度指数的投资者情绪指数研究［J］. 宏观经济研究（1）：144-154.

潘妙丽，蒋义宏，2011. 股市周期、投资者情绪与盈余管理——来自中国 A 股市场的证据［J］. 上海立信会计学院学报（5）：57-68.

潘敏，朱迪星，2011. 市场周期、投资者情绪与企业投资决策——来自中国上市公司的经验证据［J］. 经济管理（9）：122-131.

权小锋，吴世农，2011. 投资者关注、盈余公告效应与管理层公告择机［J］. 金融研究（11）：90-107.

邵新建，巫和懋，覃家琦，等，2010. 中国 IPO 市场周期：基于投资者情绪与政府择时发行的分析［J］. 金融研究（11）：123-143.

沈哲，林启洪，2013. 承销商声誉、信息不对称和新股抑价：基于板块的新发现［J］. 上海金融（4）：84-118.

宋逢明，梁洪昀，2001. 发行市盈率放开后的 A 股市场初始回报研究［J］. 金融研究（2）：94-100.

宋双杰，曹晖，杨坤，2011. 投资者关注与 IPO 异象［J］. 经济研究（1）：145-155.

孙健，贺春艳，2012. 投资者情绪、会计应计与超额回报——基于中国上市公司的实证分析［J］. 科学决策（6）：63-80.

田利辉，2010. 金融管制、投资风险和新股发行的超额抑价［J］. 金融研究（4）：38-47.

汪宜霞，夏新平，程梦群，2009. 投资者情绪与 IPO 溢价的实证研究［J］. 武汉理工大学学报（信息与管理工程版）（5）：821-824.

汪宜霞，张辉，2009. 卖空限制、意见分歧与 IPO 溢价 [J]. 管理学报（9）：1204-1208.
王博，2014. 基于投资者情绪的资产定价理论及实证研究 [J]. 北京工商大学学报（社会科学版）（3）：89-97.
王春峰，姚锦，2004. 新股价值低估的随机前沿分析 [J]. 系统工程（4）：30-35.
王春峰，赵威，房振明，2007. 新股投资者情绪度量及其与新股价格行为关系 [J]. 系统工程（7）：1-6.
王福胜，程富，吉姗姗，2013. 阈值处的盈余分布断层：盈余管理解释的实证检验 [J]. 会计研究（5）：19-26.
王福胜，吉姗姗，程富，2014. 盈余管理对上市公司未来经营业绩的影响研究——基于应计盈余管理与真实盈余管理比较视角 [J]. 南开管理评论（2）：95-106.
王晋斌，1997. 新股申购预期报酬率的测度及其可能原因的解释 [J]. 经济研究（2）：26-30.
王美今，孙建军，2004. 中国股市收益、收益波动与投资者情绪 [J]. 经济研究（10）：75-83.
王美今，张松，2000. 中国新股弱势问题研究 [J]. 经济研究（9）：49-56.
王庆平，2014. 基于霍夫斯泰德民族文化唯独理论的中俄文化比较研究 [J]. 西伯利亚研究（2）：44-50.
王新宇，蔡通，2012. 我国 IPO 市场的周期性行为研究：1994—2010 [J]. 运筹与管理（4）：189-199.
王新宇，赵绍娟，2008. 基于随机边界与分位数回归的我国新股发行定价行为 [J]. 系统工程（4）：24-29.
王艳，袁云峰，2006. 新股长期弱势现象研究 [J]. 金融经济（理论版）（2）：37-39.
温彬，刘淳，金洪飞，2011. 宏观经济因素对中国行业股票收益率的影响 [J]. 财贸经济（6）：1-59.
文风华，肖金利，黄创霞，等，2014. 投资者情绪特征对股票价格行为的影响研究 [J]. 管理科学学报（3）：60-69.
吴超鹏，吴世农，程静雅，等，2012. 风险投资对上市公司投融资行为影响的实证研究 [J]. 经济研究（1）：105-119.
武龙，2011. 信息不对称、噪声交易与 IPO 首日收益 [J]. 管理评论（7）：43-52.
夏新平，占卫华，2000. 原始股东持股比例对 IPO 价值影响的实证分析 [J]. 华中理工大学学报（2）：36-39.
徐枫，胡鞍钢，2012. 异质信念、投资者情绪与企业增发偏好 [J]. 经济科学（5）：81-91.
许承明，王玉宝，2004. 关于投资者分类与投资者情绪的新思考 [J]. 管理评论（12）：46-50.
闫伟，杨春鹏，2011. 不同市态阶段的股票收益——风险实证研究 [J]. 当代财经（12）：54-63.
杨敏，陈晓红，贺正楚，2016. 机构投资者能识别业绩变脸的 IPO 公司吗？[J]. 中国软科学（6）：121-128.

杨阳，万迪，2010. 不同市态下投资者情绪与股市收益、收益波动的异化现象［J］. 系统工程（1）：19-23.

易志高，茅宁，2009. 中国股市投资者情绪测量研究：CICSI 的构建［J］. 金融研究（11）：34-40.

尹自永，王新宇，2014. IPO 公司业绩变脸、承销商甄别和投资者认知［J］. 山西财经大学学报（4）：38-48.

游家兴，2010. 投资者情绪、异质性与市场非理性反应［J］. 经济管理（4）：138-146.

于晓红，张雪，李燕燕，2013. 公司内在价值、投资者情绪与 IPO 抑价——基于创业板市场的经验证据［J］. 当代经济研究（1）：87-90.

余佩琨，钟瑞军，2009. 个人投资者情绪能预测市场收益率吗？［J］南开管理评论（1）：96-101.

俞红海，李心丹，耿子扬，2015. 投资者情绪、意见分歧与中国股市 IPO 之谜［J］. 管理科学学报（3）：78-89.

曾江洪，杨开发，2012. 风险资本对 IPO 抑价的影响［J］. 经济与管理研究（5）：33-39.

詹姆斯·蒙蒂尔，2007. 行为金融：洞察非理性心理和市场［M］. 赵英军，译. 北京：中国人民大学出版社.

张剑，2012. 中国股票市场异象的特征以及与股票型基金风格漂移的关系研究［D］. 天津：天津大学.

张乐，2013. 行为金融与中国证券市场的噪声交易研究［M］. 北京：中国社会科学出版社.

张乐，李好好，2008. 我国证券市场中的噪声交易研究——基于一个“机构噪音交易者散户噪音交易者模型”的分析［J］. 中国管理科学（S1）：340-345.

张强，杨淑娥，2008. 中国股市横截面收益特征与投资者情绪的实证研究［J］. 系统工程（7）：22-28.

张强，杨淑娥. 2009. 噪音交易、投资者情绪波动与股票收益［J］. 系统工程理论与实践（3）：40-47.

张晟嘉，2012. 投资者情绪与资产价格异常波动研究［D］. 武汉：武汉大学.

张小成，孟卫东，周孝华，2011. 机构投资者异质预期对 IPO 抑价影响研究［J］. 系统工程学报（2）：57-60.

张学工，2000. 关于统计学习理论与支持向量机［J］. 自动化学报（1）：32-41.

张永杰，张维，熊熊，2010. 投资策略与投资收益：基于计算实验金融的研究［J］. 管理科学学报（9）：107-118.

张峥，徐信忠，2006. 行为金融学研究综述［J］. 管理世界（9）：155-167.

张宗新，王海亮，2013. 投资者情绪、主观信念调整与市场波动［J］. 金融研究（4）：142-146.

郑晓亚，刘飞，2014. 信息不对称条件下我国中小板上市公司 IPO 定价效率测度［J］. 投资研究（6）：107-123.

郑志丹，张宗益，2012. 基于双边随机边界模型的新股询价效率实证度量［J］. 系统工程（3）：16-24.

周孝华，赵炜科，赵星，2006. 我国股票发行审核制与核准制下 IPO 定价效率的比较研究［J］. 管理世界（11）：13-18.

朱南，卓贤，2004. 对我国股票首次公开发行抑价的实证分析［J］. 财经科学（2）：32-36.

邹高峰，张维，常中阳，2012. 询价制度下中国 IPO 的长期表现［J］. 管理科学学报（11）：66-75.

Affleck-Graves, J., Hegde S., et al., 1993. The Effect of the Trading System on the Underpricing of Initial Public Offerings [J]. Financial Management (22): 99-108.

Affleck-Graves, J., Hegde S., et al., 1996. Conditional Price Trendsin the Aftcmarket for Initial Public Offerings [J]. Financial Management (25): 25-40.

Aggarwal, Reena, P. Rivoli, 1990. Fads in the initial public offering market [J]. Financial Management (19): 45-57.

Alexander, L., Vikram, et al., 2006. Hot Market, Investor Sentiment, and IPO Pricing [J]. The Journal of Business (4): 1667-1702.

Ali, A., Gurun, et al., 2009. Investor Sentiment, AccrualsAnomaly, and Accruals Management [J]. Journal of Accounting, Auditing and Finance (3): 415-431.

Allen, Franklin, Gerald, et al., 1989. Faulhaber. Signaling by Underpricing in the IPO Market [J]. Journal of Financial Economics (23): 303-323.

Antonczyk, R. C., Salzmann, et al., 2014. Overconfidence and optimism: the effect of national culture on capital structure [J]. International Business Finance (31): 132-151.

Arugaslan, O., D. O. Cook, et al., 2004. Monitoring as a Motivation for IPO Underpricing [J]. Journal of Finance (59): 2403-2420.

Bailey W., Cai J., Cheung Y. L., et al., 2009. Stock returns, order imbalances, and commonality: Evidence on individual, institutional, and proprietary investors in China [J]. Journal of Banking and Finance (1): 9-19.

Baker M., Stein J. C., 2004. Market liquidity as a sentiment indicator [J]. Journal of Financial Markets (3): 271-299.

Baker M., Wurgler J., Yuan Y., 2012. Global, local, and contagious investor sentiment [J]. Journal of Financial Economics (2): 272-287.

Baker, M., Wurgler, et al., 2006. Investor sentiment and the cross-section of stock returns [J]. The Journal of Finance (4): 1645-1680.

Banerjee, Abhijit, 1992. A Simple Model of Herd Behavior [J]. Quarterly Journal of Economics (4): 797-817.

Barber, Brad, M., et al., 1997. Firm Size, Book-to-market Ratio, and Security Returns: AHoldout Sample of Financial Firms [J]. The Journal of Finance (2): 875-883.

Barberis, N., Shleifer, et al., 1998. A model of investor sentiment [J]. Journal of

Financial Economics (3): 307-343.

Barberis, N., Thaler, et al., 2003. Asurvey of behavior finance [J]. Handbook of the Economics of Finance (1): 1053-1128.

Bar-Hillel, Maya, 1980. The Base Rate Fallacy in Probability Judgments [J]. Acta Psychologica (3): 211-233.

Baron, D. P., 2012. A model of the demand for investment banking advising and distribution services for new issues [J]. The Journal of Finance (4): 955-976.

Beatty, Randolph, P., et al., 1986. InvestmentBanking, Reputation, and the Underpricing of Initial Public Offerings [J]. Journal of Financial Economies (1, 2): 213-233.

Beauregard, M., Levesque, et al., 2001. Neural correlates of conscious self-regulation of emotion [J]. Journal of Neuroscience (18): 1-6.

Benveniste, L. M., Busaba, et al., 2002. Information Externalities and the Role of Underwriters in Primary Equity Markets [J]. Journal of Financial Intermediation (1): 61-86.

Berger D., Turtle H. J., 2012. Cross-sectional performance and investor sentiment in a multiple risk factor model [J]. Journal of Banking and Finance (4): 1107-1121.

Black, F., 1986. Noise [J]. The Journal of Finance (3): 529 - 543.

Booth, James, R., et al., 1996. Ownership Dispersion, Costly Information and IPO Underpricing [J]. Journal of Financial Economics (41): 291-310.

Boulton, T. J., Smart, et al., 2011. Earnings Quality and International IPO Underpricing [J]. Accounting Review (2): 483-505.

Brailsford, T., Heaney, et al., 2000. Hot and cold IPO markets: identification using a regime switching model [J]. Multinational Finance Journal (1, 2): 35-68.

Brau, J., S. Fawcett, 2006. Initial Public Offerings: An Analysis of Theory and Practice [J]. Journal of Finance (1): 399-436.

Brav, Gompers, 2000. Is the abnormal return following equity issuances anomalous? [J]. Journal of Financial Economics (2): 209-249.

Breiter, H., Aharon, et al., 2001. Functional imaging of neural responses to expectancy and experience of monetary gains and losses [J]. Neuron (2): 619-639.

Brennan, Michael and Julian, Franks, 1997. Underpricing, Ownership and Control in Initial Public Offerings of Equity Securities in the UK [J]. Journal of Financial Economics (45): 391-413.

Brown, G. and Cliff, M., 2004. Investor sentiment and the near-term stock market [J]. Journal of Empirical Finance (1): 1 - 27.

Brown, G. and Cliff, M., 2005. Investor sentiment and asset valuation [J]. The journal of Business (2): 405 - 440.

Byrne, B. M, 2001. Structural Equation Modeling with AMOS [M]. New Jersey: Lawrence

Erlbaum Associates.

Campbell J. Y. , Kyle A. S. , 1993. Smart money, noise trading and stock price behaviour [J]. The Review of Economic Studies (1): 1-34.

Campbell, John, Y. and Tuomo, et al. , 2004. Inflation illusion and Stock Prices [J]. American Economic Review (2): 19-23.

Campello, M. , Graham, et al. , 2013. Do stock prices influence corporate decisions? Evidence from the technology bubble [J]. Finance of Economics (1): 89 - 110.

Carhart, M. , 1997. On persistence in mutual fund performance [J]. The Journal of Finance (1): 57-82.

Cen L. , Lu H. , Yang L. , 2013. Investor sentiment, disagreement, and the breadth-return relationship [J]. Management Science (5): 1076-1091.

Chemmanur, T. J. , 1993. The Pricing of Initial Public Offerings: A Dynamic Model with Information Production [J]. Journal of Finance (48): 285-304.

Chen H. , Chong T. T. L. , Duan X. , 2010. A principal-component approach to measuring investor sentiment [J]. Quantitative Finance (4): 339-347.

Chen, A. , Hung, et al. , 2002. The underpricing and excess returns of initial public offerings in Taiwan based on noisy trading: a stochastic frontier model [J]. Review of Quantitative Finance and Accounting (18): 139-159.

Chi, J. and Padgett, C. , 2005. Short-run Underpricing and Its Characteristics in Chinese Initial Public Offering (IPO) Markets [J]. Research in International Business and Finance (19): 71-93.

Choe, H. , R. Masulis, et al. , 1993. Common Stock Offering Across the Business Cycle: Theory and Evidence [J]. Journal of Empirical Finance (1): 3-31.

Chordia, T. , Shivakumar, et al. , 2002. Momentum, business cycle, and time-varying expected returns [J]. Journal of Finance (2): 985-1019.

Christie, William, Roger Huang, 1995. Following the Pied Piper: Do Individual Returns Herd around the Market? [J]. Financial Analysts Journal (4): 31-37.

Chui A. C. W. , Titman S. , Wei, et al. , 2010. Individualism and momentum around the world [J]. Journal of Finance (1): 361-392.

Chunpeng, Yang and Jinfang, Li, 2014. Two-period trading sentiment asset pricing model with information [J]. Economic Modeling (36): 1-7.

Clarkson, P. and J. Merkley, 1994. Ex Ante Uncertainty and Under pricing of Initial Public Offering: Further Canadian Evidence [J]. Canadian Journal of Administrative Sciences (4): 15-30.

Cohen, D. A. , Zarowin, et al. , 2010. Accrual-based and Real Earnings Management Activities around Seasoned Equity Offerings [J]. Journal of Accounting and Economics (1): 2-19.

Cooper M., Dimitrov O., Rau P., 2001. A Rose. com by any other name [J]. Journal of Finance (6): 2371-2388.

Cooper M., Khorana A., Osobov I., et al., 2005. Managerial actions in response to a market downturn: valuation effects of name changes in the dot. com decline [J]. Journal of Corporate Finance (1-2): 319-335.

Cornelli, F., D. Goldreich, 2003. Bookbuilding: How Informative is the Order Book? [J]. Journal of Finance (58): 1415-1443.

Cornelli, F., Goldreich, et al., 2006. Investor Sentiment and Pre-Issue Markets [J]. Forthcoming Journal of Finance (3): 1187-1216.

Cristianini, N., Taylor, et al., 2004. An introduction to support vector machines and other kernel-based learning methods [M]. Translated by LI Guo-zheng, WANG Meng, ZENG Hua-jun. Beijing: Beijing Publishing House of Electronics Industry.

Da Z., Engelberg J., Gao P., 2015. The sum of all FEARS investor sentiment and asset prices [J]. Review of Financial Studies (1): 1-32.

Daniel, K., Hirshleifer, et al., 1998. Investor psychology and security market under and overreactions [J]. Journal of Finance (1): 1839-1885.

Daniel, K., Titman, et al., 1997. Evidence on the characteristics of cross sectional variation in stock returns [J]. Journal of Finance (1): 1-33.

Daniel, K., Titman, et al., 1997. Market efficiency in an irrational world [J]. Financial Analysts Journal (6): 28-40.

De Bondt W. F. M., Thaler R. H., 1987. Further evidence on investor overreaction and stock market seasonality [J]. Journal of finance: 557-581.

De Bondt, Werner, 1993. A Portrait of the Individual Investor [J]. European Economic Review (3-5): 831-844.

DeLong, B. j., A. Shleifer, 1990. Positive Feedback Investment Strategies and Destabilizing Rational Speculation [J]. Journal of Finance (45): 379-395.

Dennis, P., Strickland D., 2002. Who blinks in volatile markets, individuals or institutions? [J]. The Journal of Finance (5): 1923-1949.

Derrien, F., 2005. IPO pricing in "HOT" market conditions: who leaves money on the table? [J]. The Journal of Finance (1): 487-521.

Deutsch, Morton, Harold Gerard, 1955. A Study of Normative and Informational Social Influences upon Individual Judgment [J]. Journal of Abnormal and Social Psychology (1): 629-636.

Dongwei, Su, 2004. Adverse Selection versus Signaling: Evidence from the Pricing of Chinese IPO [J]. Journal of Economics and Business (56): 1-19.

Dorn, D., 2009. Does sentiment drive the retail demand for IPO? [J]. Journal of Financial and Quantitative Analysis (1): 85-108.

Duan Y.，Hu G.，Mc Lean R. D.，2010. Costly arbitrage and idiosyncratic risk：evidence from short sellers [J]. Journal of Financial Intermediation（4）：564-579.

F. Cornelli，D. Goldreich，Ljungqvist，et al.，2004. Investor sentiment and pre-issue market [J]. Forthcoming Journal of Finance（44）：393-420.

Fama，E. F.，1991. Efficient Capital Markets [J]. Journal of Finance（46）：1575-1617.

Fama，E. F.，French，et al.，1993. Common risk factors in the returns on stocks and bonds [J]. Journal of Financial Economics（1）：3-56.

Fama，E. F.，French，et al.，1995. Size and book-to-market factors in earnings and returns [J]. The Journal of Finance（1）：131-155.

Fama，E. F.，French，et al.，2015. five-factor asset pricing model [J]. Journal of Financial Economics（1）：1-22.

Fama，E. F.，Macbeth，et al.，1973. Risk，return，and equilibrium：empirical tests [J]. Journal of Political Economy（3）：607-636.

Field Laura Casares，Michelle Lowry，2009. Institutional versusindividual investment in IPOs：the importance of firmfundamentals [J]. Journal of Financial and Quantitative Analysis（3）：489-516.

Fisher，K. L.，Statman，et al.，2003. Consumer confidence，stock returns [J]. Journal of Portfolio Management（30）：115-128.

Fong W. M.，Toh B.，2014. Investor sentiment and the MAX effect [J]. Journal of Banking and Finance（46）：190-201.

Frazzini A.，Lamont O. A.，2008. Dumb money：Mutual fund flows and the cross-section of stock returns [J]. Journal of Financial Economics（2）：299-322.

Fumitake Takahashi，Shigeo Abe，2002. DecisionTree Based Multi-class Support Vector Machines [M]. Singapore：IEEE Press.

Ganzach，Y.，2000. Judging risk and return of financial assets [J]. Organizational Behavior and Human Decision Processes（2）：353-370.

Gao，Y.，2010. What comprises IPO initial returns：Evidence from the Chinese market [J]. Pacific-Basin Finance Journal（1）：77-89.

Gomes J. F.，Kogan L.，Zhang L.，2003. Equilibrium cross-section of returns [J]. Journal of Political Economy（111）：693-732.

Greenwood R.，Shleifer A.，2014. Expectations of returns and expected returns [J]. Review of Financial Studies（3）：714-746.

Griffin J. M.，Harris J. H.，Shu T.，et al.，2011. Who drove and burst the tech bubble? [J]. The Journal of Finance（4）：1251-1290.

Gunny，K. A.，2010. The Relation Between EarningsManagement Using Real Activities Manipulation and Future Performance：Evidence From Meeting Earnings Benchmarks [J]. Contemporary Accounting Research（3）：855－888.

Guo, H., Brooks, et al., 2009. Duration of IPOs between offering and listing: cox proportional hazard models-evidence for chinese a-share IPOs [J]. International Review of Financial Analysis (5): 239-249.

Guo, H., Brooks, et al., 2010. Detecting hot and cold cycles using a markov regime switching model-evidence from the chinese a-share IPO market [J]. International Review of Economics and Finance (2): 196-210.

Hamilton, J., 1989. A new approach to the economic analysis of nonstationary time series and the business cycle [J]. Econometrica (2): 357-384.

Han B., Kumar A., 2013. Speculative retail trading and asset prices [J]. Journal of Financial and Quantitative Analysis (2): 377-404.

He, P., 2007. A Theory of IPO Waves [J]. The Review of Financial Studies (4): 983-1020.

Heaton, J. B., 2002. Managerial Optimism and Corporate Finance [J]. Financial Management (2): 33-45.

Helwege, J., N. Liang, 2004. Initial Public Offerings in Hot and Cold Markets [J]. Journal of Financial and Quantitative Analysis (39): 541-569.

Hirshleifer D., Teoh S. H., Yu J. J., 2011. Short arbitrage, return asymmetry, and the accrual anomaly [J]. Review of Financial Studies (7): 2429-2461.

Hong H., Kacperczyk, M., 2009. The price of sin: the effects of social norms on markets [J]. Journal of Financial Economics (1): 15-36.

Hong H., Kubik J. D., Fishman T., 2012. Do arbitrageurs amplify economic shocks? [J]. Journal of Financial Economics (3): 454-470.

Hong H., Stein J. C., 1999. A unified theory of underreaction, momentum trading, and overreaction in asset markets [J]. The Journal of Finance (6): 2143-2184.

Hsee C. K., 1998. Less is better: When low-value options are valued more highly than high-value options [J]. Journal of Behavioral Decision Making (2): 107-121.

Hu, Changsheng, Wang, 2012. Investor sentiment and assets valuation [J]. Systems Engineering Procedia (3): 166-171.

Hughes, J. Patricia and A. V. Thakor, 1992. Litigation Risk, Intermediation and the Underpricing of Initial Public Offerings [J]. Review of Financial Studies (5): 709-742.

Hugonnier J., Prieto R., 2015. Asset pricing with arbitrage activity [J]. Journal of Financial Economics (2): 411-428.

Hunt McCool, J., Kob S. C., et al., 1996. Testing for deliberate underpricing in the IPO premarket: A stochastic frontier approach [J]. Review of Financial Studies (4): 1251-1269.

Hvidkjaer S., 2008. Small trades and the cross-section of stock returns [J]. Review of Financial Studies (21): 1123-1151.

Ibbotson, R., 1975. Price performance of common stock new issue [J]. Journal of Financial Economics (2): 235-272.

Ibbotson, R., J. Sindelar, et al., 1994. Initial Public Offerings [J]. Journal of Applied Corporate Finance (1): 37-45.

J. Bradford, Delong, Andrei, et al., 1994. InitialPublic offerings: International insights. [J]. Pacific-Basin Finance Journal (2): 165-199.

J. Ross, Quinlan, 1986. Introduction of decision trees. [J]. Machine Learning (1): 81-106.

James, C. Brau, Mingsheng and Li, et al., 2007. Do Secondary Shares in the IPO Process have a Negative Effect on Aftermarket Performance? [J]. Journal of Banking and Finance (3): 1-20.

Jegadeesh, N., Weinstein, et al., 1993. An empirical investigation of IPO returns and subsequent equity offerings [J]. Journal of financial Economics (2): 153-175.

Jenkinson, T., Morrison A. D., et al., 2006. Why are European IPOs so rarely priced outside the indicative price range? [J]. Journal of Financial Economics (1): 185-209.

Jianfeng, Yu and a. l., YuYuan, 2011. Investor sentiment and the mean-variance relation [J]. Journal of Financial Economics (100): 367-381.

Joseph Aharony, Jevons Lee Chi-wen, Wong T. J., 2000. Financial packaging of IPO firms in China [J]. Journal of Accounting Research (1): 103-126.

Kahneman D., Tversky A., 1979. Prospect theory: An analysis of decision under risk [J]. Econometrica: Journal of the econometric society: 263-291.

Karaa, A. and Arab, M. B., 2006. IPO's initial returns: Underpricing versus noisy trading [J]. Finance India (1): 145-168.

Katherine, Spiess D. and Pettway, R. H., 1997. The IPO and first seasoned equity sale: Issue proceeds, owner/managers' wealth, and the underpricing signal [J]. Journal of Banking and Finance (7): 967-988.

Kelley E. K., Tetlock P. C., 2013. How wise are crowds? Insights from retail orders and stock returns [J]. The Journal of Finance (3): 1229-1265.

Kempf, A., Merkle, et al., 2013. Low risk and high return-affective attitudes and stock market expectations [J]. European Financial Management (0): 1-36.

Kenneth, L. F., S. Meir, 2000. Investor Sentiment and Stock Returns [J]. Financial Analysts Journal (2): 16.

Kim, J. B., Sohn, et al., 2013. Real Earnings Management and Cost of Capital [J]. Journal of Accounting and Public Policy (6): 518-543.

Kondo J. E., Papanikolaou D., 2015. Financial relationships and the limits to arbitrage [J]. Review of Finance (6): 2095-2138.

Kumar A., Lee C., 2006. Retail investor sentiment and return comovements [J]. The

Journal of Finance (5): 2451-2486.

Kumar A., Page J. K., Spalt O. G., 2013. Investor sentiment and return comovements: Evidence from stock splits and headquarters changes [J]. Review of Finance (3): 921-953.

Kyle A. S., 1985. Continuous auctions and insider trading [J]. Econometrica: Journal of the Econometric Society: 1315-1335.

Lee, C. M. C., Walter, et al., 1999. Investor Sentiment and The Closed-end Fund Puzzle [J]. Journal of Finance (46): 75-109.

Leland, H. E., Pyle, et al., 1977. Information asymmetries, financial structure, and financial intermediation [J]. Journal of Finance (2): 371-387.

Leung H., Rose A., Westerholm P. J., 2014. Systematic Trading Behavior and the Cross-Section of Stock Returns on the OMXH [J]. Review of Finance (6): 2325-2374.

Li J., 2014. Multi-period sentiment asset pricing model with information [J]. International Review of Economics and Finance (34): 118-130.

Li J., 2015. The asymmetric effects of investor sentiment and monetary policy on stock prices [J]. Applied Economics (24): 2514-2522.

Li X., Sullivan R. N., Garcia-FeijóoL, 2014. The limits to arbitrage and the low-volatility anomaly [J]. Financial analysts journal (1): 52-63.

Liang H., Yang C., Cai C., 2017. Beauty contest, bounded rationality, and sentiment pricing dynamics [J]. Economic Modelling (60): 71-80.

Liao T. L., Huang C. J., Wu C. Y., 2011. Do fund managers herd to counter investor sentiment? [J]. Journal of Business Research (2): 207-212.

Loughran, T., 1993. NYSE vs NASDAQ returns: market macrostructure or the poor performance of initial public offering? [J]. Journal of Financial Economies (2): 241-261.

Loughran, T., J. Ritter, 2004. Why Has IPO Underpricing Changed Over Time? [J]. Financial Management (3): 5-37.

Loughran, T., Ritter, et al., 1995. The new issues puzzle [J]. Journal of Finance (1): 23-52.

Lowry, M., 2003. Why does IPO volume fluctuate so much? [J]. Journal of Financial Economics (1): 3-40.

Lowry, M., S. Shu, 2002. Litigation Risk and IPO Underpricing [J]. Journal of Financial Economics (65): 309-335.

Madonald, J., A. K. Fisher, 1972. New Issue Stock Price Behavior [J]. Journal of Finance (27): 92-102.

Maik, Schmeling, 2007. Institutional and individual sentiment: Smart money and noise trader risk? [J]. International Journal of Forecasting (23): 127-145.

Malcolm Baker and Jeremy, C. Stein, 2004. Market liquidity as a sentiment indicator [J].

Journal of Financial Market (3): 271-299.

Malcolm Baker, Jeffrey Wurgler, 2005. Investment sentiment and the cross-section of stock returns [J]. Journal of Finance (4): 1645-1680.

Matias, Braun, Borja, et al., 2009. Do IPO Affect the Prices of Other Stocks? Evidence from Emerging Markets [J]. The Review of Financial Studies (22): 1505-1544.

Mc Lean R. D., Zhao M., 2014. The business cycle, investor sentiment, and costly external finance [J]. The Journal of Finance (3): 1377-1409.

Mello Antonio, John Parsons, 1998. Going Public and the Ownership Structure of the Firm [J]. Journal of Financial Economics (49): 79-109.

Mian G. M., Sankaraguruswamy S., 2012. Investor sentiment and stock market response to earnings news [J]. The Accounting Review (4): 1357-1384.

Michael, Hwang, C., 1988. Signaling and the pricing of new issue [J]. Journal of Finance (44): 393-420.

Miller, Edward, M., 1997. Risk, Uncertainty, and Divergence of Opinion [J]. Journal of Finance (32): 1151-1168.

Nagel S., 2005. Short sales, institutional investors and the cross-section of stock returns [J]. Journal of Financial Economics (2): 277-309.

Neal R., Wheatley S. M., 1998. Do measures of investor sentiment predict returns? [J]. Journal of Financial and Quantitative Analysis (4): 523-547.

Odean Terrance, 1998. Volatility, price, and profit when all traders are above average [J]. Journal of Finance (6): 1887-1934.

Owen, A., Lamont and Charles, et al., 2002. Short Sale Constraints and Stock Returns [J]. Journal of Financial Economics (66): 207-239.

Page, Michael, J. Ivan, et al., 1997. The Timing and Subsequence Performance of Initial Public Offering (IPOs) on the Johannersburg Stock Exchange [J]. Journal of Business Finance and Accounting (10): 1410-1420.

Pastor, L., P. Veronesi, 2005. Rational IPO Waves [J]. The Journal of Finance (4): 1713-1757.

Pojarliev M., Levich R. M., 2011. Detecting crowded trades in currency funds [J]. Financial Analysts Journal (1): 26-39.

Purnanandam, A. K., Swaminathan B., 2004. Are IPOs really underpriced? [J]. Review of Financial studies (3): 811-848.

Qian X., 2014. Small investor sentiment, differences of opinion and stock overvaluation [J]. Journal of Financial Markets (19): 219-246.

Rajan Raughuram, Henri Servaes, 1997. Analyst following of initial public offering [J]. Journal of Financial and Quantitative Analysis (52): 507-530.

Reena, Aggarwal, 2000. Stabilization Activities by Underwriters after Initial Public offerings

[J]. Journal of Finance (55): 1075-1103.

Reena, Aggarwal, Ricardo, et al., 1993. The Aftermarket Performance of Initial Public Offerings in Latin America [J]. Financial Management (22): 42-53.

Reilly, F. K., Hatfield, 1969. Investor Experience with New Stock Issue [J]. Financial Analyses Journal (25): 73-80.

Ritter, J. R., 1991. The long-run Performance of Initial Public Offerings [J]. Journal of Finance (46): 3-28.

Ritter, J. R., Welch, et al., 2002. A review of IPO activity, pricing, and allocations [J]. The Journal of Finance (4): 1795-1828.

Robin, Greenwood, 2005. Shortand Long-term Demand Curves for Stocks: Theory and Evidence on the Dynamics of Arbitrage [J]. Journal of Financial Economics (75): 607-649.

Rock, Kevin, 1986. Why new issues are under priced [J]. Journal of Financial Economics (1): 187-212.

Roger, G., Clarke, 1998. Bullish or Bearish? [J]. Financial Analysts Journal (54): 63-72.

Ross Lakonishok Shleifer, Vishn, 1994. The Capital Asset Pricing Model: Short Sale Restrictions and Related Issues [J]. Journal of Financial Economics (6): 114-126.

Roychowdhury, S., 2006. Earnings Management Through Real Activities Manipulation [J]. Journal of Accounting and Economics (3): 335-370.

Samer, S., 2015. Investor sentiment and the underperformance of technology firms initial public offerings [J]. Research in International Business and Finance (34): 205-232.

Sanjiv Jaggia and Satish Thosar, 2004. The medium-term after in high-tech IPOs: patterns and implications [J]. Journal of banking and Finance (5): 931-950.

Sawicki, J, Shrestha, et al., 2014. Misvaluation and Insider Trading Incentives for Accrual-Based and Real Earnings Management [J]. Journal of Business Finance and Accounting (7-8): 926-949.

Schmeling, M., 2008. Institutional and individual sentiment: smart money and noise trader risk? [J]. International Journal of Forecasting (1): 127-145.

Schuster P., Uhrig-Homburg M., 2015. Limits to arbitrage and the term structure of bond illiquidity premiums [J]. Journal of Banking and Finance (57): 143-159.

Seo S. W., Kim J. S., 2015. The information content of option-implied information for volatility forecasting with investor sentiment [J]. Journal of Banking and Finance (50): 106-120.

Shefrin, H., Meir Statman, 2000. Behavioral portfolio theory [J]. Journal of Finance and Quantitative Analysis (35): 127-151.

Shiller R. J., 2014. Speculative asset prices [J]. The American Economic Review (6): 1486.

Shiller, E., 2003. From Effieient Markets Theory to Behavioral Finance [J]. The Journal of Economic PersPectives (17): 83-104.

Shin, I., 2010. Regulatory Environment, Changing Incentives, and IPO Underpricing in the Korean Stock Market [J]. Asia-Pacific Journal of Financial Studies (2): 109-138.

Shleifer A., Vishny R. W., 1997. The limits of arbitrage [J]. The Journal of Finance (1): 35-55.

Shleifer A., Vishny R. W., 2010. Unstable banking [J]. Journal of financial economics (3): 306-318.

Sias, R. W., Laura, et al., 1997. Institutions and individuals at the turn of the year [J]. Journal of Finance (4): 1543-1562.

Sibley S. E., Wang Y., Xing Y., et al., 2016. The information content of the sentiment index [J]. Journal of Banking and Finance (62): 164-179.

Simpson, A., 2013. Does Investor Sentiment Affect Earnings Management [J]. Journal of Business Finance and Accounting (7-8): 869-900.

Slovic, P., 1972. Psychological study of human judgment: implications for investment decision making [J]. Journal of Finance (4): 779-799, 85-110.

Smith, Miles, K. A., 2008. Cross-disciplinaryperspectives on meta-leaming for algorithm selection [J]. ACM Computing Surveys (1): 6-15.

Solomon D. H., Soltes E., Sosyura D., 2014. Winners in the spotlight: Media coverage of fund holdings as a driver of flows [J]. Journal of Financial Economics (1): 53-72.

Stambaugh R. F., Yu J., Yuan Y., 2012. The short of it: investor sentiment and anomalies [J]. Journal of Financial Economics (2): 288-302.

Stambaugh R. F., Yu J., Yuan Y., 2014. The long of it: Odds that investor sentiment spuriously predicts anomaly returns [J]. Journal of Financial Economics (3): 613-619.

Stambaugh R. F., Yu J., Yuan Y., 2015. Arbitrage asymmetry and the idiosyncratic volatility puzzle [J]. The Journal of Finance (5): 1903-1948.

Statman, M., Fisher, et al., 2008. Affect in a behavior asset-pricing model [J]. Financial Analysis Journal (2): 20-29.

Statman, M., Glushkov D., 2009. The wages of social responsibility [J]. Financial Analysts Journal (4): 33-46.

Stein J. C., 2009. Presidential address: Sophisticated investors and market efficiency [J]. The Journal of Finance (4): 1517-1548.

Stoll, H. R., Curley, et al., 1970. Small business and the new issues market for equities [J]. Journal of Financial and Quantitative Analysis (5): 221-236.

Stoughton, N., ZeChner, et al., 1998. IPO-mechanisms, monitoring and ownership structure [J]. Journal of Financial Economics (49): 45-77.

Su, D. and Fleisher, B., 1999. An empirical investigation of underpricing in Chinese IPOs

[J]. Pacific-Basin Finance Journal (7): 173-202.

Teoh, S. H., Welch, et al., 1998. Earnings Management and the Long-run Market Performance of Initial Public Offerings [J]. Journal of Finance (6): 1935-1974.

Teoh, S. H., Welch, et al., 1998. Earnings Management and the Underperformance of Seasoned Equity Offerings [J]. Journal of Financial Economics (1): 63-99.

Tian, L., 2011. Regulatory underpricing: Determinants of Chinese extreme IPO returns [J]. Journal of Empirical Finance (1): 78-90.

Tversky A., Kahneman D., 1992. Advances in prospect theory: Cumulative representation of uncertainty [J]. Journal of Risk and uncertainty (4): 297-323.

Vapnik, V. N., 2000. The nature of statistical learning theory [M]. Translated by Zhang Xue-gong. Beijing: Tsinghua University Press.

Verma, R., Verma, et al., 2007. Noise trading and stock market volatility [J]. Multinatl Finance Manag (3): 231-243.

Verma, R., Soydemir, et al., 2009. The impact of individual and institutional investor sentiment on the market price of risk [J]. The Quarterly Review of Economics and Finance (49): 1129-1145.

Vladimir, Ivanov, Craig, et al., 2009. The Determinants of Market, Wide Issue Cyclesfor Initial Public Offerings [J]. Journal of Corporate Finance (14): 567-583.

Wang, C., 2003. Investor sentiment: market timing, future returns [J]. Applied Financial Economics (12): 891-898.

Wang J., 1994. A model of competitive stock trading volume [J]. Journal of political Economy: 127-168.

Welch, I., 1992. Sequential Sales, Learning and Cascades [J]. Journal of Finance (47): 695-732.

Wu, C., Kwok, et al., 2007. Long-run performance of global versus domestic initial public offerings [J]. Bank Finance (3): 609-627.

Xie J., Yang C., 2013. Shouldn't all eggs be putted in one basket? A portfolio model based on investor sentiment and inertial thinking [J]. Economic Modelling (C): 682-688.

Xie J., Yang C., 2015. Investor sentiment and the financial crisis: a sentiment-based portfolio theory perspective [J]. Applied Economics (7): 700-709.

Yang C., Li J., 2014. Two-period trading sentiment asset pricing model with information [J]. Economic Modelling (36): 1-7.

Yang, C., Zhang, et al., 2014. Does mixed-frequency investor sentiment impact stock returns? Based on the empirical study of MIDAS regression model [J]. Applied Economics (9): 966-972.

Yang C., Zhou L, 2015. Investor trading behavior, investor sentiment and asset prices [J]. The North American Journal of Economics and Finance (34): 42-62.

Yu J.，Yuan Y.，2011. Investor sentiment and the mean-variance relation [J]. Journal of Financial Economics (2)：367-381.

Yung，C.，G. Cloak，et al.，2008. Cycles in the IPO Market [J]. Journal of Financial Economics (1)：192-208.

Zajonc，R. B.，1980. Feeling and thinking：Preferences need no inference [J]. American Psychologist (35)：151-175.

Zang，A. Y.，2012. Evidence on the Trade-Off Between Real Activities Manipulation and Accrual - Based Earnings Management [J]. The Accounting Review (2)：675—703.

Zheng，S. X.，2007. Are IPOs really overpriced? [J]. Journal of Empirical Finance (3)：287-309.